생명의 노래

힐링 매트릭스

일러두기 / '생명의 노래, 힐링 매트릭스'는, 은하계의 신성한 어머니들을 대표하는 여덟 분의 여성 상승 마스터들께서 인류의 치유를 돕기 위해 메신저 킴 마이클즈를 통해 전해 주신 내용입니다. 이 책은 우리의 정체성체, 멘탈체, 감정체와 육체를 정화하고 치유하기 위한 가르침과 실제적인 연습법인 기원문들을 담고 있습니다.

생명의 노래, 힐링 매트릭스
ⓒ2017~, Kim Michaels

킴 마이클즈를 통해 전해진 상승 마스터들의 메시지를 '그리스도 의식을 추구하며' 카페에서 공부하는 상승 마스터 학생들이 번역하고 디자인하고 편집해서 직접 이 책을 펴냈습니다. 이 책의 한국어판 저작권은 저작권자인 킴 마이클즈와 계약을 한 '그리스도 의식을 추구하며' 카페에 있습니다.
아이앰 출판사(http://cafe.naver.com/iampublish)는 '그리스도 의식을 추구하며' 카페에 의해 상승 마스터의 가르침들을 널리 알리기 위한 목적으로 설립되었으며, 2015년 9월 4일(제 2015-000075호)에 등록되었습니다. 주소는 서울시 송파구 장지동 송파파인타운 11단지 내에 있습니다.

2018년 5월 5일 펴낸 책(초판 제1쇄)

번역 및 출판에 도움을 주신 분: 아이앰 편집팀 (번역: 루미 / 편집, 디자인: 리얼 셀프 / 교정: 카페의 다수 회원들 / 출판 후원: 카페의 다수 회원들)
이 책은 최대한 내용의 명확한 전달에 초점을 맞추어 번역되었음을 알려드립니다.

ISBN 979-11-962233-9-7
CIP 2018012464

이 도서의 국립중앙도서관 출판시도서목록(CIP)은 서지정보유통지원시스템 홈페이지 (http://seoji.nl.go.kr)와 국가자료공동목록시스템 (http://seoji.nl.go.kr/kolisnet)에서 이용하실 수 있습니다.

생명의 노래

힐링 매트릭스

Song of Life – Healing Matrix

킴 마이클즈

I AM

킴 마이클즈(Kim Michaels)

1957년 덴마크 출생. 킴 마이클즈는 50여권의 책을 펴낸 저자이자 이 시대의 가장 탁월한 메신저 중의 한 사람입니다. 15개국에서 영적인 컨퍼런스와 워크샵을 이끌면서 많은 영적인 탐구자들의 상담자 역할을 해왔으며, 영적인 주제를 다루는 다수의 라디오 프로그램에 출연하기도 했습니다. 그는 다양한 영적 가르침들을 광범위하게 연구해왔으며, 의식을 고양시키는 다양한 실천 기법들을 수행했습니다. 2002년 이래로 그는 예수를 비롯한 여러 상승 마스터들의 메신저로 봉사하고 있습니다. 그는 신비주의 여정에 관한 광범위한 가르침들을 전해주었으며, 그 가르침들은 그의 웹사이트에서 무료로 제공되고 있습니다.

공식 한국어 번역 사이트 (네이버 카페)

http://cafe.naver.com/christhood

그리스도 의식을 추구하며 카페에서는 킴 마이클즈가 지난 10여 년 동안 웹사이트에 공개한 상승 마스터들의 메시지 및 기원문을 제공합니다. 누구나 가입해서 내용을 보고 공부할 수 있습니다.

매달 서울, 대전, 대구 지역에서 오프라인 모임이 그리고 매주마다 온라인 모임이 활발하게 이루어지고 있으며, 같이 공부하고자 하시는 분은 누구나 참여하실 수 있습니다. 또한 매월 마지막 주 일요일에는 '성모 마리아 500인 세계 기원'이 전 세계적으로 동일한 시간대에 진행됩니다. 매년 상승 마스터 컨퍼런스가 정기적으로 개최됩니다. 상세한 내용은 카페 공지사항을 참조하시기 바랍니다.

오 우주의 어머니여, 내 현들을 조율하시어

내 전 존재가 당신과 함께 노래하게 하소서.

이제 당신의 노래를 울려 퍼지게 하며

나는 우주적인 사랑을 찬양합니다.

마레이타이여, 우주의 문을 열어 주는 노래가

내 안에 울려 퍼집니다.

당신의 선율이 내 존재를 진동시키면,

내 자아감은 새로이 창조됩니다.

마레이타이 기원문에서

차례

머리말 · 1

1. 은하계의 성모 마레이타이
자아감을 재창조하기 · 7

2. 제6광선의 초한 나다
마음을 사용하겠습니까,
아니면 마음이 당신을 사용하게 하겠습니까? · 27

3. 자비의 여신 관음
감정을 흘러가게 하기 · 47

4. 성모 마리아
물질층에서의 치유 · 75

5. 정의의 여신 폴셔
구현의 열쇠는 균형입니다 · 97

6. 자유의 여신 리버티
영적인 빛의 횃불을 들어올리세요 · 119

7. 사랑의 여신 비너스
사랑의 흐름과 하나되어 살기 · 139

8. 중앙태양의 오메가
신이 아시는 바대로 자기 자신을 알기 · 157

기원문 모음

전체 서문 · 169

생명의 노래 1 – 새로운 정체성 (기원) · 171

생명의 노래 2 – 새로운 마음 (기원) · 193

생명의 노래 3 – 새로운 감정체 (기원) · 215

생명의 노래 4 – 새로운 육체 (기원) · 237

생명의 노래 5 – 구현 (기원) · 259

생명의 노래 6 – 풍요 (기원) · 281

생명의 노래 7 – 사랑하며 흐르기 (기원) · 303

생명의 노래 8 – 오메가의 흐름 (기원) · 325

전체 봉인하기 · 347

디크리 모음

마레이타이 디크리 · 349

나다 디크리 · 353

관음 디크리 · 357

성모 마리아 디크리 · 361

폴셔 디크리 · 365

리버티 디크리 · 371

비너스 디크리 · 375

오메가 디크리 · 379

주요 용어집 · 385

이 책을 읽는 분들께

[생명의 노래 힐링 매트릭스]는 육체의 질병과 감정적인 상처와 정신적인 제약, 그리고 정체감과 연관된 삶의 상황을 스스로 치유하는 데 도움을 주기 위해 고안되었습니다.

이 책에는 가르침과 함께 영적인 빛을 기원하는 실제적인 도구가 독특하게 결합되어 있습니다. 이 가르침과 기원문들은 인류의 보편적인 영적 스승인 상승 마스터들로부터 주어진 것입니다.

지구 행성의 신성한 어머니 지위에 계신 여성 상승 마스터들께서 이 가르침과 도구들을 전해 주셨습니다. 따라서 여러분은 이 힐링 매트릭스를 통해 물질세계의 불균형한 상황을 치유할 수 있으며, 물질을 지배하는 마음을 통달하는 데에도 도움을 받을 수 있습니다.

만일 여러분이 상승 마스터들의 가르침에 익숙하지 않다면, [자아의 힘, The Power of Self]이라는 책을 읽어보시기 바랍니다. 이 책에는, 상승 마스터들이 어떤 존재이고 여러분을 어떻게 도울 수 있는지, 또 여러분이 어떻게 자아통달의 여정을 갈 수 있는지 설명되어 있습니다. 또한 웹사이트 www.ascendedmasterlight.com에서도 정보를 얻을 수 있습니다.

    책의 두 번째 파트에 있는 기원문과 디크리는 큰소리로 낭송하도록 되어 있습니다. 천천히 명상하면서 낭송하거나, 혹은 빠르게 힘찬 목소리로 낭송하면 됩니다. 기원문을 낭송하는 단 한 가지 올바른 방식이란 없지만, 분명한 점은 여러분이 큰 소리로 읽지 않으면 충분한 힘으로 작용할 수 없다는 것입니다.

    만일 기원문을 어떻게 낭송해야 하는지에 대해 자세한 안내를 원한다면 www.transcendencetoolbox.com을 방문하세요. 녹음된 기원문을 듣는 것도 도움이 될 수 있습니다.

    www.morepublish.com에서 음성 파일을 구매하고 다운로드 받을 수 있습니다. 가르침이 담긴 음성 파일도 구매할 수 있습니다. 음성 파일을 들으면, 발언되는 말을 통해 영적인 빛이 더 많이 방출되는 것을 알 수 있습니다.

    이 책을 활용하려면 먼저 첫 장을 읽은 다음, 책의 후반부에 실린 첫 기원문을 낭송하기 시작하세요. 그런 다음 2장을 읽고 2장에 해당하는 기원문을 낭송하세요. 이런 식으로 8개의 모든 기원문을 낭송하면 됩니다. 일단 가르침에 익숙해지고 나면, 기원문을 낭송하기 전에 더 이상 그것을 읽을 필요가 없습니다. 그럼에도 불구하고 가르침을 읽고 나서 기원문을 낭송하면 더 많은 것을 얻는다는 사실을 알게 됩니다.

　기원문과 디크리를 하는 올바른 방법이나 잘못된 방법이란 없습니다. 예를 들어, 기원문을 하루에 하나씩 낭송하면서 8개를 다 할 때까지 계속하고 그 후에 처음으로 돌아가 다시 시작하세요. 이렇게 4번을 하면 한달 남짓이 걸리며 이 의식(儀式)이 가진 힘을 충분히 느낄 수 있게 됩니다. 물론 여러분은 이것을 일상의 의식으로 삼아 원하는 만큼 계속해도 됩니다.

　직관을 사용해서 이것을 자신의 개인적 상황에 최선으로 적용해 보세요. 내면에서 갑자기 어느 하나의 기원문을 낭송하고 싶은 느낌이 들면, 그 시점에서 여러분이 원하는 결과를 얻을 때까지 매일 낭송해 보세요.

　하나의 기원문을 낭송하는 데 약 15-25분이 걸립니다. 즉 8개의 기원문을 모두 낭송하는 데 약 2시간이 걸린다는 뜻이며, 이것은 대단히 강력한 의식이 될 것입니다. 이렇게 모두 낭송하는 경우에는 각 기원문마다 시작하는 문구와 봉인을 일일이 낭송하지 않아도 됩니다. 처음 시작할 때 시작 문구를 한 번 읽고 8개 기원을 다 마친 후에 봉인을 한 번 하면 됩니다.

　각 기원문을 보면 그 안에서 사용되고 있는 디크리를 구별할 수 있습니다. 각 여성 마스터들이 주신 디크리들을 단독으로 사용하여 빛을 기원하는 도구로 사용할 수 있습니다. 디크리는 기원문보다 더 빠른 속도와 강력한 리듬으로 낭송할 수 있으며, 9번이나 36번 등 많은 횟수로 수행해도 됩니다. 또한 기원문을 낭송하고 봉인하기 전에 많은 횟수로 반복할 수 있습니다.

　이 힐링 매트릭스에 포함된 도구들을 주저하지 말고 창조적으로 사용하세요. 예를 들어 다른 아픈 사람이나 특정한 질병으로 고통받는 사람을 위해 이 매트릭스(의 도구)를 줄 수도 있고, 집단 의식을 치유하기 위해 사용할 수도 있습니다. 심지어 아픈 사람을 위해 녹음된 기원문들을 틀어 주어도 됩니다.

 초기의 저항감을 극복하기 위해 노력하고 힐링 매트릭스를 수행해 나가는 힘이 구축되면, 이것이 여러분이 사용해본 어떤 수행법보다 더 강력하고 효과적인 도구라는 사실을 깨닫게 될 것입니다.

 이 기원문들과 더불어, 자신의 마음을 성찰하며 제한된 신념들을 놓아 버리는 작업을 함께 해나간다면 여러분의 삶은 모든 조건이 다 치유되는 상향나선 안으로 들어가게 됩니다. 상승 마스터들이 말씀 하셨듯이, 진실로 모든 것은 여러분의 자유의지 주위로 돌고 있습니다. 여러분이 치유가 가능하다고 믿는다면, 그때 치유가 일어납니다.

 기원하세요, 그러면 받게 될 것입니다.

마레이타이
Ma-ray-taii

창조에서 소리가 하는 역할

여러분 마음은 악기입니다

형상은 끊임없이 재창조됩니다

치유의 희망

생명의 노래

병이 생기는 원인

자아감을 재창조하기

육체에서 영체들이 하는 역할

자기 자신에 대항해서 분열된 집

조화를 되찾기

마레이타이(Ma-ray-taii)

성모 마리아가 지구를 위한
신성한 어머니를 대표한다면,
마레이타이는 우리 은하계의
신성한 어머니를 대표하는 존재이며,
또한 붓다이기도 합니다.
인류가 네 하위체를 정화하고
치유할 수 있도록 일곱 여신들과 함께
"생명의 노래, 힐링 매트릭스"의
가르침을 주었으며,
2017 한국 컨퍼런스에서도
여덟 여신과 함께 한국과 아시아를 위한
가르침을 전해 주었습니다.

1
자아감을 재창조하기

마레이타이
마레이타이
마레이타이

마레이타이는 내 이름이며, 나는 신성한 어머니의 대리자입니다. 성모 마리아가 지구에서 신성한 어머니를 대표하는 존재라면, 나는 여러분 은하계에서 신성한 어머니를 대표하는 존재입니다. 그러나 나는 은하계에서 신성한 어머니를 대표하는 최상위 존재는 아니며, 대리자들 중 하나입니다.

신성한 어머니를 대표하는 존재들과 하나되어 나는 지구에 선물을 하나 가지고 왔습니다. 이 선물은, 지구에서 신성한 어머니를 대표하는 정의의 여신 폴셔, 제6광선의 초한인 나다, 신성한 자비를 대표하는 관음, 그리고 성모 마리아께서 주시는 것입니다. 우리가 생명의 노래라고 불러오던 이 선물을 여러분에게 전해 주고 싶습니다.

이것은 우주의 여성 신성(the Divine Feminine)이 한 가지 목적으로 지구의 모든 이에게 주는 선물입니다. 여러분이 생명의 노래(the Song of Life)와 조화를 이루고 하나가 되어 공명하기 위한 가르침과 수행 도구를 전해 주기 위해서입니다. 그러면 생명의 노래란 무엇일까요? 이제부터 생명의 노래가 무엇인지 설명하겠습니다.

창조에서 소리가 하는 역할

[생명의 강과 함께 흐르기]란 책에서 마하 초한께서는, 첫 번째 우주구체(sphere)에서 출발했던 자기-의식을 가진 존재들이 어떻게 성령(Holy Spirit)을 창조했는지 설명합니다. 그들은 자아감을 초월하고 더 이상의 존재가 되기 위해 자신들이 가진 공동창조의 능력을 사용해 왔습니다. 생명의 노래란 성령의 흐름이며, 생명의 강에서 나왔습니다. 생명의 노래는 생명의 강이 가진 한 가지 특수한 측면입니다.

아직 분화되지 않은 상태의 마터 빛(Ma-ter light)[1]을 휘저어 특별한 형태를 띠게 만들고, 시간이 흘러도 그 형태가 유지되게 하는 힘은 무엇일까요?

그것은 바로 지구에서 소리(sound)라고 부르는 것입니다. 신이 천지창조를 시작하면서 "빛이 있으라!"고 말씀하셨다는 이야기가 있습니다. 그러나 알다시피, 이런 이야기는 당시 인류가 가진 의식

---

[1] Ma-ter light, 형상을 가진 만물이 창조되어 나오는, 우주의 바탕 에너지

수준에 적합한 설명에 불과합니다. 태초에 소리가 퍼져나갈 수 있는 매질이 지구에 없었다면, 아무런 말도 할 수 없고 소리도 낼 수 없었을 것이기 때문입니다.

그러므로 창세기에 나온 "빛이 있으라!"는 발언은 천지창조의 제1막이 아닙니다. 창조의 첫 단계에는 아직 분화되지 않아 형태가 없는 마터 빛이 먼저 창조되어야 합니다. 소리 전달에 필요한 매질이 없으면, 소리를 가지고 창조를 할 수 없기 때문입니다. 따라서 창조주의 의식은 먼저 마터 빛을 창조했습니다.

일단 마터 빛이 생겨나면, 그 마터 빛을 움직여 형상을 만들고 유지해 줄 힘이 필요합니다. 우리가 설명해 왔듯이, 인류는 공동창조자이므로 마음 속에서 심상을 만들어 그 심상을 마터 빛으로 투사하고 겹칠 수 있는 능력을 가지고 있습니다.

그런데 어떻게 마터 빛에 심상을 투사하는 걸까요? 바로, 소리를 가지고 합니다. 이때 소리가 꼭 귀에 들리는 소리만을 뜻하지는 않습니다. 이 소리는, 리듬감 있는 움직임이 특정 매트릭스나 패턴에 따라 연속적으로 반복되는 것을 말합니다. 이 리듬감 있는 율동이 마터 빛을 움직여 형상을 만들고, 같은 패턴을 반복하면서 형상을 유지시킵니다. 이렇게 패턴을 반복해야만, 계속 형상이 유지됩니다.

여러분 마음은 악기입니다

자, 그런 소리를 만들려면 도구가 필요합니다. 그러나 꼭 물질로 만들어진 도구나 신체기관이 필요하지는 않습니다. 마터 빛을 움직이는 소리를 통해서 물질 세계의 모든 형상을 창조했다면, 그

창조에 사용된 물질 도구는 없었을 것이기 때문입니다. 아무런 물질적인 형상도 존재하지 않는 상태에서 무엇으로 도구를 만들어냈겠습니까?

그러므로 창조는 더 높은 영역에서 '아이앰 현존'이, 리듬을 가진 매트릭스라는 특정한 소리를 창조하는 것에서 시작됩니다. 그 다음 리듬을 가진 그 소리는 정체성체로 투사됩니다. 이제 정체성체는 창조의 도구가 되어 아이앰 현존에서 온 '소리 없는 소리'를 증폭하고 확대해서 멘탈체로 투사합니다. 다시 멘탈체는 그 단계에서 창조의 도구가 되어 그 소리를 증폭하고 다소 변형하면서 감정체로 투사합니다. 감정체로 온 소리는 여러 감정을 거치면서 좀 더 많이 왜곡되어 물질층으로 투사됩니다. 물질층으로 내려온 이 율동적인 매트릭스들이 여러분의 육체를 형성하면서, 건강하거나 건강하지 않은 상태를 만들어냅니다.

다시 창세기에서 "빛이 있으라!"고 말했다는 장면으로 돌아가 보면, 창세기에 등장하는 신은 창조를 담당하는 엘로힘 수준의 신이었음을 알 수 있습니다. 엘로힘은 정체성층의 에테르에서 빛을 취해서 리듬감 있는 움직임을 부여한 다음 멘탈층으로 투사하고, 그 다음 감정층으로, 또 그 다음에는 물질층으로 투사했습니다. 그런 후 이제 그들은 물리 스펙트럼에서 진동하는 마터 빛에 소리 매트릭스를 투사하여 지구를 창조했습니다.

이런 방식으로 천지창조가 이루어졌습니다. 그리고 마터 빛 위에 끊임 없이 율동적인 패턴이 겹쳐짐에 따라 시간이 흘러도 마터 빛은 일정한 형상을 유지할 수 있었습니다.

형상은 끊임없이 재창조됩니다

지금 물질 영역에서 보고 있는 형상이 오래 지속되지도 않고, 외부 조건 없이 자급자족하는(self-sufficient) 실재도 아니란 사실을 아나요? 여러분은 어려서부터 지구의 나이가 45억년이고, 먼 곳에 별과 은하계가 존재한다고 배웠습니다. 또 분자와 원자로 이뤄진 수많은 형상들이 자립적으로 실재한다고 배웠습니다. 그래서 이 형상들이 스스로의 힘으로 존재하는 객관적인 실재라고 생각합니다.

그러나 이런 생각은 이제 인류가 의문을 제기하면서 극복해가야 할 거대한 환상입니다. 인류는 영구한 것이란 아무 것도 없음을 깨닫고 있습니다. 모든 형상과 상태는, 마터 빛을 휘젓고 형태를 유지해 주는 리듬을 통해서 끊임없이 재창조되고 있기 때문입니다.

이런 재창조 과정은 마치 극장에서 상영되는 영화와 비슷합니다. 영화 필름에는 개별적인 이미지들이 연이어 들어 있습니다. 이미지들이 아주 빨리 투사되면 관객의 눈에는 개별적인 이미지가 아니라 부드럽게 이어지는 동작으로 보입니다. 초기 흑백영화를 보면 사람들의 동작이 부드럽지 않고 좀 더 급격해 보이는데, 이는 매 초당 이미지들이 더 적은 수로 투사되기 때문입니다. 그래서 부드럽게 연결되는 동작으로 보일 만큼 관객의 눈을 완전히 속이지 못하는 것이죠. 초기에 영화는 "활동사진"이라고 불렸는데, 알다시피 영화는 사실 연이어 움직이고 있는 개별 사진들이었습니다.

영구불변하는 것은 아무 것도 없습니다. 아무 것도 독립적으로 존재하지 않습니다. 시간과 더불어 형상이 유지되려면 반드시 율동적인 패턴을 가진 소리가 있어야 하고, 그 소리가 계속해서 마터 빛에 투사되어야 하기 때문입니다.

이런 가르침을 주는 것은 여러분에게 두려움을 주기 위해서가 아닙니다. 단언하건대, 이 물질우주에는 지구와 우주의 기본틀을 유지하는 임무를 맡은 영적인 존재들이 있습니다. 따라서 지금 우주 전체가 갑자기 다 사라질 수 있다는 말이 아닙니다.

치유의 희망

여러분에게 이 가르침을 주는 목적은 희망을 주기 위해서입니다. 물리적 몸이 지속적이고 객관적이고 독립적인 실재가 아님을 깨달으면, 몸의 병도 모두 치유될 수 있다는 희망을 가질 수 있기 때문입니다. 질병이란 돌이킬 수 없는 불가피한 과정이 아니며, 심지어 노화도 역전시킬 수 있습니다. 왜냐하면 몸의 모든 상태는 마터 빛에 율동적인 패턴을 투사함으로써 만들어지기 때문입니다.

육체는 여러분 존재에서 가장 낮은 수준에 속합니다. 그러므로 육체의 상태는 모두 정체성, 멘탈, 감정, 그리고 물질 수준의 마음을 통해 투사된 것입니다. 이것은 특정한 리듬을 가진 매트릭스가 매 초마다 많은 횟수로, 여러분 육체를 만드는 마터 빛에 투사되고 있다는 의미입니다. 따라서 그 매트릭스가 달라지면 여러분 몸도 변화하게 됩니다.

실제로, 건강한 몸에 어떻게 병이 생기게 되는 걸까요? 그것은, 몸을 만들고 있는 마터 빛 위에 투사되고 있던 율동적인 매트릭스에 변화가 일어났기 때문입니다. 건강한 몸을 만들고 있던 조화로운 매트릭스에 어떤 부조화가 생겨나고, 이 부조화가 매트릭스의 리듬에 끼어들면 그것이 질병이란 형태로 나타나게 됩니다.

여러분의 세포들은 자립적인 존재가 아닙니다. 세포들은 일종의 증폭기(amplifiers)입니다. 마음의 세 상위 수준에서 투사되는 매트릭스에 따라 진동하는 소리굽쇠(tuning fork)입니다. 어떤 부조화가 이 상위 수준 중 하나에 끼어들게 될 때, 육체 수준에서 병이 생길 수 있습니다. 그러나 이 사실은, 여러분이 이 부조화를 다시 조화 상태로 되돌린다면 몸의 어떤 상태라도 치유할 수 있음을 의미합니다. 심지어는 노화도 역전시킬 수 있습니다. 여기 놓인 잠재력을 알겠습니까?

여러분은 공상과학 영화에서, 보이지 않는 광선을 쏘아주는 도구를 사용해서 즉각적으로 몸을 치료해 주는 장면을 본 적이 있을 겁니다. 실제로 가까운 미래에 원시적인 형태로나마 그런 기술이 나오게 될 것입니다. 그러나 사실 외부의 물리적 기술을 기다릴 필요도 없습니다. 여러분은 이미 자신의 마음과 목소리라는 도구를 사용해서 몸을 치유하는 기술을 갖고 있기 때문입니다.

생명의 노래

어떻게 육체에 병이 생기는지에 관한 주제는 복합적인 문제이고, 우리가 이 시점에서 여러분에게 전하고 있는 전망을 벗어납니다. 우리가 여기서 주는 것은, 여러분의 육체와 세 상위체가 '생명의 노래'와 더 큰 조화를 이루기 위한 도구입니다.

이 '생명의 노래'란, 내가 이전에 암시했듯이, 성령의 일부입니다. 성령은 자기 의식을 가지고 스스로를 초월해가는 존재들에 의해 창조되었고, 따라서 더 높은 수준을 향해 가는 상향의 흐름을 창조하고 있습니다. 마치 강이 소리를 내며 흘러가듯 생명의 강도

하나의 소리를 창조하고 있는데, 이것이 바로 생명의 노래입니다. 생명의 노래는 억겁(億劫)의 세월을 거치며 이전 우주구체들과 현 구체에서 만들어진 하나의 율동적인 패턴입니다. 이것은 아름다운 선율이지만, 여러분이 지구에서 접해 온 그런 선율이 아니라 율동적인 진동의 패턴입니다.

물론 패턴과 진동에는 많은 수준이 존재합니다. 물질 우주는 아직도 상승하지 못한 구체이기에 이 안에서 여러분이, 이미 상승한 구체들에서 창조된 생명의 강과 완벽한 조화를 이루며 완전히 공명할 수는 없습니다. 그러나 여러분이 더 높은 구체들과 반드시 완전한 동시적 일치를 이뤄야 하는 것은 아닙니다. 여러분은 단지 동일한 매트릭스에 기반을 둔 선율들을 이용하기만 하면 됩니다. 그러면 생명의 강의 리듬, 생명의 노래와 동일한 기본 리듬을 갖게 되어 조화를 이루게 됩니다.

병이 생기는 원인

여러분은 지구에서 일정한 음악적 패턴을 지닐 수 있고, 그 동일한 기본 패턴으로부터 다양한 개별적 선율들을 창조할 수가 있습니다. 그러나 그들 모두는 일정한 조화를 이룹니다. 이것은 여러분이 지구에서 보는 바 그대로입니다. 각자의 육체는 자신의 본래적인 순수 형상 안에서, 지구를 위한 생명의 노래와 조화를 이루는 개별적인 선율로서 창조된 것입니다. 그 이후에, [어머니 지구 치유하기]에서 설명되었듯이, 다양한 요인들이 더 낮은 구현물들과 더 낮은 에너지와 리듬 패턴들을 끌어들였고, 이들은 본래적인 조화를 교란시켜왔습니다.

사실 육체는 노화될 필요도 없고 병이 들 필요도 없습니다. 이런 현상이 일어나는 것은 단지, 여러분의 네 하위체 안에 생명의 노래와 조화를 벗어난 패턴, 부조화의 리듬 패턴을 가진 멘탈 이미지가 들어와서 마터 빛 위에 투사될 때입니다. 여러분의 세포들을 왜곡된 리듬과 조화롭지 못한 패턴으로 진동하게 만드는 요인은 바로 이 부조화입니다. 이 부조화로 인해 각 세포들을 지탱시키고 장기와 몸과 몸의 체계를 만드는 패턴이 더 이상 유지될 수 없는 지점에 이릅니다. 그리고는 몸의 질병과 노화와 죽음으로 이어지게 됩니다.

모든 부조화의 패턴에 대해 더 깊이 상세하게 알지 못하더라도 여전히 여러분은 우리가 주는 도구를 사용하여 치유에 있어서 큰 진전을 이룰 수 있습니다. 그 도구는 네 하위체의 매트릭스들이 가진 리듬을 생명의 노래에 맞춰 재정렬하기 위한 것입니다. 여러분은 목소리를 사용하여 물질 영역의 세 상위층과 영적 영역의 최하위층으로부터 더 높은 진동들을 불러내고 몸의 세포들을 재정렬할 수 있습니다.

상위의 진동은 문자 그대로 하위 매트릭스의 진동을 가속시키고, 대치하고, 정화할 수 있습니다. 그럼으로써 즉시 여러분의 네 하위체는 그들을 형성시켰던 본래의 매트릭스와 더 훌륭한 정렬과 조화를 이루게 됩니다. 그러면 치유가 일어나고 더 건강한 상태가 됩니다. 그러나 결국 여러분은 자신이 받아들였던 믿음과 생각과 패턴들을 직시해야 하며, 그것들을 의식적으로 놓아 버릴 수 있어야 합니다.

자아감을 재창조하기

이것은, 일곱 초한과 마하 초한의 일곱 광선에 대한 가르침을 담은 책들인 '일곱 베일의 길, 자아 완성의 길'에서 제시될 가르침의 일부입니다. 그러나 여성 마스터인 우리는 여러분에게 이 도구를 주어서, 여러분이 일곱 광선과 그 순수한 속성들, 그리고 광선에 대한 왜곡과 그 저변에 놓인 미묘한 믿음들을 의식적으로 이해해가는 작업을 시작할 수 있기를 바랍니다.

지금 나는 에테르 수준 혹은 정체성 수준을 진실로 대표할 수 있는 첫 번째 작업을 해 주려고 합니다. 이 작업의 목적은 여러분이 자아감을 재창조하는 일을 돕기 위해서입니다. 여러분 존재의 핵심은 의식하는 자아(Conscious You)라는 사실을 설명하면서 우리는 이에 대한 많은 가르침을 주어왔습니다. 의식하는 자아는 개성이나 인격으로 알려져 있는 그런 것들을 포함하고 있지 않습니다. 왜냐하면 그것은 순수의식이기 때문입니다. 의식하는 자아는 진아인 아이앰 현존의 통로(open door)입니다.

여러분의 진정한 개성은 아이앰 현존에 정박하고 있으며, 그 현존으로부터 나와서 의식하는 자아를 통해 표현되어야 합니다. 그러나 지구 사람들은, 영혼(soul)이라 불리는 외적인 자아를 만들어 냈습니다. 많은 사람이 자기 자신을 그 외적인 자아와 동일시하고 있으며, 영혼을 자기 자신이라고 생각합니다. 만일 여러분이 이러한 정체감을 갖게 되면, 계속 이 외적인 자아의 매트릭스를 통해서 의식의 흐름을 투사하게 됩니다.

그것은 여러분 외적인 자아의 내용물이 여러분이 받아들인 환영들과 함께 마터 빛 위로 투사된다는 의미이며, 그 마터 빛은 여러분의 육체를 형성하게 됩니다. 그리고 여러분이 자신을 외적인 자아와 동일시하는 한, 여러분은 병들거나 노화되는 물리적 몸의 상태를 치유할 수 없습니다. 병을 만들어내는 행동을 똑같이 계속하고 있는데 어떻게 치유가 될 수 있겠습니까? 이것은 현실적이지 못하며, 비현실적인 기대입니다.

내가 은하계 수준에 초점을 두고 있는 존재이기 때문에 이런 말을 쉽게 할 수 있다는 사실을 압니다. 광대한 전체 은하계의 관점에서 지구를 보면 어떨지, 아마 여러분도 상상해 볼 수 있겠지요. 거대한 전체 안에서 지구는 아주 작디 작은 행성으로 보일 것입니다. 여러분이 전체 은하계를 의식할 때, 완전히 다른 조망을 가지게 되리란 느낌이 조금이라도 오나요? 이런 조망을 마음에 한 번만이라도 그려보면서, 전체 은하계가 하나의 전체처럼 움직이고 있고, 전체 은하계를 하나의 개체로서 돌아가게 만드는 중력이 있다는 사실을 생각해 보세요. 수백, 수천 억 개의 별들로 이루어진 은하계에서 지구는 미세한 한 점의 먼지에 불과함을 볼 수 있나요?

비록 지구가 여러분의 육체에 거대한 중력을 미치고 있는 것처럼 여겨져도, 지구의 중력은 은하계 전체의 중력에 비교할 때 거의 무(無)에 가깝다는 사실을 여러분은 분명히 알 수 있을 겁니다. 따라서 지구가 은하계의 회전에 변화를 준다는 것은 불가능합니다. 마찬가지로 내 조망에서 볼 때, 여러분이 자신의 자아감(your sense of self)을 바꾸지 않으면서 육체를 치유하는 일은 불가능하다고 쉽게 단언할 수 있습니다.

여러분이 육화 중에 있을 때는 자아감을 바꾸는 것이 무한히 더 어려워진다는 사실을 압니다. 그럼에도 불구하고 나는 여러분에게 나와 똑같이 느껴보는 감각을 주고자 합니다. 자아감의 전환이 가능하다는 사실을 깨닫도록 여러분을 돕고 싶고, 이것은 정말 필요한 일입니다. 여러분이 네 하위체 중에서 가장 높은 수준인 자아감을 바꾸지 않는다면, 어떻게 더 낮은 수준의 몸들을 변화시킬 수 있겠습니까? 낮은 수준의 변화는 오직 더 높은 수준에서 설정된 틀 안에서만 일어날 수 있는데 말입니다.

육체에서 영체들이 하는 역할

여러분이 가진 자아감은 여러분 생명이 연주하는 교향악의 토대이며 기본적인 리듬입니다. 여러분이 자아감을 바꾸지 않는다면 하위 수준에서 아무 것도 변하지 않을 것입니다. 이것이 바로 지구의 현대 의학이 제한된 성공률을 가진 이유입니다. 의학은 몸을 수술하거나 화학 물질을 주입하는 방법을 통해 물질적 수준에서의 변화를 추구하기 때문입니다. 이것은 육체의 수준에서만 작용하며 감정, 멘탈, 정체성 수준에서 진행되고 있는 일에는 변화를 가져올 수 없습니다.

그러나 여러분은 현대 의학의 기술이나 패러다임이 가진 한계에 의해 제한을 받을 필요가 없습니다. 여러분은 자신의 네 하위체에 명령을 할 수 있는 잠재력을 가지고 있다는 사실을 깨달아야 합니다. 그렇게 할 때 여러분은 육체가 가진 조건들을 바꿀 수 있게 됩니다. 원인에 따라 결과가 생겨나기 때문입니다.

그리고 여러분이 여기서 내가 말한 것과 마하 초한의 책에 나온 내용을 비교해 본다면 또 다른 수준의 이해를 얻을 수 있습니다. 나는, 모든 형상이 마터 빛 위에 부과되는 리듬과 진동의 패턴에 의해 창조되며, 그 패턴이 계속적으로 투사됨으로써 형상이 유지된다는 이야기를 했습니다.

물론 여러분이 의식적으로 자신의 육체를 공동 창조하거나, 창조한 것은 아닙니다. 그리고 여러분이 육체에 의식적으로 매트릭스를 투사하고 있는 것도 아닙니다. 그렇다면 어떻게 그 매트릭스가 마터 빛 위에 계속 겹쳐지면서 여러분의 몸이 유지되고 있을까요? 자, 그 과정은 마하 초한이 영체들(spirits)이라고 불렀던 것을 통해서 진행되고 있습니다. 여러분은 그 영체들을 창조해냈고 마음의 네 수준 안으로 들어오도록 허용했습니다.

상승 마스터들이 예전에 "몸의 엘리멘탈(body elemental)"이라고 불렀던, 육체를 총괄하는 하나의 영체가 존재합니다. 이 엘리멘탈은 여러분 육체의 총괄적인 패턴을 유지하기 위해 창조되었습니다. 또한 감정체의 총괄적인 패턴을 유지하는 감정적 엘리멘탈도 존재하고, 멘탈체와 정체성체를 유지하는 엘리멘탈들도 존재합니다. 따라서 이 네 종류의 주요 영체들이 육체를 창조하는 일을 함께하고 있습니다. 네 영체들이 부적절한 에너지나 불완전한 믿음에 의해 너무 부담을 받게 되면 최적의 수준으로 활동할 수 없게 됩니다. 그때 여러분의 몸들은 생명의 강과의 정렬, 상호간의 정렬에서 벗어나게 되고, 멘탈체나 감정체나 육체에 질병이 생기게 됩니다.

그런데 이런 질병과 불순한 패턴들이 어떻게 여러분의 존재 안으로 들어왔을까요? 그것들은 여러분이 지구에서 어떤 체험에 대응하기 위해 창조해낸 영체들에 의해서, 혹은 거짓 교사들이나 타락한 존재들이 창조해낸 영체들을 여러분이 수용함에 의해서 들어오게 되었습니다.

자기 자신에 대항해서 분열된 집

여러분이 내면에 원래의 네 엘리멘탈보다 더 많은 영체들을 받아들이면, 예수께서 말씀하신, "자기 자신에 대항해서 분열된 집"이 될 가능성이 생깁니다. 그 영체들이 서로 적대시하며 다투게 되면, 내면의 영체들 사이에 전쟁 상황이 벌어집니다. 그리고 이 상황은, 몸의 엘리멘탈들을 통제하려 하거나 서로를 파괴하려 하는 다른 영체들에게서 부조화의 패턴을 끌어옵니다. 여러분의 내면에 분쟁이 일어난다면, 온갖 종류의 부조화한 영향을 받게 되는 것이 분명하지 않을까요? 마치 지상의 물리적 전쟁이 쓰레기를 남기고, 심지어는 아주 오랜 세월 동안 잔류할 방사능으로 환경을 오염시키기도 하는 것처럼 말입니다.

내가 이런 말을 하는 것은 여러분에게 두려움을 주려는 의도가 아니라, 내면에 부조화를 일으키는 이런 영체들이 존재한다는 현실적인 인식을 주기 위해서입니다. 여러분에게 질병이나 노화의 증상이 있다면, 자신의 네 하위체 안에 다투고 있는 영체들이 있기 때문임을 알아야 합니다. 궁극적으로 여러분은 이 영체들을 지켜보면서, 어떤 결정이 그들을 창조했고 어떤 결정이 그들을 들어오게 만들었는지 알 필요가 있습니다. 그리고 여러분에게서 이 영체들이 영원히 사라지게 하려면, 그 결정을 의식적으로 철회해야 합니다.

물론 초한들은 여러분이 이런 작업을 할 수 있도록 도울 것입니다. 여러분이 스스로 자아감을 재창조하겠다는 결단을 내리고 이런 작업을 시작한다면, 상당한 성취에 이를 수 있습니다. 여러분은 자발적으로 내면을 깊이 성찰하면서, 여러분 자신이 외적인 인격이 아니고 에고도, 분리된 자아도 아니라는 실상을 내면화할 수 있도록 초한들과 신성한 어머니들께 도움을 요청할 수 있습니다. 여러분은 의식하는 자아의 순수 의식(pure awareness)이며, 이는 곧 현존이 흘러 들어오는 열린 문인 것입니다.

여러분이 진아인 아이앰 현존과 하나라는 느낌으로 되돌아가고 현존에 대해 더 열린 문이 되기 위해 외적인 자아의 모든 면을 다 놓아 버리겠다는 의식적인 결정을 할 때, 근원적인 변화가 일어나게 됩니다. 여러분이 현존과 다시 연결되면, 그때부터는 현존이 여러분과 네 하위체를 위해 지닌 완전한 매트릭스가 정체성체를 통해 빛을 내기 시작하며, 멘탈체에도 겹쳐지게 됩니다. 우리가 준 기원문들을 모두 수행한다면 여러분은 네 하위체를 상당한 정도로 정화할 수 있습니다. 그리고 여러분의 네 하위체는, 아이앰 현존이 지닌 완전한 건강의 매트릭스와 다시 조화를 이루기 시작할 것입니다.

조화를 되찾기

이런 조화로운 정렬이 이뤄지면 자연스럽게 내면에서 특정 영체들이 나가버리거나 그들의 영향력이 약화되고, 그들에게 에너지를 공급하고 재강화하는 일이 그치게 됩니다. 이 과정은 네 하위체에 있는 네 엘리멘탈을 자유롭게 해방하여 그들을 아이앰 현존이 지닌 본래의 설계(blueprint) -무결한 비전, 무염의 개념- 와 다시 화합하게 합니다. 네 엘리멘탈에게 이것은 큰 기쁨입니다.

이 네 영체들은 악한 영도, 투쟁하는 영도 아니며 여러분에게 적대적인 영도 결코 아닙니다. 그들은 여러분의 자각이 성장해가는 단계에서 여러분에게 봉사하기 위해 창조된 존재들입니다. 여러분이 더 이상 네 하위체를 필요로 하지 않게 될 때 그들의 봉사는 보답을 받습니다. 여러분에게 봉사하고 여러분의 아이앰 현존이 가진 매트릭스를 구현하는 것은 그들에게는 오직 기쁨일 뿐입니다. 이야말로 그들을 위한 보상이고 기쁨이며, 최상의 봉사이기 때문입니다.

이 가르침을 명상하고 내면화한다면, 이런 연금술적인 과정이 시작될 수 있습니다. 진정한 연금술이란 내가 지금까지 말한 것들을 실현하는 일입니다: 물질 영역의 어떤 것도, 조건 없이 스스로 존재하는 자립성을 갖고 있지 않습니다. 그것들은 단지 세 상위 영역을 통해서 오는 투사일 뿐입니다. 따라서 물질을 변화시키는 열쇠는 여러분 마음의 모든 측면을, 존재의 모든 측면을 진아인 아이앰 현존과 조화롭게 정렬하는 것입니다. 이것이 인간 의식이라는 쇠를 그리스도 의식이라는 황금으로 변형하는 연금술입니다. 물질적 질료를 황금으로 바꾸는 이 연금술은 육체를 가장 건강한 상태로 바꾸는 것에서 시작되어, 여러분의 신성한 계획과 신성한 과업과 영적인 사명을 이룰 수 있도록 지원해 줄 것입니다.

나는 마레이타이입니다.

가끔씩 시간을 내어 내 이름을 낭송하는 데 의식을 기울이세요. 그러면 여러분은 내 존재와 조화를 이루며 연결될 것입니다. 그리고 이것은 여러분의 정체성체와 자아감을 모든 생명의 우주적인 실상인, 성령과 생명의 노래가 가진 상향의 움직임과 화합하게 해줄 것입니다.

그러므로 다시 말합니다.

마레이타이
마레이타이
마레이타이

안내: 이 장의 가르침에 해당하는 기원문은 '생명의 노래 1 - 새로운 정체성' 입니다.

나다
Nada

지구는 은하계와 함께 움직이고 있습니다

대립하는 영체들의 분열

잠재의식에서 일어나는 투사

생각을 통제하려는 접근 방식

멘탈층에서 일으키는 질병

멘탈층의 심상들을 변화시키기

창조적인 치유

어떤 집단적 마음에 조율할지 선택하기

믿음과 변화

나다(Nada)

레이디 상승 마스터 나다는
평화와 봉사의 영적 광선인
제6광선의 초한이며,
붓다이기도 합니다.
상위 영역에서 카르마 위원회의
멤버로 봉사하고 있습니다.
2018년은 평화와 봉사의 해로서,
이에 대한 마스터 나다의 가르침이
"평화 광선의 신비입문"이란
책으로 출간되었습니다.

2
마음을 사용하겠습니까, 아니면 마음이 당신을 사용하게 하겠습니까?

나는 나다입니다. 나는 제6광선(평화와 봉사의 영적 광선)의 초한이며 지구의 신성한 어머니의 대리자 중의 한 명입니다. 나는 이 두 사무국의 역할을 수행할 충분한 역량을 가지고 있으며, 당연히 이 두 역할 사이에는 아무런 갈등이 없습니다. 왜냐하면 나 자신의 마음에 아무런 갈등이 없기 때문입니다.

그리고 나는 바로 이 주제에 대해 강의를 하고자 합니다. 알다시피 여러분의 모든 정신적, 감정적, 육체적 질병의 원인은 분리(division)입니다. 둘 이상으로 분열되면서 부분들 사이의 갈등이 생겨나며, 각 부분들은 서로를 적대적으로 보게 됩니다.

지구는 은하계와 함께 움직이고 있습니다

나는 마레이타이께서 여러분에게 제시해 준 은하적 조망을 바탕으로 시작해 보고자 합니다. 은하계의 중심이라는 위치에서는, 이 광대한 우주공간에서 무수히 많은 별들과 행성들이 얼마나 아름답게 조화를 이루며 운행되고 있는지를 바라볼 수 있습니다. 그리고 저 아득히 아래에 있는 작디작은 티끌 같은 점이 바로 지구라고 불리는 행성입니다. 은하적인 조망에서 볼 때 여러분은 지구가 전체 은하계의 중력장과 함께 움직여 가고 있으며, 지구가 은하계를 지탱하는 것이 불가능하다는 사실을 명확하게 이해할 수 있습니다.

지구에서 중력이라고 불리는 힘은, 사람들이 무엇을 하건 상관없이 항상 지상에서 끌어당기는 작용을 하고 있습니다. 예를 들어, 여러분이 지구의 한 편에 거대한 로켓들을 설치하고 한꺼번에 발사시켜서 지구를 은하계의 중력이 끌어당기는 반대 방향으로 움직이게 만들려고 한다고 합시다. 그러나 아무리 많은 로켓을 지상에 설치한다 해도 전체 은하계의 중력을 이기지는 못할 것입니다. 여러분은 중력을 거스를 수 있다는 환상을 품을 수는 있지만, 실제로 그렇게 할 수는 없습니다.

그리고 은하계와 전체 물질 우주에서 궁극적인 법칙은 자유의지의 법칙이라는 것을 여러분은 압니다. 무수한 대부분의 은하계들과 지성적인 생명체들을 품고 있는 무수한 대부분의 행성들이 모두, 상승하는 상향나선 안에서 위로 올라가는 것을 선택했으며, 바로 이것을 우리는 생명의 강, 혹은 성령(Holy Spirit)이라고 불러왔습니다. 위로 상승해 가는 이 집단적인 마음의 거대한 흐름 안에서 헤아릴 수 없이 많은 억조의 자기-의식을 가진 생명들이 자신들의 마음을 합쳐서 하나가 되는 것을 선택했습니다.

그러나 이 우주의 몇몇 행성에서 대다수의 거주자들이 생명의 강과 함께 흐르며 위로 올라가는 것을 거부해 버렸습니다. 물론 지구도 이런 행성들 중의 하나입니다. 그리고 이 때문에 지구의 자연 환경에 결핍이 생기고 자연 재해가 일어나는 등, 수많은 불균형한 상황이 형성되었습니다. 인류의 육체적인 조건들 역시 균형이 잡혀 있지 않아, 인간들은 피로를 느끼고 다양한 형태의 육체적, 정신적 질병을 앓고 있습니다.

대립하는 영체들의 분열

여러분도 알겠지만, 모든 질병의 원인은 여러분 존재 안에 분열이 생겼기 때문입니다. 이것은 서로 적대적으로 일하는 두 부분이 존재한다는 의미입니다. 이런 현상은 여러 수준에서 일어날 수 있습니다. 물론 우리가 설명했듯이 정체성층, 멘탈층, 감정층, 물질층의 네 수준이 있으며, 그밖에 다른 수준들도 있습니다. 여러분이 한 가지 특정한 일을 수행하도록 고안된 영체들을 가지고 있으면 그것에 반대로 작용하는 영체도 가지고 있을 가능성이 있습니다.

한 예로, 많은 사람이 전생에서부터, 이기적이고 자기중심적이며 특정 상황에서 화를 내는 성향을 지닌 영체들을 창조해 왔다고 합시다. 그런데 이들은 다음 생에서 삶에 대해 종교적이거나 영적인 견해를 채택했습니다. 그리고 화를 내는 것은 옳지 않고 영적이지 못하며, 올바른 크리스천이나 불교도의 태도가 아니라는 결정을 내립니다. 자신의 마음을 들여다보면서, 분노로 먼저 반응하는 패턴으로 이끄는 영체를 발견하는 대신 분노하는 영체를 억누르도록 고안된 또 하나의 영체를 만들어낸 것이지요. 이런 식으로 사람들은 상반되는 의도를 위해 고안된 두 영체들을 가지게 되며, 그 둘은 시초부터 서로 싸우고 있습니다.

흔히 사람들은 이 투쟁을 의식하지 못합니다. 왜냐하면 영적인 사람들은 영체로 하여금 자신의 분노를 억압하도록 만드는 데 너무 능숙해서, 그 분노가 의식적 마음까지 도달할 수가 없기 때문입니다. 그러나 물질 영역에서 창조된 그 어떤 영체도 다른 영체를 완전히 근절해 버릴 수 없습니다. 여러분은 내면에 분노하는 영체를 갖고 있을 수 있습니다. 그리고 그 분노하는 영체를 억누르기 위해 다른 영체를 창조해낼 수 있습니다. 그러나 억압하는 영체는 그 분노하는 영체를 파괴할 수가 없습니다. 영체에게는 그럴 수 있는 힘이 없기 때문입니다. 왜 그럴 힘이 없을까요? 영체는 자의식을 가진 존재가 아니기 때문입니다.

여러분이, 분노하는 영체를 창조했습니다. 순수의식이자 의식하는 자아(Conscious You)인 여러분이, 분노하는 영체를 창조한 것입니다. 여러분이, 억압하는 영체를 창조했습니다. 그리고 그 영체들을 창조해낸 당사자인 여러분만이 그들을 소멸시키고 녹여버리고 내려놓을 수 있습니다.

여기서 나는 이 점을 지적하고 싶습니다. 억압하는 영체가 분노하는 영체를 아주 강하게 억눌러 버린다면, 여러분은 자신이 분노하고 있음을 깨닫지 못합니다. 자신이 분노하는 영체를 갖고 있다는 사실도 모릅니다. 그럼에도 불구하고 여러분의 감정체 안에는 여전히 이 분노하는 영체가 살고 있습니다. 멘탈체나 정체성체의 구성체로 존재하고 있을 가능성도 있습니다. 여러분은 삶이 어떤 기대 수준에 미치지 못할 때에는, 삶이 예상대로 풀리지 않았기 때문에 화가 나는 것이 당연하다고 정당화합니다.

잠재의식에서 일어나는 투사

높은 수준에 있는 영체들은 여러분이 의식할 수 있는 범위를 벗어나 있습니다. 왜냐하면 억압하는 영체는 다른 영체를 제압하는 것이 아니라 여러분의 인식 내용이 미처 의식되지 않도록 억누르기 때문입니다. 억압하는 영체는 단지 표면적인 의식 수준에서 다른 영체들을 억눌러 버렸을 뿐이고, 더 높은 수준에서는 여전히 이 영체들이 활동을 하고 있습니다. 이는 곧 여러분이 여전히 이 영체들을 통해서 우주 거울로 이미지들과 에너지를 투사하고 있다는 의미입니다. 그러면 우주 거울은 여러분이 내보내는 그대로를 여러분에게 반사해 줄 수 밖에 없습니다.

스스로를 돕는 것(self-help)에 관한 세간의 많은 가르침들에 담긴 오류는, "긍정적인 마음가짐"을 취하고 자신의 의식적인 태도를 바꾸면 엄청난 결과를 얻을 수 있다고 약속해 준다는 점입니다. 그러나 사랑하는 이들이여, 이 말은 맞지 않습니다. 만일 여러분이 더 높은 수준에 있는 이 영체들을 볼 수 있는 지점에 이르지 못한다면, 그리고 거기서 그 영체들을 의식적으로 녹여버리지 못한다면, 여러분은 단지 "긍정적인 마음가짐의 영체"란 또 한 가지 영체를 생산했을 뿐입니다. 여러분이 그 영체에 충분한 에너지를 주면 그것은 표면적인 의식 수준에서 알아차릴 수 없도록 다른 영체를 억눌러 버릴 뿐입니다.

여러분은 표면적인 의식의 수준에서 이렇게 생각합니다: "나는 아주 긍정적이고, 긍정적인 에너지만 내보내니까, 우주 거울은 내게 긍정적인 환경을 반사해 줄 거야." 여러분은 자신에게 긍정적인 환경이 돌아오지 않으면, 낙담해서 틀림없이 뭔가 잘못되었다고 생각합니다. 그러나 우주 거울이 단지 자신의 의식적인 수준에 있는 것만 반사해 주는 것이 아님을 여러분은 미처 깨닫지 못했습니다. 우주 거울은 여러분의 네 하위체가 투사하는 모든 것을 반사해서 돌려줍니다.

지금 내 이야기의 요점은 아주 간단합니다. 즉, 여러분은 지구에서 창조된 집단적인 마음과 집단적인 인력에 대항할 수 없습니다. 여러분이 개인적으로 그것에 맞설 수는 없습니다. 여러분은 집단의식을 억누르고, 공격적이고 분노하는 집단의식의 성향을 억압하는 영체들을 창조하려고 노력할 수는 있겠지만, 성공하지 못할 것입니다. 아마 표면적인 의식의 수준을 제외하고 말이죠. 표면 의식의 수준에서는 여러분이 자신을 매우 영적이고, 친절하고, 자애로운 사람이라고 생각하며 스스로를 속일 수 있습니다. 그러나 여전히 여러분은 마음의 더 높은 수준에 있는 영체들에 의해 영향을 받을 것입니다. 이 마음의 더 높은 수준은 보통 잠재의식이라 불리며, 의식적인 수준에서는 인식되지 않습니다.

생각을 통제하려는 접근 방식

많은 영적인 사람들에게서, 심지어는 오랫동안 열심히 명상한 사람들에게서 볼 수 있는 점은 무엇입니까? 바로 다음과 같습니다. 즉, 그들은 영적으로 성장하기 위해서는 마음을 통제해야 한다는 사실을 알게 되었습니다. 마음을 통제함으로써 혼란을 일으키는 생각을 피하려 하고, 심지어는 생각 자체를 피하려고 합니다. 그래서 그들이 한 일은 무엇입니까? 그들은 자신의 생각을 통제하기 위한 영체를 창조해냈습니다. 그 영체를 통해 특정한 생각을 억압하거나 모든 생각을 다 억눌러 버리려고 애썼습니다.

자, 이런 접근 방식에는 몇 가지 건설적이지 못한 점이 있습니다. 우선, 표면적인 의식의 수준을 제외하고는 그런 일이 불가능합니다. 여러분은 실제로 의식적 수준에서는 생각들을 성공적으로 억눌러버릴 수 있습니다. 그러고는 자신이 아무런 사념이 없는 깊은 명상에 들어갈 수 있다고 생각합니다. 그러나 이것이 반드시 여러분의 상위체들이 말끔히 정화되었음을 의미하지는 않습니다.

간혹 어떤 사람들은 명상과 영적 수련을 통해서 자신의 상위체들을 맑게 정화하는 데 성공했습니다. 그러나 그들이 성공할 수 있었던 것은 오직 하나의 이유 때문이었습니다 그들은 기꺼이 상위체들 안에서 진행되고 있던 모든 것을 성찰했고, 모두 내려놓았습니다. 이들이야말로, 그것이 무엇이었든 영적 가르침을 성공적으로 활용한 사람들입니다.

그러나 많은 사람은, 특히 현대의 서구인들은 더 피상적인 접근 방식을 취하면서 영적 가르침이란 단지 어떤 효과를 얻기 위한 것이라고 생각합니다. 그들은 마음의 심층으로 들어가려고 하지 않고 효과를 얻는 데에만 초점을 둡니다. 그들은 마음을 고요하게 한다거나 그밖에 다른 어떤 효과를 얻는 것에만 치중하기 때문에 효과를 가져올 영체를 만들어 냅니다. 내가 언급했듯이, 그 영체는 표면적인 의식 수준에서는 효력을 나타낼 수 있지만, 더 깊은 수준에서는 영체들을 소멸시킬 수가 없습니다.

많은 사람이 자신이 영적인 사람이라는 환상을 가지고 있지만 실제로는 그렇지 않습니다. 왜냐하면 그들은 심층에서 진행되고 있는 것을 해결하지 못했기 때문입니다. 여기서 내 요점을 간략히 이야기하겠습니다. 생명의 노래에서 내가 소개하고 있는 부분은 멘탈 수준입니다. 마레이타이께서는 정체성 수준에 대해 이야기하셨고 나는 멘탈 수준에 대해 이야기하고 있습니다.

많은 이들이 자신의 멘탈체를 통제하기 위해서는 자신의 생각을 통제해야 한다고 믿습니다. 즉, 생각을 지휘해서 특정 패턴을 따르게 하거나, 모든 생각을 다 억눌러서 고요하게 만들어야 한다고 믿습니다.

멘탈층에서 일으키는 질병

그러나 내가 설명했던 것처럼, 여러분이 서로 싸우는 여러 영체들을 창조해내면, 불가피하게 여러분 존재 안에는 분열이 생겨납니다. 이 분열은 여러분의 에너지를 다 소모해 버립니다. 영체들 사이의 투쟁으로 인해 분열이 일어나고, 시간이 흐르면 이것은 육체에서 질병으로 발현됩니다.

왜냐하면 육체란 마음의 투사물이기 때문입니다. 모든 것은 다 마음입니다. 여러분의 육체는 어떤 물리적 공간에서 실재하는 것이 아닙니다. 우주에 대한 현대 과학의 이해에 기초해서 여러분이 그렇게 믿도록 키워졌지만 말입니다. 그런 이해는 여전히 여러분의 육체적인 감각에 단단히 묶여 있습니다.

마레이타이께서 설하시듯이 더 깊은 현실은, 모든 것이 한 순간에도 수많은 횟수로 재창조되고 있다는 사실입니다. 여러분의 몸도 오랜 시간에 걸쳐 존재하는 것이 아닙니다. 몸은 마터-빛 위에 투사되고 있는 이미지에 의해 끊임없이 재창조되고 있습니다. 그 이미지들은 여러분의 세 상위체란 세 층을 통해서, 그리고 물질층의 마음을 통해서도 투사되고 있습니다.

예를 들어, 여러분이 멘탈 수준에서 분열을 갖고 있으면 그것은 여과를 거치면서 결국 물리적 수준으로 내려갑니다. 여러분이 불완전한 이미지나 상호 충돌하는 이미지를 가지고 있고 이것이 마터-빛 위로 투사되고 있다면, 이것은 육체 안에서 일종의 전쟁으로 구체화됩니다. 이때 세포들은 올바른 기능을 하지 못하고 스스로를 파괴하거나 혹은 다른 세포들을 파괴합니다. 그러면 여러분은 결국 몸의 한 부위나 장기가 파괴되는 질병을 앓게 되거나, 몸 전체가 망가지게 됩니다. 육체는 단지 더 높은 수준에서 투사되는 것들을 외면으로 구현해낼 뿐이며, 그 이외의 다른 방식으로는 나타날 수 없습니다.

지금 내가 말하고 있는 내용은 간단합니다: 여러분이, 마음의 제어란 곧 모든 생각을 잠잠하게 만드는 것이라고 생각할 수 있지만, 이것은 건설적인 접근 방법이 아닙니다. 우리가 이 생명의 노래에서 제시하는 치유 기법은, 생각을 억누르는 것을 대체할 다른 방법을 주는 것입니다. 생각을 제어하려고 노력하지 마세요. 실제로 여러분은 생각이 흘러가도록 허용해 주어야 합니다.

간단한 이유는 다음과 같습니다: 여러분은 과거의 어떤 것도 바꿀 수가 없습니다. 시간을 거슬러 올라가 과거를 변화시킬 수는 없습니다. 여러분은 오직 현재 안에서만 변화시키는 것이 가능합니다. 멘탈층의 마음이 하는 것은 멘탈 이미지를 투사하는 것입니다. 그때 마음은 '이 멘탈 이미지는 이미지가 아니라 실재'라고 투사합니다.

자, 어떤 의미에서는 여기에 얼마간의 진실이 있습니다. 내가 말한 것처럼, 멘탈 이미지들이 마터-빛 위로 투사되면 일시적으로 현실이 되기 때문입니다. 그러나 궁극적인 의미에서 그들은 실재가 아닙니다. 그들은 관념(concept)이며, 마음의 상(像)일 뿐입니다.

멘탈층의 심상들을 변화시키기

물리적 수준의 변화를 일으키기 위해서 필요한 일은 멘탈층의 심상들을 바꾸는 것입니다. 그리고 여기엔 해법이 있습니다. 즉, 여러분은 과거의 멘탈층의 심상들을 바꿀 수는 없으며, 오직 현재의 순간 안에서만 그 심상들을 바꿀 수 있습니다. 그리고 오직 자신의 창조적 능력을 통해서만 가능합니다.

실제로 여러분은 심상들을 파괴할 수 없습니다. 그런 시도조차도 건설적인 일이 아닙니다. 그러나 마음은 그렇게 하라고 말합니다. 분리된 마음은 이원적인 사고틀에 갇혀 있기 때문입니다. 이원적인 사고틀 안에서는 아버지-신의 팽창하는 힘과 어머니-신의 수축하는 힘이 대립되는 것으로 여겨집니다. 뱀의 마음인 분리된 마음은, 그 중 하나는 선이고 하나는 악이라고 규정하면서 가치판단에 집착합니다. 이에 의하면, 선이 우세하게 되기 위해서 그 중 하나는 반드시 파괴되어야만 합니다.

그러나 알다시피 이 이원적인 양극성들은 동시에 만들어지면서 상호의존하고 있습니다. 그들은 다른 한 편이 없다면 존재할 수 없습니다. 여러분이 악으로 규정한 것을 파괴한다면 선도 존재하지 않게 됩니다. 따라서 여러분은 이원적인 마음을 가지고서는 결코 악을 파괴할 수 없습니다.

그러나 마음이 하는 일, 즉 멘탈층의 마음이 능숙하게 하는 일은 분석하고 비교하는 지적 능력을 사용하는 일이며, 이렇게 말하는 체계를 만들어냅니다: "이런 생각은 좋은 거고, 저런 생각은 나쁜 거야. 나는 나쁜 생각들을 파괴해 버릴 방법을 찾아야만 해." 마음은 이런 식으로 말하는 데에는 정말 전문가입니다: "내가 건강해지려면, 내가 영적으로 되려면 그 전에 해결해야 할 문제가 있어. 문제는, 뭔가 잘못된 것이 있다는 거지. 내가 들어가서 잘못을 바로잡으려면, 그것들을 다 부숴버려야 해."

이제 여러분은 잘못된 멘탈 매트릭스라고 여겨지는 것을 구별하고 들춰내는 게임에 말려들었습니다. 그래서 그 멘탈 매트릭스를 파괴하려고 노력하겠지요. 그러나 여러분이 무엇을 하고 있는 걸까요? 정확히 내가 바로 전에 설명했던 일입니다. 건설적이지 못한 멘탈 매트릭스가 있었는데, 그것은 이제 하나의 영체가 되어버렸고 그 영체는 계속 그 매트릭스를 투사하고 있습니다. 여러분은 이 문제를 해결하기 위해, 옛 매트릭스를 파괴하도록 고안된 또 하나의 영체를 만들어냅니다. 그러나 이런 식으로는 해결이 안됩니다. 치유란 이곳 지구에서 믿고 있는 것처럼, 한 세포가 암에 걸리면 그 세포를 파괴해 버리는 그런 것을 의미하지 않습니다.

창조적인 치유

사랑하는 이들이여, 파괴를 통해 치유를 할 수는 없습니다. 부디 이 단순한 선언을 깊이 숙고하고 여러분 내면에 받아들이세요. 여러분이 전체성을 회복하고 치유되길 원한다면, 파괴를 통한 치유는 불가능함을 깨달아야 합니다. 여러분은 분열로 인해 전체성을 잃습니다. 분열된 한 부분이 다른 부분을 파괴함으로써 전체성으로 되돌아갈 수는 없습니다. 이런 파괴는 단지 전체성으로부터 더 멀어지도록 가속할 뿐입니다.

여러분이 해야 할 바는 무엇일까요? 마음이 가진 창조적인 능력을 다시 활성화하는 일입니다. 창조성이란 문제를 확인하고 그 문제를 파괴하고자 추구하는 것이 아닙니다. 창조성이란 여러분이 이렇게 말할 때입니다: "아, 오래된 이 매트릭스는 더 이상 나에게 도움이 안돼. 이제 나는 이걸 원하지 않아. 더 높은 매트릭스를 찾아야 해. 나는 옛 매트릭스를 초월하고 내 자아감을 다시 창조하고 있어. 나는 내 멘탈체와 생각들을 다시 창조하고 있어." 이제 아시겠지요?

여러분은 창조적으로 됨으로써 옛 것을 초월합니다. 옛 것을 파괴함으로써가 아닙니다. 한 예로, 여러분은 어떻게 암을 극복할 수 있을까요? 외부에 암으로 나타나고 있는 세포들을 파괴함으로써 극복할 수 없습니다. 이것은 오직 분열과 자기 파괴와 구성원 간의 전쟁에 힘을 더해 줄 뿐입니다. 여러분은 세포들을 사랑함으로써 암을 극복할 수 있습니다. 여러분은 외적인 육신의 갈등 너머를 봄으로써, 세포에 그런 이미지들을 투사하게 만든 감정, 멘탈, 정체성체의 요소들을 사랑할 수 있으며, 그럴 때 세포들은 자신과 타 세포들을 파괴하는 일을 멈추게 됩니다.

이제 아시겠지요? 여러분이 분열된 매트릭스를 초월하는 것은 창조를 통해서입니다. 창조는 사랑입니다. 더 이상의 것을 향한 사랑이고, 새로운 것을 향한 사랑이며, 옛 것의 초월을 향한 사랑입니다.

어떤 집단적 마음에 조율할지 선택하기

내가 여기서 말하고자 하는 바를 알겠습니까? 지상의 인간으로서 여러분은 선택권을 가지고 있습니다. 여러분 개인의 마음을 어떤 마음에, 어떤 집단적 마음에 조율하길 원합니까? 이곳 지구에서 창조된 집단적 마음입니까, 아니면 전체 우주 안에서 창조된 더 위대한 집단적 마음입니까?

더 위대한 집단적 마음은 곧 성령이고 생명의 강이며, 더 높은 곳을 향해 상승하고 있는 창조적인 마음입니다. 지구에서 만들어진 집단적 마음 안에서는 구성원 사이에 전쟁이 일어나고 있으며, 여러분이 보다시피, 끊임없이 서로를 파괴하는 인간 집단들로 현실화 되고 있습니다.

여러분이 그런 마음에 조율하고 있는 한, 치유에 이르는 일은 쉽지 않습니다. 분명히 여러분은 전체성에 이르지 못하게 됩니다. 육체의 증상을 한동안 덮을 수는 있겠지만, 이것은 단지 보이지 않게 가리는 것일 뿐입니다. 여러분은 그것을 진정으로 치유할 수도, 해결할 수도 없습니다.

'생명의 노래'의 도구를 통해서 우리는, 여러분 마음의 층들을 투명하게 정화하고 여러분의 개별적인 마음을 더 위대한 마음인 생명의 강에 조율하게 만드는 방법을 제안하고 있습니다. 그것을 위해 우리는 이 도구를 주며, 여러분은 스스로의 목소리의 힘, 발언된 말의 힘을 사용해서 영적인 빛을 기원하고 생명의 노래가 지닌 소리 패턴을 불러올 수 있습니다. 그렇게 한다면, 여러분의 네 하위체에서 생겨난 후 마터-빛에 반복적으로 투사되면서 육체를 형성시켜 왔던 패턴들이 재정렬되기 시작할 것입니다.

이것은 치유를 위한 새로운 접근 방식입니다. 그리고 치유를 위해 바로 실행할 수 있는 접근 방식이기도 합니다. 치유가 즉각적으로 일어나지 않을 수도 있습니다. 그러나 여러분의 마음에 충분한 변화가 있다면, 즉각적인 치유가 일어나기도 합니다. 여러분의 마음이 더 이상 육체에 병을 일으키는 패턴을 투사하지 않도록 충분히 전환되면, 그 순간 여러분의 육체는 즉시 재창조될 것입니다.

이것이, 물질계의 모든 것이 한 순간에도 수없이 마터-빛 위에 투사된 결과물이라는 우리 가르침의 논리적인 결론이 아닐까요? 여러분이 일단 매트릭스를 변화시키면 물질적인 구현도 즉시 바뀐다는 것을 보지 못하겠습니까?

이것이 바로, 예수께서 손이 말라버린 사람을 치유하고, 기적으로 불렸던 다른 많은 치유를 수행했을 때 알고 있었던 사실입니다. 그것들은 전혀 기적이 아니었습니다. 다른 사람들이 자신의 육신에 투사해 왔던 매트릭스를 극복하고 벗어나도록 돕기 위해 예수께서는 자신이 성취했던 능력을 활용할 수 있었습니다. 이것이 그가 사람들에게 "내게 그럴 권능이 있음을 믿습니까?" 라고 물었던 이유입니다. 그리고 사람들이 믿었을 때 그들은 치유받을 수 있었습니다.

그리고 바이블에는 기록되어 있지 않지만 내가 말해 주어야 하는 점은, 그들 중의 몇몇은 원래 상태로 다시 되돌아갔다는 사실입니다. 그들은 그리스도가 베푼 은총을 유지하면서 의식적으로 자아감을 재창조할 수 없었으므로, 얼마 후에 다시 자신의 옛 질병 안으로 되돌아갔습니다. 짧은 기간이 지난 후 그들은 같은 패턴을 재창조하여 다시 그 질병을 자신의 육체에 투사하게 되었던 것입니다.

그럼에도 불구하고 나는 여러분에게 실상(reality)을, 그리스도의 실상을 이야기해 주고 있습니다. 여러분 내면의 그리스도는 여러분의 감정체와 멘탈체와 정체성체를 즉각적으로 치유할 수 있는 힘을 가지고 있습니다.

"여러분은 이것을 믿습니까?" 그러면 여러분이 믿는 대로 여러분에게 이루어질 것입니다. 사랑하는 이들이여, 이것이 자유의지의 법칙입니다. 믿음은 단지 이루어지길 바라는 상념에 그치는 것이 아닙니다. 믿음이 이루어지는 것은 법칙입니다.

믿음과 변화

그러나 누군가에게 "당신은 이것을 믿어야 합니다." 라고 말하는 것은 그리 건설적이지 못합니다. 많은 사람은 마음의 네 층에 너무나 많은 짐들을 가지고 있어서 이것을 믿을 수가 없습니다. 그들은 오용되어 부적격해진 에너지를 너무나 많이 갖고 있고, 이원적인 믿음을 너무나 많이 갖고 있습니다. 그렇기 때문에 나는 여러분이 실상을 알기를 바라지만, 여러분이 즉시 믿음을 가지지 못한다 해도 낙심하지 않기 바랍니다.

그러나 여전히 어떤 이들은 즉각적으로 믿고, 즉각적으로 변화할 수 있습니다. 정말 그런 옵션이, 믿음을 활용할 수 있는 모든 이들에게 열려 있기를 바랍니다. 그러나 그렇게 하지 못하는 이들은 우리가 주는 도구를 사용하세요. 단지 '생명의 노래'뿐만 아니라 우리가 준 다른 많은 도구들을 활용하세요. 디크리와 기원문을 활용하고, 여러 가르침들, 특히 일곱 초한이 주는 가르침들을 공부해서 여러분의 자아감을 변화시켜 나가세요. 여러분은 이 가르침을 듣는 것만으로도, 또 생명의 노래의 기원문을 낭송하는 것만으로도 스스로의 자아감을 바꿀 수 있고, 또 그렇게 할 수 있는 유일한 사람은 바로 자신임을 깨닫지 않았습니까?

그리스도는 여러분을 대신해서 여러분의 자아를 변화시켜줄 수 없습니다. 오직 여러분의 의식하는 자아만이 자신의 자아감을 전환할 수 있습니다. 그리스도는 여러분이 옛 것을 보내버리기로 결단했을 때 변화를 촉진하도록 도울 수 있습니다. 여러분만이 옛 것을 보내버릴 수 있는 유일한 사람입니다. 여러분은 자유의지를 갖고 있기 때문입니다.

여러분이야말로 순수의식으로 돌아가는 자신의 능력을 사용할 수 있는 유일한 사람입니다. 그래서 여러분은 자신의 멘탈체 밖에서 멘탈체를 보며 이렇게 말할 수 있습니다: "아, 나는 마음이 무엇을 하고 있는지 볼 수 있어. 이제 보니 내 마음은 마치 컴퓨터와도 같군. 내 멘탈체에서 평생 진행되어온 프로그램을 내가 끝내라고 명하거나 마우스로 클릭하지 않으면, 마음은 정해지지 않은 미래를 향해 아무런 자각 없이 어떤 기능을 계속 실행해 나가도록 프로그램 되어 있어. 마음은 특정 문제들을 풀도록 프로그램 되어 있다는 걸 알겠어. 하지만 의식하는 자아가 이 문제를 풀 필요는 없다는 것을 알겠어. 그 문제들은 풀 필요가 없는 것이고 단지 초월되어야 할 것들이야. 그것들은 그냥 내려놓고 가야 해."

치유의 열쇠는 이것입니다: 즉 여러분이 정체성 수준에서, 멘탈 수준에서, 그리고 물리적 수준에서 자신의 자아감을 떠나는 일입니다. 여러분은 자신에게 이렇게 할 힘이 있음을 믿습니까? 그렇다면 생명의 노래와 상승 마스터들의 가르침에 의해 도움을 받을 수 있습니다. 만일 여러분이 스스로에게 자아감을 변화시킬 수 있는 힘이 있음을 믿지 않는다면, 안타깝게도 우리는 여러분을 도울 수가 없습니다.

어쩔 수 없이 여러분은 고난의 학교에 들어가서 수많은 고난들을 겪고 난 후 이렇게 말하게 될 것입니다: "이것보다 더 나은 길이 틀림없이 있을 거야." 그때에야 여러분은 그 고난들이 어디에서 왔는지 자문하게 됩니다. 그렇습니다. 그 고난들은 여러분 자신의 분열에서 왔습니다. 여러분은 바로 자신이 이 분열을 창조해냈다는 사실을 깨달을 수 있습니다. 처음에는 이를 깨닫기 어렵지만 사랑하는 이들이여, 여기서 아름다운 점은, 스스로 창조한 것을 스스로 되돌려 놓을 수 있는 힘이 여러분에게 있다는 사실입니다.

이것을 믿습니까? 그렇다면 우리가 주는 도구들을 받아들이세요. 가르침을 받아들이고 여러분의 정체감(sense of identity)을 전환하세요. 이 모든 것을 해야 하고 이 모든 문제를 풀어야만 하며, 다른 사람을 구하고 행성을 구할 필요가 있다고 생각하는 마음에서 떠나세요. 그 대신 순수의식으로 되돌아가서 여러분 스스로를 구하는 데 중점을 두세요. 생명의 노래를 활용하세요. 그러나 하나의 도구가 여러분을 위해 모든 것을 다 해 줄 수 있다고는 생각하지 마세요. 그런 일은 자동적으로 일어나지 않기 때문입니다.

이것을 믿습니까? 그렇다면 제6광선의 초한이며 신성한 어머니의 대리자인 나다의 가슴으로부터 오는 기쁨의 추동력, 사랑의 추동력, 치유의 추동력을 받아들이세요. 왜냐하면 나는 현존하며(I AM), 나는 치유이고, 나는 전체이며, 마음의 평화이기 때문입니다. 여러분은 이것을 믿습니까? 오직 믿음을 가질 때에만 나는 여러분을 위해 그렇게 현존할 것입니다.

안내: 이 장에 상응하는 기원문은 '생명의 노래2 - 새로운 마음'입니다.

관음
Kuan Yin

감정의 바다를 항해하기

역할을 맡기

역할에 의한 통제

세 가지 감정적 반응들

감정을 무시할 수는 없습니다

감정은 치유의 열쇠입니다

여러분 감정은 여러분의 것이 아닙니다

감정과 동일시하기

감정을 책임지기

감정을 행동으로 옮길 필요가 없습니다

생명의 강과 함께 흐르기

세 가지 주요 감정

인내심을 가지기

관음 (Kuan Yin)

"자비의 여신"이라고도 불리며,
불교에서 관세음 보살로
널리 알려진 존재입니다.
성모 마리아께서 서구에서
신성한 어머니를 대표한다면,
아시아에서는 관음께서
이 역할을 맡고 있습니다.
성 저메인과 함께 자유의 광선인
제7광선의 마스터이며,
상위 영역에서 카르마 위원회의
멤버로 봉사하고 있습니다.

3
감정을 흘러가게 하기

관음은 내가 지구에서 오랜 세월 동안 봉사하면서 사용한 이름입니다. 나는 원래 아시아권에서 잘 알려져 있지요. 나는 이미 오래 전에 붓다의 깨달음을 성취했습니다.

여러분이 붓다의 경지에 이르기 위해서는 지구에서 붙일 수 있는 모든 명칭(label)를 초월해야 합니다. 따라서 소위 불교라는 종교가 있고 그 안에만 붓다의 가르침이 있다는 관념은 잘못된 것입니다. 진정한 붓다 의식의 경지를 성취한다면, 전적으로 완전한 보편성에 도달하기 때문입니다. 여러분은 지상의 모든 명칭 너머로 건너가 버립니다.

내가 초월적인 지혜인 반야(Prajna)의 배에 사람들을 싣고 윤회(Samsara)의 거친 바다를 건네준다는 설화는 이 사실을 상징적으로 나타내고 있습니다. 그런데 왜 윤회의 바다에는 거친 파도가 일고 있을까요? 인류의 감정이 성난 파도 같이 출렁이고 있기 때문입니다. 성난 파도와 같은 감정 에너지들이 매우 오랜 세월 동안 집단 에너지장인 집단 의식에 저장되어 왔습니다.

감정의 바다를 항해하기

성난 파도로 포효하는 이 바다를 건너려면 무엇이 필요할까요? 여러분이 배의 균형을 잡기 위해서는 이쪽이나 저쪽 극단에 치우치지 않는 지혜가 필요합니다. 여러분을 덮치려 하는 성난 파도 주위를 항해하면서도 배가 일정한 경로로 가도록 유지해야 합니다. 여러분은 노도와 맞서 싸우거나 굴복해서는 안되며, 배가 표류하도록 내버려 두어도 안됩니다.

오직 목적지에만 눈을 고정해야 합니다. 저쪽 기슭을 주시하면서 그곳으로 가는 가장 빠른 항로로 방향타를 잡아야 합니다. 그리고 암초 주위를 돌아가는 물길을 따라가며 성난 파도를 부드럽게 통과하며 흘러가야 합니다. 이렇게 붓다의 명쾌한 지혜는 양 극단 사이에서 항상 중도를 찾도록 안내합니다.

중도란 한 극단에 치우치지 않는 것입니다. 이 극단을 냉동된 얼음에 비유해 보도록 하지요. 중도는 그 반대편 극단에 치우치는 것도 아닙니다. 반대편 극단은 뜨거운 열기로 끓어오르고 있는 용암에 비유할 수 있겠죠. 그러나 중도는 이 두 극단의 중간 지점인 무관심도 피해야 합니다.

붓다께서 살았던 시대에는 대부분의 사람이 붓다에게 무관심했습니다. 당시 사람들은 힌두교를 전적으로 신봉하며 얽매여 있었기 때문에, 힌두 사제들의 지혜를 초월하는 새로운 종류의 지혜를 설파한 붓다께서는 무관심할 수 밖에 없었습니다. 바로 예수께서도 같은 이유로 많은 사람에게 무시를 당했고, 오늘날 상승 마스터들도 같은 이유로 무시를 당하고 있습니다. 그럼에도 불구하고 우리가 육화한 메신저들을 통해서 이렇게 직접 말할 수 있고 구술문의 형태로 가르침을 전할 수 있다는 사실은 분명 이 행성의 종교적인 환경을 갱신하는 주된 힘이 될 것입니다.

역할을 맡기

남성과 여성의 감정체를 한번 살펴보기로 합시다. 여러분은 네 하위체를 갖고 있습니다. 이중 가장 높은 수준이 정체성체(identity body)이고, 그 다음이 멘탈체이고, 세 번째가 감정체입니다. 감정체 안에서는 상반되는 두 힘에 의해 서로 다른 방향으로 끌려가기 쉽습니다. 많은 경우 그 힘들은 느낌처럼 그렇게 상반되는 것은 아닙니다. 그 힘들은 여러분을 결국 같은 곳으로 끌어가기 때문입니다.

지금, 지구에서 인류의 통제를 모색해 온 존재들에 대해 깊이 논의하는 것은 신성한 어머니의 대리인인 우리의 의도가 아닙니다. 우리는 특별히 '어머니 지구 치유하기'라는 책에서 이 주제를 가지고 이야기했습니다. 만일 이 주제에 깊은 관심이 있다면 그 책을 공부할 기회가 있겠지요. 그러나 여러분을 통제하려고 하는 세력이 존재한다는 사실을 아는 것은 개인적인 치유와 성장을 위해서 반드시 필요합니다. 육화한 존재든 아니든, 그 세력들은 여러분의 네 하위체를 조종하면서 여러분을 통제할 방법을 찾고 있습니다.

따라서 '생명의 강과 함께 흐르기'란 마하 초한의 책에서 설명된 것처럼, 여러분이 육화하기 위해서는, 육체를 총괄해 줄 수 있는 일종의 영체(spirit)를 만들어 내면서 시작해야 합니다. 인류를 조종하고 있는 존재들은, 지구에 인간으로 육화해서 맡아야 할 역할들을 미리 설정하고 창조해내는 데 매우 능숙합니다. 그들이 설정해놓은 역할들은 행성의 정체성층인 집단의식의 정체성층에서 영체로 존재하고 있습니다.

지구에 처음으로 육화했던 많은 존재들은 그것이 최초의 육화였건 혹은 다른 행성에서 내려왔건 상관없이, 미리 설정된 많은 역할 중에서 하나를 선택하고 왔습니다. 이것은 마치 그들이 지구란 극장으로 걸어 들어와 옷장에 걸린 다양한 의상들을 보고, 자신이 연기해야 할 역할을 그려보면서 "저 사람이 되면 어떨지, 한번 해 봐야겠어."라고 말하는 것과 같습니다.

역할에 의한 통제

여러분은 인간으로서 무엇을 할 수 있고 특히 무엇을 할 수 없는지, 정해진 하나의 역할을 선택합니다. 일단 여러분이 그 역할을 받아들이면, 무대가 설정되고 틀(pattern)이 설정됩니다. 왜냐하면 여러분은 지구의 무대에는 미리 정해진 각본이 있고, 연극에 참여하는 배우들은 모두 그 각본에 따른다는 것을 알기 때문입니다. 그렇지 않나요?

이 무대에는 자발성을 위한 공간이 없습니다. 대본을 던져버리고 자기 방식대로 행동할 여지가 없습니다. 이런 행위는 다른 배우와 청중과 극장 운영자에게 혼란을 주게 되기 때문입니다.

만일 여러분이 정체성층에서 미리 정해진 역할을 받아들였다면,

그 역할은 일정한 한계를 설정하게 될 것입니다. 그 역할은 여러분의 멘탈체에 무슨 일이 일어날지, 또 감정체에 무슨 일이 일어날지를 정해 주고, 또 육체로는 무슨 일을 할 수 있는지 한계를 정하게 됩니다.

그래서 역사를 되돌아보면, 많은 사회가 명백하게 엘리트 중심적인 경향을 갖고 있었습니다. 역사상 수많은 사회에서 왜 소수 엘리트가 지배권을 가져왔는지 의문을 가진 적이 있나요? 그 사회에서 일반 대중은 엘리트의 특권적인 위치를 유지해 주기 위해 일하거나 엘리트의 명령을 따라야 하는 직접적이거나 간접적인 노예에 불과했습니다. 예를 들어, 명령이 내려지면 곧바로 전쟁터로 가서 다른 나라의 엘리트 집단과 싸워야만 했습니다. 왜 그랬던 걸까요? 여러분은 스스로 이 상황에 의문을 던져본 적이 있나요?

그 진정한 이유는 지구에 육화한 대다수 생명흐름들이, 정체성 층에서 인류를 통제하고 싶어하는 존재들이 미리 설정해놓은 역할들을 떠맡기로 선택했기 때문입니다. '인류를 통제한다'는 것이 무슨 의미일까요? 그들이 물질계에서 대중들이 해야 할 행동을 조종하고 제압하여, 대부분의 시간 동안 무관심에 빠져 있도록 만든다는 뜻입니다.

그러나 때때로 그들은 한 극단이나 반대 극단으로 대중들을 몰아버립니다. 한 극단에서 대중들은 상대 집단을 향한 분노와 증오로 끓어올라 전쟁을 일삼고 상대편을 완파하려고 전력을 다합니다. 이것이 지구의 많은 전쟁에서 여러분이 보아온 상황입니다. 그러나 다른 극단에서 사람들은 생명에 대해 아주 무감각하고 냉혹해집니다. 그들은 너무나 무감각하게 마비되어 사람을 더 이상 사람으로 느끼지 못하고, 심지어 전쟁에 가담하지 않은 민간인까지 살상합니다. 여러 시대를 통해 대중에게 이런 잔혹 행위가 자행되어 왔습니다.

세 가지 감정적 반응들

인류를 조종해 온 존재들은, 사람들이 생각할 상대적인 철학과 이데올로기의 패턴들을 정체성 영역에서 미리 설정해 두고 또 여기에 반응할 감정 패턴을 정해 놓음으로써 그런 일들이 일어나게 만들었습니다. 그들은, 내가 묘사한 세 가지 감정 반응 중 하나로 사람들을 몰아가려고 합니다.

그 하나는 여러분의 감정체를 완전히 얼려버리는 것입니다. 그래서 사람들은 아무것도 느끼지 못하도록 감정을 모두 억눌러야 한다고 생각하게 됩니다. 사회의 얼마나 많은 분야에서 이런 태도가 장려되는지 보세요. 예를 들어, 비즈니스 분야에서는 상관이 무슨 행동이나 말을 하더라도 결코 감정을 드러내지 않는 것이 상례입니다. 많은 경우에 이런 태도가 비즈니스 분야에서 성공할 수 있는 유일한 길입니다. 물론 여러분이 접하는 많은 조직에서도 사정은 같습니다. 잘 지내기 위해서는 "이것은 옳지 않습니다." 혹은 "이것이 옳다고 느껴지지 않습니다." 라는 말을 결코 입 밖에 내선 안 되는 것이죠.

다른 한 편, 인류를 조종해 온 존재들은, 사람들의 감정체가 용암처럼 끓어 오르고 분노와 동요가 일어날 때 대중들이 곧바로 행동으로 대응하기를 원합니다. 많은 나라에서 일어났던 대중 봉기처럼, 사람들이 작은 선동에도 급격히 분노에 빠지길 원하는 것입니다. 매 주말마다 스포츠 게임에서 이런 사례를 볼 수 있습니다.

그러나 많은 사람들이, 무슨 일이 일어나든 거의 무관심한 중간 지점에 머물러 있습니다. 그들을 휘저어서 무언가 느끼게 만들거나 사회에서 일어나는 일에 대해 조금이라도 책임감을 느끼게 하려면, 커다란 자극이 필요합니다.

감정을 무시할 수는 없습니다

내가 이 가르침을 통해서 무슨 이야기를 하려는지 알겠습니까? 이 '생명의 노래, 치유 매트릭스'의 주요 주제인 개인적인 치유란 문제에서, 여러분의 감정은 매우 중요합니다. 감정체는 육체의 바로 위 단계에 있기 때문입니다. 감정은 물질적 스펙트럼에 있는 마터 빛으로 직접 투사되므로, 감정이야말로 여러분 몸의 물리적 특징을 결정하는 매트릭스입니다. 육체의 바로 위층에 있는 감정이야말로 여러분을 치유하는 열쇠입니다.

내가 설명한 세 가지 감정 반응이 사회에 초래한 상황을 볼 수 있나요? 많은 사람이 감정을 들끓는 용암처럼 표출해 버리는 것이 얼마나 위험한지 자각하게 되었습니다. 다른 사람의 고통에 대해 너무 냉담하고 무감각해져서 자기 집 뒷마당에서 대학살이 일어나는데도 그저 방관만 하는 태도의 위험성도 알게 되었습니다. 그 결과, 오늘날 세상에는 감정을 다루고 싶어하지 않는 사람들이 많이 있습니다.

그 이유 중 하나가, 감정 반응이란 이 셋 중에 하나일 수 밖에 없다고 생각하며 자랐기 때문입니다. 그들은 자신의 감정을 건설적으로 다루는 방법을 배우지 못했습니다. 그들은 감정을, 삶에서 일어나는 일에 따라야 하는 노예처럼 여기며 자랐습니다. 삶에 어떤 일이 일어나면, 자신들은 단지 그런 식으로 느낄 수 밖에 없다는 것입니다. 그들은 삶에서 일어나는 극단적인 사건들을 통제할 수 없기 때문에, 감정도 통제할 수 없다고 여깁니다.

물론 사람들은 멘탈층과 정체성층에서 이미 감정의 경로가 정해져 버린다는 사실을 알지 못했습니다. 그 결과는 무엇입니까? 오늘날 수많은 사람은 감정을 다루기를 원치 않습니다. 오히려 감정을 무시하고 싶어합니다. 그러나 사랑하는 이들이여, 육체의 병이나 피로감이나 노쇠현상을 겪고 있는 사람들이 감정체(그리고 물론 멘탈체와 정체성체)에 대한 작업을 도외시한다면, 치유를 기대할 수 없습니다.

많은 현대인들이 원하는 대로 감정층을 건너뛰어 곧바로 멘탈층, 정체성층으로 갈 수는 없습니다. 그들은 삶에 대해 지나치게 지성적으로 접근한 나머지, 자신들에게 필요한 일은 단지 모여 앉아 삶을 포함한 모든 것을 분석하는 것이라고 생각합니다. 분석적인 마음으로 모든 문제를 해결할 수 있다고 보기 때문이죠. 어떤 이들은 더 나아가 정체성 영역의 철학이나 종교, 또는 영적인 가르침에서 해답을 구하려 합니다.

멘탈층과 정체성층에서 해답을 찾는 것이 타당하지 않다는 말이 아닙니다. 나는 단지, 감정들을 무시하고 건너뛰면서 어떻게 몸을 치유할 수 있겠는지 말하고 있을 뿐입니다.

감정은 치유의 열쇠입니다

여러분이 멘탈층이나 정체성층에 앉아서 육체의 건강을 위한 완전한 사념의 매트릭스를 구축했다고 할지라도, 어떻게 물리적 층으로 그 매트릭스를 보낼 수 있겠습니까? 오직 한 가지 방법으로만, 감정체를 통해서만 보낼 수 있습니다. 분석적인 마음을 가지고는 사념의 매트릭스를 직접 마터 빛으로 투사할 수가 없습니다. 사랑하는 이들이여, 그렇게 할 수가 없습니다.

바로 이런 이유로, 지적인 탐색에 사로잡힌 많은 사람이 세상의 모든 문제를 지성적으로 해결할 수 있다고 생각하지만, 실제로는 물질 영역에 아주 미미한 영향 밖에 미치지 못하고 있습니다. 그들은 감정과 동떨어진 채로 자신의 감정을 부인하고 있는 까닭에 멘탈 아이디어들을 물질층에 전달할 수가 없습니다. 멘탈 아이디어의 전달은 오직 감정이란 매개층을 통해서만 이뤄질 수 있습니다.

그러므로 많은 사람이 몸에 병을 갖고 있습니다. 병이 나기 전까지 그들은 지적인 이해나 철학에 기대어 살 수 있다고 생각했습니다. 그들은 자기 감정이 뜨겁든 차갑든 혹은 무관심하든, 상관할 필요가 없다고 무시하면서 살아 왔습니다. 그러다 몸에 병이 나자 자신들이 삶에서 뭔가 해야 하고 뭔가 변화되어야 한다고 느끼게 되었습니다. 그러나 그들은 여전히 분석적인 해결책을 찾기 위해 이런 저런 화학적이고 수술적인 절차나 식이요법이나, 몸을 개선하는 대체 운동 같은 것을 찾아 다닙니다.

물리적 수준에서 증상을 덮어버리면 약간 치유가 되긴 하지만, 더 높은 방식인 전제적이고 자연스러운 치유가 일어나려면 역시 감정체를 다루어야만 합니다. 진실로, 우리가 왜 정체성체와 멘탈체에 대한 이야기부터 시작했겠습니까? 그 이유는, 여러분이 일단

정체감을 전환하고 분석적인 마음에서 벗어나면 감정체를 다루기가 훨씬 쉬워지기 때문입니다.

여러분이 목소리를 사용해서 영적 에너지를 불러일으킨 후 그 에너지가 자유롭게 정체성체와 멘탈체를 통해 흐르도록 해 주면, 그 에너지는 훨씬 쉽게 감정체 안으로 들어갑니다. 그러면 그 에너지는 그 안에 쌓여 있던 감정 에너지를 불태우기 시작하여 감정체를 말끔히 청소하고 정화합니다.

그러나 나는 이 점을 지적하고 싶습니다. 즉 여러분이 자신의 감정체를 직시하면서 그 안에서 일어나고 있는 감정을 직접 지켜보는 접근법으로 옮겨가지 않는다면, 궁극적인 성공에 이르지 못합니다. 바로 이것이 이 담화에서 내가 전하는 요점입니다.

여러분 감정은 여러분의 것이 아닙니다

앞서서 말했듯이, 여러분은 감정에 대해 할 수 있는 일이 아무것도 없다고 생각하면서, 방해가 되는 감정이 올라오면 억압하도록 키워졌습니다. 이때 무슨 일이 일어나는 걸까요? 자, 여러분 감정은 사실 여러분의 것이 아닙니다.

마하 초한께서 설명하셨듯이, 여러분의 부정적이고 조화롭지 못한 감정은 모두 영체들(spirits)로부터 옵니다. 여러분 자신인, 깨어 있는 자아의 순수 의식(pure awareness of the Conscious You)이 이런 감정을 느끼고 있는 것이 아닙니다. 이런 감정을 만들어내고 있는 것은 영체들이며, 여러분은 단지 그 감정을 체험하고 있을 뿐입니다. 왜냐하면 여러분은 영체들의 필터를 통해서 삶을 체험하고 있기 때문입니다. 그것은 여러분의 감정이 아닙니다. 그러나 사랑하는 이들이여, 여러분이 감정체를 들여다보면서 그 감정을 직시하지 않는다면, 어떻게 이런 사실을 알 수 있겠습니까? 감정을 억압하고 무시하려 애쓴다면 어떻게 감정들을 지켜볼 수 있겠습니까?

이 감정들이 여러분 자신이 아님을 보는 유일한 방법은 감정에서 달아나는 것을 멈추고, 대신 역으로 방향을 바꾸어 여러분의 느낌 안으로 곧장 뛰어드는 것입니다. 그래서 그 끓어오르는 화산 안에, 혹은 차갑게 얼어붙은 감정의 얼음장 위에 서 있어 보는 겁니다. 여러분이 감정과 직접 접촉하고 관통해서 갈 때에만 그 감정이 여러분 자신이 아님을 알 수 있지 않을까요? 심지어 감정은 여러분 자신이 느끼는 것도 아닙니다.

또한 감정은 지구 환경에 대응하는 반응 패턴을 만드는 여러분의 사고에서 만들어진 것도 아닙니다. 분리의 두려움에 기초한 하등하고 자기중심적인 사고도 역시 영체들로부터 나온 것이기 때문입니다. 새장에 갇힌 채, 누군가 그 새장을 흔들어줄 때에야 버둥거리면서 겨우 빠져나올 수 있는 그런 제한된 인간으로서의 느낌은 여러분의 진정한 정체성이 아닙니다. 여러분은 순수 의식(pure awareness)입니다. 그러나 여러분이 순수 의식으로 깨어 있지 않다면 어떻게 이 사실을 알 수 있겠습니까?

의식을 정체성 수준으로 투사하면 순수 의식을 체험할 수 있다고 여러분은 말할 수도 있겠죠. 정체성 영역은 영적 영역과 물질적 영역 사이에 있는 열린 통로이기 때문입니다. 그러나 사랑하는 이들이여, 감정들을 통과하지 않고서 어떻게 정체성 수준에 이를 수 있겠습니까? 여러분이 육체 안에 있을 때 여러분의 깨어 있는 의식은 물리적 수준에 자리잡고 있습니다. 우리가 말했듯이, 여러분에게는 가고 싶은 어느 곳에나 자신을 투사할 수 있는 능력이 있습니다. 그러나 곧바로 정체성체 안으로 자신을 투사할 수는 없습니다. 이론상으로는 가능하지만, 보통 물리적 영역을 넘어가면 곧바로 감정체로 이끌려 들어가게 되므로, 대부분의 사람들에게는 불가능한 일입니다.

대부분의 사람들은 정체성체로 바로 들어갈 수가 없습니다. 어떻게 하면 정체성체에 도달해서 순수 의식을 체험하게 될까요? 우선 감정체로 들어가서, 그 감정들을 전부 통과할 때까지 계속 들어가야 합니다. 다음에는 멘탈체로 들어가 사념들을 통과하고, 그런 다음 정체성체로 들어가 자아감을 통과하고 벗어나면 순수 의식을 체험하게 됩니다. 이 과정을 따르면서 계속 적용해나가면 누구라도 그런 체험에 이를 수 있습니다.

물론 드물게 정체성 영역이나 영적 영역으로 곧바로 들어갈 수 있는 사람들이 있습니다. 그러나 이것은, 그들이 과거의 어느 시점에서 자신의 감정체를 깨끗이 정화해 버렸으므로 더 이상 감정적 반응으로 끌려 들어가지 않기 때문입니다.

감정과 동일시하기

우리는 지금 여러분이 감정 안으로 들어가 자기 감정들을 대면하고 통과할 수 있는 힘과 의지를 키울 수 있도록 도우려 합니다. 처음에는 이 작업이 두렵게 느껴질 수도 있기 때문에 우리는 영적인 빛을 불러 일으키는 연습법(기원문)을 제시해 주었습니다. 이 연습을 계속 해나가면 영적인 빛을 불러오게 되고, 그 빛은 여러분의 감정체를 얼어붙은 황무지나 끓어오르는 화산처럼 만들어 온 적체된 에너지들을 제거하기 시작할 것입니다. 그래서 감정의 강도가 두세 단계 내려가면 여러분이 감정체 안으로 들어가기가 훨씬 쉬워질 것입니다.

그렇다 해도 이 작업에 익숙하지 않은 많은 이들은 여전히 두려움을 느낄 것입니다. 그래서 우리는 여러분 한 사람 한 사람의 손을 잡고, 여러분이 그 과정을 통과할 수 있도록 도와주려고 합니다. 우리는 여러분에게 신성한 어머니의 대리인인 우리 상승 마스터들의 에테릭 은거지로 오라고 제안합니다. 여러분이 그곳에 와서 배움으로써 의식 수준에서 감정체를 정화할 수 있는 지점에 이르게 되면, 그 과정에 익숙해질 것입니다.

여러분은 그것이 어떤 느낌일지 알고 있습니다. 그러나 짐작처럼 그렇게 나쁘진 않습니다. 여러분은 감정의 불지옥 안에 들어가도 자신이 타버리지 않고 살아남으리란 것을 알고 있습니다. 여러분은 타버리지 않을 것입니다. 얼어버리거나 마비되지도 않을 것입니다. 우리가 여러분에게 알려주는 더 심원한 진실은, 감정이야말로 몸의 치유로 가는 열쇠라는 것입니다. 왜 그럴까요?

여러분이 정체성 수준에서 시작한다면 여러분은 무언가 매우 에테르적인 것을 다루게 되는데, 이것은 아주 변화시키기 쉽다는 의미입니다. 정체성 수준에서는 자신의 정체감을 바꾸는 것이 매우 쉽습니다. 여러분이 가진 정체감이 멘탈 수준으로 내려가면 그 수준에서 접하는 여러 선택에 의해 제한을 받게 되며, 이에 따라 여러분의 사고 범위가 정해집니다.

얼마나 많은 사람이 세상에서 한 특정 종교만이 최고의 진리를 전한다고 결정해 버렸는지 보세요. 그러고 나서 그들은 감히 그 종교의 교리와 독단을 넘어서는 답을 찾을 엄두도 내지 못합니다. 또 다른 사람들은 물질주의가 궁극적인 진리를 알려준다고 결정하고 나서는 물질주의적 관점으로 고정된 삶의 틀을 넘어서는 답에 대해서는 감히 묻지도 않으려 합니다. 물론 정치적 이념에 있어서도 마찬가지입니다.

여러분이 감정 수준으로 가면 사념보다 훨씬 구체적인 뭔가를 접하게 되며, 이 때문에 사람들은 감정을 두려워합니다. 일단 여러분이 분노와 같은 감정의 경로 안에 갇히게 되면, 즉 분노로 반응하는 임계치(threshold)를 넘어가면, 분노에서 빠져 나오는 것이 더 어려워집니다. 왜 그런지 이유를 알겠습니까?

사람들이 자기 감정을 어떻게 표현하는지 생각해 보세요. "나는 화가 나 있다(I am angry). 나는 화가 났다. 그는 화가 나 있었다." 여기에 무슨 일이 일어나고 있습니까? 사람들이 자신의 상태를 진술(I am ...)할 때는 정체성 수준에 속하는 발언을 하고 있는 것입니다. 그러나 그들은 그 말을 감정 수준으로 끌어내리고, 이내 자신을 분노와 동일시합니다. 그들은 화가 나 있습니다. 그들은 분노하는 사람들입니다.

늘 화가 나 있고 화를 내며 반응하는, '분노하는 사람들'에 대해 이야기해 봅시다. 사람들이 삶에 자동적으로 반응하는 기본 감정을 가지듯이, 분노는 그들에게 장착된 기본 감정입니다. 이런 경우 그들은 그 감정을 바로 자기 자신으로 여기고 있으므로 감정을 바꾸기가 힘듭니다. 만일 "나는 분노를 느낀다(I feel angry)"라고 말할 때의 내가, 분노와 분리되어 단지 그 느낌을 "지켜보는 나"라는 의미라면 그 감정에서 훨씬 더 쉽게 벗어날 수 있습니다. 그러나 화가 난 상태를 바로 자기 자신이라고 여기고 있다면 어떻게 그 감정 밖으로 나올 수 있겠습니까? 매우 어려울 것입니다.

감정을 책임지기

감정은 생각보다 더 변화시키기 어렵습니다. 여러분도 체험해 봐서 알겠지만, 병이 든 육체를 포함해서 물리적 수준을 변화시키는 일이, 감정을 변화시키는 일보다 더 어렵습니다. 그러나 중요한 점은, 감정이 변하지 않는다면 육체도 변하지 않는다는 사실입니다.

여러분이 이해해야 할 요지는, 스스로 책임을 질 때에만 감정이 변화될 수 있다는 점입니다. 자신의 감정에 대해 책임을 진다는 것은 무엇보다도 먼저, 감정에서 달아나지 않는 것입니다. 감정을 무시할 수는 없습니다. 이런 감정이 존재한다는 사실을 인정해야 합니다. 책임을 지는 다른 한 면은 여러분이 그 감정 안으로 들어가는 일입니다. 그 감정 내부에 서서 자신을 둘러싸고 있는 감정 에너지를 지켜보며 그 에너지가 자기 자신이 아님을 체험해야 합니다.

자기 감정에 책임을 지는 것이란, 실제로 그 감정이 자기 것이 아님을 깨닫는 일입니다. 이 사실이 직관과는 반대로 여겨지나요? 그러나 이것은 감정 안으로 들어가 감정이 단지 자기 주위를 돌고 있는 에너지에 불과하다는 체험에서 얻은 결론입니다. 감정은 장기적인 중요성을 갖고 있지 않습니다. 왜냐하면 감정은 이전에 말했듯이, 움직이고 있는 에너지(energy in motion), 즉 에너지의 움직임(e-motion)에 불과하니까요.

　감정을 자기 자신과 동일시하면서 "나는 화가 나 있다."라고 말할 때 여러분은 감정에 무슨 장기적 의미나 보편적, 우주적 의미가 있다고 여기고 있습니다. 화가 심하게 나면 여러분은 그 분노를 실행에 옮겨서 변화를 가져오고 물리적인 결과를 얻어야 한다고 생각합니다. 다른 말로, 일단 "화가 난 나"에 반응하는 임계치를 넘어가면 여러분은 자동적으로 분노를 실행에 옮겨야 한다는 생각과 느낌으로 들어갑니다. 그러면 분노를 표현할 수 밖에 없고, 분노는 물질 수준에서 행동으로 표출됩니다.

감정을 행동으로 옮길 필요가 없습니다

　그러나 감정을 지켜보면서 그 안으로 들어가 소용돌이처럼 돌아가는 그 공(ball) 안에 서 있어 보면, 그 안은 텅 비어 있음을 알 수 있습니다. 사실 여러분이 어떤 지점에 도달하면, 움직이고 있는 에너지의 내부에는 단지 고요함만이 있음을 보게 될 것입니다. 이는 마치 여러분이 원자의 핵 안에 서서, 주위를 돌고 있는 전자들을 지켜보는 것과 같습니다. 그리고 바로 이 순간, 감정은 단지 에너지에 불과하다는 사실을 직관적으로 체험할 수 있습니다. 누구나 그런 신비적 직관에 이를 수 있습니다. 감정에는 아무런 우주적이고 서사적이고 장기적인 의미도 없습니다. 감정은 실행될 필요가 없습니다. 물리적 행동으로 표출될 필요가 없습니다.

　사랑하는 이들이여, 이런 체험을 하게 되면, 여러 가지 일이 일어날 수 있습니다. 여러분은 부정적인 감정들을 더 이상 육체의 세포에 투사하지 않게 됩니다. 따라서 육체의 세포는 질병의 원인

이 되었던 부정적인 감정 에너지의 투사에서 해방되어 자유로워집니다. 이것이 바로 육체를 치유하는 열쇠입니다. 우리가 말했듯이, 모든 것이 멘탈 이미지의 투사로 인해 일어나기 때문입니다.

여러분의 정체성체에 무언가 투사되면 정체성 매트릭스가 생겨납니다. 여러분의 영적 자아인 아이앰 현존에서 나온 빛이 정체성체를 통해 흐르면 매트릭스의 형태를 띠게 됩니다. 그 매트릭스는 마치 영사기처럼 멘탈체에 이미지를 투사해 줍니다. 그러면 멘탈체 안에 다시 이미지가 생기게 되고 그 이미지는 감정체로 투사됩니다. 그리고 다시 감정체 안에 있는 내용물을 통과하며 변화를 거친 이미지가 육체의 세포 위로 투사됩니다.

여러분이 감정체의 투사를 변경시키지 않는다면 어떻게 감정체의 투사가 만들어 내는 육체의 병을 치유할 수 있겠습니까? 그리고 여러분이 감정 안으로 들어가서 그것을 행동으로 나타낼 필요가 없다는 사실을 깨닫지 못한다면, 어떻게 감정의 투사를 변경할 수 있겠습니까? 감정은 단지 소용돌이치고 있는 에너지일 뿐이므로, 여러분은 실제로 감정체 안에 있는 에너지가 육체로 흘러가기 전에 변형시키고 불태워서 더 높은 진동으로 바꿀 수 있습니다.

이렇게 하기 위해서는 우리가 준 기원문이란 도구를 사용하면서 여러분이 할 수 있는 일을 하면 됩니다. 물질층에서 그것을 소리 내어 낭송할 때, 여러분은 육체뿐만 아니라 감정체와 멘탈체와 정체성체까지 도달합니다. 여러분은 물리적 영역을 넘어 상위 영역까지 올라갑니다.

우리가 여기서 추구하는 바는 여러분 존재의 모든 측면을 자유롭게 해방하여 여러분이 생명의 강과 함께 흐를 수 있게 해 주는 일입니다. 그러나 여러분 감정체가 꽁꽁 얼어 있다면 전혀 흐를 수가 없습니다. 그렇지 않나요?

여러분 감정체가 화산처럼 분노로 폭발하고 있을 때도 역시 흐를 수가 없습니다. 부글거리는 화산은 너무 무질서해서 바다로 흘러갈지도 확실치 않습니다. 그 흐름에는 건설적인 방향성이 없기 때문에, 많은 사람은 전적인 파국을 맞을 때까지 점점 더 어려운 상황으로 치닫고, 나중엔 어찌해야 할지 모른 채 마비 상태에 빠집니다.

생명의 강과 함께 흐르기

우리는 여러분이 무슨 목적으로 여기에 있는지, 무슨 목적으로 지구에 왔는지, 비전을 주고 싶습니다. 여러분은 부정적인 감정을 가지고 삶을 혐오하거나, 삶이 기대에 못 미치고 생각했던 것과 달라 좌절하고 애태우며 살려고 지구에 온 것이 아닙니다.

여러분은 삶에 기대할 것이 하나도 없고 삶이란, 다 마치고 떠날 때까지 그저 견뎌내야 한다고 생각하는 지경에 이르렀고 감정을 차단해 버렸습니다.

그러나 여러분이 생명의 강과 함께 흐르지 않는다면, 여기서 나갈 수가 없습니다. 거듭되는 육화에서 벗어날 길이 없습니다. 여러분이 공동창조의 능력을 사용하여 생명의 강과 함께 흐르게 되면, 외면의 구세주가 자신을 구원해 주기를 바라는 대신 스스로 이곳을 벗어나는 길을 공동 창조할 수 있게 됩니다. 그 전까지는 점점 더 힘든 상황 속으로 되풀이해서 다시 육화하는 수 밖에 없습니다.

물론 외면의 구세주가 존재하며, 그것은 곧 생명의 강입니다. 여러분이 마음과 감정을 생명의 강에 조율할 때 여러분은 흘러가기 시작합니다. 삶이 흐르기 시작할 것입니다.

봄에 얼음이 녹듯이, 얼어붙었던 강 표면에 갑자기 금이 가고 부서지면서 물이 흐르기 시작하듯이, 얼었던 감정들이 녹기 시작합니다. 날씨가 따뜻해지고 강의 얼음이 다 녹으면, 물길이 생기면서 더 빠르게 흐르기 시작하여 바다를 향해 갈 것입니다. 자, 이제 강물이 흘러가고 봄이 왔습니다.

또는 끓어오르던 화산이 갑자기 출구를 찾고 흘러내리기 시작합니다. 용암이 흘러가다가 점차 식어가면 여러분은 한 부정적 감정에서 다른 부정적 감정으로, 한 흥분 상태에서 다른 흥분 상태로 왔다 갔다 하던 패턴에서 갑자기 자유로워집니다. 이제 여러분의 삶은 자유롭게 흐를 수 있으며, 여러분이 변화할 수 있도록 새로운 방향으로 흐르기 시작합니다.

"같은 일을 하면서 다른 결과를 기대한다면 온전한 정신이 아니다"라는 아인슈타인의 말을 들어본 적이 있을 겁니다. 그것은 정말 우주의 법칙입니다. 멘탈체에 동일한 정체성 매트릭스가 투사되는 한, 감정체에도 동일한 멘탈 매트릭스가 투사되고, 육체의 세포와 원자에도 동일한 감정 매트릭스가 투사됩니다.

이미 육체에 구현된 질병을 바꿀 수는 없습니다. 그것은 상위 세 영역에서 투사된 것이기 때문입니다. 따라서 여러분이 온전한 정신이라면 뭔가 다른 것을 해야 합니다. 여러분은 얼어붙은 감정이나 흥분된 감정의 패턴에 반복해서 사로잡히는 대신, 감정을 더 높은 수준으로 흘러가게 하는 법을 배워야 합니다.

세 가지 주요 감정

대다수 사람들에 있어서 감정체를 이끌어 가는 두 기본 감정이 있습니다. 하나는 두려움인데, 이것은 사람들을 마비시키거나 얼려 버립니다. 다른 하나는 분노인데, 이것은 사람들을 흥분시킵니다. 그리고 세 번째 감정은 무관심인데, 이것은 얼지도 않고 끓어오르지도 않지만, 깨어 있기를 거부하는 상태입니다. 무관심은 자기-의식(self-awareness)을 통해 주위 환경과 자기 자신과, 변화할 수 있는 잠재력을 인식하면서 깨어 있기를 거부하는 상태입니다.

여러분이 얼어 있을 때는 변화할 수 있는 방법을 모릅니다. 여러분이 무관심할 때는 변화할 수 있는 방법을 알지만 그럴 의향이 없습니다. 그래서 여러분이 변화를 줄 수 있고, 같은 방식으로 반응할 필요가 없다는 사실을 받아들이지 않고, 계속 삶에 대해 같은 반응을 유지합니다.

그러므로 감정체를 위한 기원문이 가진 아름다운 장점은 바로 여기에 있습니다. 이 기원문을 낭송하면 여러분의 감정에 변화가 일어나기 시작합니다. 기원문은 감정이 흐르도록 도와줍니다. 그리고 여러분이 감정을 흐르게 하겠다는 의식적인 결단을 하고, 부정적인 감정이든 긍정적인 감정이든 그 안으로 들어간다면, 변화가 일어나기 시작할 것입니다.

얼마나 깊은 변화가 일어날지는 여러분에게 달려 있습니다. 그 어떤 기원도 여러분의 자유의지에 반해서 작용하지는 않기 때문입니다. 그러나 여러분이 자기 가슴에 가장 가깝게 느껴지는 우리 여성 마스터 누구에게든 요청만 한다면, 여러분이 감정을 흘러가게 하겠다고 결단할 수 있도록 우리가 돕겠습니다.

나는 여러분께 단언합니다. 우리가 준 기원문을 낭송하며 여러분이 감정을 흘러가게 한다면, 모든 감정은 처음에 유동성을 회복하기 위한 표출 단계를 거치면서 곧 일정한 방향을 잡게 되고, 나중에는 상향의 긍정적인 방향으로 흐르게 됩니다. 그리고 감정이 더 높은 수준을 향해 전환되기 시작하면 여러분 육체로 투사되던 부정적인 감정들은 사라지게 됩니다. 그러면 여러분은 긍정적인 감정을 가지게 될 것입니다.

인내심을 가지기

물론 나는 여기서 한마디 주의를 주어야 합니다. 여러분은 무수한 생애 동안 육체 위에 부정적인 감정을 투사해 왔습니다. 이것은 하룻밤 만에 되돌릴 수 있는 그런 일이 아닙니다. 상대적으로 짧은 기간에 감정이 소멸될 수 있다 해도, 이 부정적인 여세를 만드는 데 걸렸던 시간에 비해서 상대적으로 짧다는 뜻입니다. 그럼에도 불구하고 감정이 가진 강점은 사념보다 더 천천히 흘러간다는 점입니다. 그러므로 감정은 여러분의 결단이 장기간에 걸쳐 실행될 수 있도록 만듭니다.

예를 들어 사람들이 긍정적인 목표와 더불어 그 목표를 달성하기 위한 긍정적인 감정을 가지고 있을 때, 감정은 긴 시간 동안 계속 목표를 추구해 나갈 수 있게 해 줍니다. 우리는 여러분 안에 이런 감정을 불러일으켜서, 여러분이 단지 하루 이틀 이 기원문을 하고 나서 기적적인 결과가 없다고 낙담하는 일이 없기를 희망합니다.

여러분을 계속 전진시켜주는 이 긍정적인 감정을 점점 확장시키면서 확고히 해나가세요. 계속 우리가 준 도구들을 사용하고 우리 가르침을 공부하고 기원문을 수행하면서 새로운 깨달음을 추구해 나가세요.

그리고 어떤 특정한 물리적 결과를 초월해서 이 수행을 계속 해 나가세요. 육체에 결과가 나타나기까지는 긴 시간이 걸릴지 모르지만 여러분이 감정, 멘탈, 정체성 수준에서 결과를 알아차리는 데에는 그리 오래 걸리지 않을 것이기 때문입니다. 여러분은 삶과 자기 자신에 대해 훨씬 좋은 느낌을 가지게 될 것입니다. 더 긍정적으로 사고하게 되고, 자신이 영적 존재이고, 어떤 긍정적인 목적을 위해 여기에 있음을 깨닫고 받아들이게 될 것입니다.

오 사랑하는 이들이여, 여러분이 이 기원문을 수행하면서 우리에게 여러분을 인도할 기회를 준다면, 여러분은 삶의 모든 수준에서 치유를 체험하게 될 것입니다.

특정한 물리적 결과에만 매달려서 다른 결과들을 간과하지 마세요. 육체적 수준에서 치유하기 어려운 것들이 있을 수 있고, 혹은 그 원인이 세 상위 수준의 매우 깊은 곳에 묻혀 있기 때문에 얼마간 시간이 걸려야 하는 것도 있기 때문입니다. 여러분이 특정한 병을 앓고 있는 이유가 있을 수도 있습니다. 예를 들어 다른 사람에게 교훈을 주기 위해서일 수도 있고, 집단의식을 위해 영적 균형을 유지해 주기 위해서일 수도 있습니다. 여러분이 안고 살아야만 하는 질병과 장애도 있다는 의미입니다.

이런 경우 여러분의 신성한 계획에는 가장 긍정적인 방식으로 질병과 장애를 안고 사는 일이 포함되어 있습니다. 따라서 여러분은 질병이나 장애에도 불구하고 자신의 신성한 계획을 완수하고 주위의 모든 사람을 높여주는 긍정적인 사람이 될 수 있습니다. 여러분은 점차 이것을 깨닫게 될 것이며, 우리는 어떤 특정 상태가 여러분 신성한 계획의 일부인지 아닌지, 알 수 있도록 도와줄 것입니다. 우리는 가능한 최상의 방법으로 여러분이 이런 조건을 다룰 수 있도록 도와줄 것입니다.

가끔 이렇게 어떤 조건 안에서 평화로워지는 것이 치유를 가져오기도 합니다. 그러나 여러분이 그 조건 안에서도 진정 평화롭다면 치유 여부는 더 이상 문제가 안 됩니다. 여러분은 자신의 신성한 계획이 의도한 방식대로 살고 있는 것이기 때문입니다. 그 계획은 여러분이 현생으로 들어오기 전에 신성한 교사들과 함께 선택했던 것이고, 현생은 단지 수많은 생애 중 하나일 뿐입니다.

이런 것을 깨닫게 될 때 여러분은 개인적인 사건들이 그렇게 중요한 것이 아닐 수도 있다는 우주적인 조망을 얻게 됩니다. 왜냐하면 지구 극장에서의 단기 계약보다는 장기적인 목표를 성취하는 일이 더 중요하기 때문입니다.

나는 자비의 여신인 관음입니다

사람들은 종종 나에게 기적을 간구합니다. 그러나 언제나 기적이란, 의식 안에서 일어나는 전환을 의미합니다. 그런 전환이 있어야만 물리적인 기적이 일어납니다. 의식의 전환과 더불어 여러분이 삶 자체가 믿을 수 없이 아름다운 기적의 연속임을 보지 않는다면, 자신의 몸이란 우주에서, 그 세포와 원자와 시스템에서 펼쳐지는 오묘한 복합성의 아름다움을 보지 않는다면, 진실로 기적이란 것이 어디에 있겠습니까?

여러분은 우주에서도, 은하계와 태양계의 우주적인 춤에서도 그런 기적을 봅니다. 여러분을 둘러싸고 있는 모든 것이 얼마나 아름다운지요? 여러분 내면의 모든 것이 얼마나 아름다운지요? 현 인류의 몸이 가능한 최고의 디자인은 아니라 해도 여전히 여러분의 세포와 원자와 기관들, 모든 것이 협연하고 있는 이 우주적인 춤 안에는 경이로운 아름다움이 있습니다.

병을 앓고 있을 때 여러분은 작동이 안 되는 부분에 초점을 맞추게 됩니다. 그러나 여러분이 하나의 일관된 개체에 수조 개 세포들이 유기적으로 정렬되어 기능하는 몸을 통해 움직이며 물질계에서 일할 수 있는 기적에 대해 잠시 생각해 보세요. 여러분이 보기에 이것이 기적이 아닌가요? 여러분이 제한된 정체성과 생각과 비건설적인 감정으로 간섭하지만 않는다면, 여러분의 하위체들이 작용하도록 인도하고 있는 네 엘리멘탈들은 육체에서도 완벽한 본래의 설계를 구현해낼 수 있고, 또 구현할 것입니다.

이 가르침을 숙고하세요. 우리가 준 가르침과 앞으로 줄 가르침들을 깊이 숙고하세요. 그러나 무엇보다도 먼저 기원문을 수행하세요. 항상 여러분 마음 안에서 생명의 강과 조율하는 것을 염두에 두세요. 생명의 강과 조율하는 것이 바로 모든 치유의 열쇠이기 때문입니다. 누가 뭐라고 하든, 어떤 체계나 기적적인 치유를 만나게 되든, 오직 한 가지 진정한 기적이 존재하며, 그것은 생명의 강과 함께 흐르는 것입니다.

흘러가세요. 흘러가세요. 흘러가고, 또 흘러가세요. 이것이 우리가 생명의 노래라고 불러온 이 매트릭스 안에서 우리가 여러분에게 주는 열쇠입니다.

안내: 이 장에 상응하는 기원문은 '생명의 노래 3 - 새로운 감정체'입니다.

성모 마리아
Mother Mary

여러분은 하나의 생명흐름입니다

완벽한 건강이란 없습니다

세상의 어느 것도 정지된 채로 존재하지 않습니다

두 종류의 변화

어느 것도 최종적인 것으로 받아들이지 마세요

질병의 정의

항상 대안은 있습니다

흐름이 열쇠입니다

변화하기 위한 결단

신성한 어머니 마리아께 도움을 요청하세요

성모 마리아 (Mother Mary)

예수의 어머니로 육화했던 상승 마스터입니다.
그녀는 지구를 위한 신성한 어머니란
영적 사무국을 유지하고 있습니다.
또한 진리와 비전의 영적 광선인
제5광선을 대표하는 여성 대천사이며,
라파엘 대천사의 트윈 플레임이기도 합니다.

4
물질층에서의 치유

내 사랑하는 가슴들이여, 나는 성모 마리아입니다. 나는 지구를 위한 신성한 어머니의 사무국을 유지하고 있습니다. 나는 여러분 한 명, 한 명을 모두 내 가슴 안에 품고 있습니다. 신성한 어머니의 사무국과 나를 거치지 않고 지구에 육화한 사람은 아무도 없습니다. 나는 그 사무국의 대표자로서, 여러분을 위해 일정한 수준으로 영적인 균형을 유지해 주고 있습니다. 진실로 나는 지구에 육화한 약 70억의 사람 모두에게 개별적이고 인격적인 사랑을 품고 있으며, 심지어 현재 육신을 입지 않은 채로 지구에 연결되어 있는 존재들에게도 그러합니다.

여러분은 하나의 생명흐름입니다
우리가 생명의 노래를 비롯한 많은 가르침에서 설명했듯이, 생명은 진실로 목적을 가지고 있습니다. 여러분은 게임에서 우연히 생겨난 존재가 아닙니다. 또한 여러분이 로봇처럼 작동하지 않거나 이곳 지구의 교회의 교리와 지도자에게 맹종하지 않을 때 지옥으로 보내버리는 신이 창조해낸 존재도 아닙니다. 여러분은 그런 분노하고 심판하는 신에게서 자유로운 공동창조자입니다. 여러분은 개별적인 생명흐름을 통해 아름다움과 창조성을 발휘하고, 창조주조차도 경탄하게 만들 공동창조의 능력을 표현하기 위해서 창조되었습니다.

전통적으로 영적인 삶을 추구하는 많은 이들이 스스로를 지구에 육화한 영혼(soul)이라고 믿고 있습니다. 또한 영혼은 신에 의해 창조되었기 때문에 원래 완전하고 불변하는 존재라고 믿고 있습니다. 그들은, 지구에 육화한 영혼의 임무가 원래의 완전한 상태로 돌아가는 것이라고 생각합니다. 그러나 이것은 올바른 이미지가 아닙니다.

진정한 현실은, 여러분이 하나의 생명흐름으로 창조되었다는 것입니다. 이것은, 여러분이 하나의 점 같은 자아감을 지닌 채 창조되었다는 의미입니다. 이 자아감은 과학자들이 특이점(singularity)이라고 부르는, 물질우주의 출발점과 유사합니다. 여러분은 하나의 점 같은 자아감으로부터 만물을 포괄하는 창조주의 자아감에 이르기까지, 자기-의식 안에서 성장해야 하는 목적을 갖고 있습니다.

따라서 여러분은 하나의 특이점에서 출발하여, 모든 것에 대해 완전히 깨어있는 의식이라는 최고의 잠재성에 이르기까지 확장되어 가는, 하나의 생명흐름입니다. 여러분의 정수는 깨어 있는 순수의식(pure awareness)이지만, 여러분은 정적인 완전함 안에 머물기 위해 창조되지는 않았습니다. 여러분은 자신의 우주와 형상 세계를 창조하는 창조자로서의 의식에 이를 때까지 자아감을 계속 확장해가기 위해서 창조되었습니다.

우리가 왜 여러분을 생명흐름이라고 말하는 걸까요? 왜 여러분이 생명의 강과 함께 흘러가야 한다고 할까요? 질병은 무언가에 의해 그 흐름이 막혀 있을 때 생겨나기 때문입니다. 표면적인 수준에서 무언가가, 지구에서 사용되는 여러분의 네 하위체를 통해 영적 에너지가 흐르는 것을 막고 있습니다. 그러나 더 광범위한 수준에서는 무언가가, 여러분이 스스로를 생명의 흐름으로 보지 못하게 막고 있습니다.

여러분은 자신이 정적인 상태에서 나왔다고 생각할지도 모릅니다. 정적인 상태를 추구해야 하고, 아마도 그런 상태가 구원이며, 이후로 영원히 천상의 분홍 구름에 앉아서 하프를 연주하리라고 생각할지도 모릅니다. 그렇게 영원토록 변함 없이 정체된 상태가 정말 여러분이 이루고 싶은 비전입니까?

나는 그렇게 생각하지 않습니다. 왜냐하면 여러분은 끊임 없이 흐르고, 끊임 없이 성장하고, 끊임 없이 확장되고, 끊임 없이 초월하며, 끊임 없이 그 이상의 것(more)을 공동 창조하는 생명의 흐름으로 살기 위해 창조되었음을 나는 알고 있기 때문입니다.

완벽한 건강이란 없습니다

그러므로 이 생명의 노래, 힐링 매트릭스의 전체를 아우르는 요점은 무엇일까요? 여러분이 다시 자기 자신을 연속적인 흐름으로 보도록 되돌리는 일입니다. 그래서 신의 에너지의 흐름인 성령의 흐름, 생명의 강의 흐름이, 여기 물질우주의 지구 행성에서 여러분이 사용하고 있는 네 하위체를 통해 흐르고 있음을 깨닫게 해 주는 일입니다. 그런 흐름이 되어서 계속 흘러가세요. 신의 강이 여러분을 통해 계속 흘러가게 하세요.

그렇다면, 육체의 질병은 무엇일까요? 그것은 어떤 수준에서 여러분의 흐름이 멈춰 있으며, 생명의 강과 함께 흐르고 있지 않다는 메시지입니다. 따라서 진정한 치유에 도달하고 그 치유를 유지시키는 유일한 길은 다시 그 흐름으로 돌아가는 것입니다.

여러분이 몸을 어떻게 대하도록 키워졌는지 보세요. 많은 사람이 삶의 대부분을 정상적인 건강 상태로 살아야 한다고 생각합니다. 만일 몸에 병의 징후가 나타나면, 뭔가 잘못되었으므로 다시 정상적인 상태로, 좋은 건강이 유지되는 고정된 상태로 돌아가야 한다고 생각합니다.

그러나 건강하게 정지되어 있는 상태란 없습니다. 여러분이 사회가 기대하는 방식대로 살 수 있도록 한동안 몸이 잘 작동하면서 걱정 없이 유지되었다고 할지라도 말입니다. 여러분은 사회가 기대하는 대로 살아야 한다고 생각하도록 키워졌으며, 우리가 말했듯이, 사회는 여러분을 여러 방식으로 통제하길 원합니다.

여기서 내가 말하고 있는 요지는 다음과 같습니다. 우리는 여러 각도에서 건강에 대해 설명해 주었고, 마스터 모어는 '내면의 창조적인 힘'이란 책에서 이렇게 멋진 표현을 했습니다. "여러분은 완전한 건강을 재창조할 수 없습니다. 왜냐하면 여러분이 가져 보지도 못한 것을 재창조할 수는 없기 때문입니다. 여러분은 육신의 완전한 건강에 도달해 본 적이 없습니다. 몸에 대해 걱정할 필요가 없다고 생각되는 상태라고 해서, 그것이 완전한 건강은 아닙니다."

물질우주에서 정지된 상태로 존재하는 것은 아무것도 없습니다. 모든 것은 끊임 없이 흘러가며 변화하고 있습니다. 사물들이 정지해 있고, 여러분이 무언가를 소유할 수 있으며 오랫동안 그것을 유지하고 보존할 수 있다는 이미지를 만들어내는 것은 단지 외면의 마음인 에고일 뿐입니다. 그렇기 때문에 나는 여러분에게 이 우주에 정지되어 있는 것은 없다고 말했습니다. 모든 것이 투사이며, 매 순간마다 수없이 많은 투사가 일어나고 있습니다. 그리고 투사를 받아들이고 있는 스크린은 계속 움직이고 있습니다. 물리학이나 천문학에서 말하는 것처럼, 전체 우주는 팽창하고 있습니다.

세상의 어느 것도 정지된 채로 존재하지 않습니다

어떻게 우주가 팽창될 수 있다고 생각하나요? 여러분은 모든 은하계들이, 무수한 수백 억 은하계들이 계속해서 서로 멀어져 가고 있다는 것을 배웠을 겁니다. 몇몇의 물리학자들이, 마치 모든 은하계들이 하나의 풍선 위에 그려져 있고 그 풍선이 점점 커지고 있는 것과 비슷하다고 말했을 때, 그들은 완전한 진실은 아니지만 그래도 진실에 가까이 접근했습니다. 풍선이 점점 커짐에 따라 은하계들은 서로 점점 더 멀리 움직여가는 것처럼 보입니다.

여기에서의 진실은, 전체 형상 세계가 하나의 끊임 없는 의식의 흐름이라는 사실입니다. 여러분은 그 흐름 안에서 살고 있으며, 지구는 물질우주 안에서 단지 한 점의 먼지와도 같습니다. 그러나 이 물질우주는 고립된 우주가 아닙니다. 성령, 즉 생명의 강은 끊임 없이 지속되는 흐름입니다. 공간 자체는 지속적으로 팽창하며 확장되고 있으며, 여러분도 이와 함께 확장되고 있습니다. 이것이 지구를 태양 주위로 돌게 만들고, 태양을 은하계 중심 주위로, 전 은하계를 그 중심 주위로 돌게 만들며, 그리고 모든 은하계들을 조화로운 생명의 교향악 안에서 움직이게 만드는 추진력입니다.

타락한 존재들의 그릇된 교사인 에고와 육체의 감각들은, 이 거대한 흐름 안에서 여러분이 정지시킨 채로 유지할 수 있는 것이 있다고 믿고 싶어 합니다. 그러나 정지된 채로 존재하는 것은 아무것도 없습니다. 여러분이 삶의 정적인 중심으로서 붙잡을 수 있는 것은 깨어 있는 순수 의식입니다. 만물이 끊임 없이 변화하는 이 물질 영역에서 여러분이 살고 있을지라도 순수의식은, 여러분이 주위의 무상한 환경과 함께 변화할 필요가 없음을 알게 해 줍니다. 그 대신 여러분은 깨어 있는 아이앰 현존의 열린 문으로 존재할 수 있습니다.

여러분의 깨어 있는 현존은 정적인 상태로 존재하지 않습니다. 여러분의 진아인 현존은 생명의 흐름과 함께 흐르면서 끊임 없이 자기 자신을 초월하고 있습니다. 그러므로 여러분은 스스로를 초월하는 현존과 함께 변화하기만 하면 됩니다. 생명의 강의 흐름과 조화를 이루며 변화하면 될 뿐, 실제로 여러분은 지구의 환경을 변화시킬 필요가 없습니다.

두 종류의 변화

내 말이 수수께끼처럼 들립니까? 정말 나는 여러분에게 하나의 수수께끼를 내고 있습니다. 왜냐하면 두 가지 종류의 변화가 있다는 것을 여러분이 알아야 하기 때문입니다. 나는 여러분이 이것을 인식하지 못하도록 키워졌다는 것을 압니다. 지속적으로 스스로를 초월해 가는 '자기 초월'이란 변화가 존재하며, 이것이 곧 생명의 강입니다. 엘로힘(물질우주의 창조자들)의 본래 설계에 의하면, 지구에 육화한 존재들이 자연과 삶과 사회에서 더 높은 풍요를 공동 창조해 감에 따라, 지구는 자신이 출발했던 수준을 지속적으로 초월하도록 되어 있었습니다. 이것이 생명의 강의 흐름입니다. 그리고 여러분은 분명히 생명의 강과 함께 흐르기를 원했습니다.

그러나 여러 번 언급했듯이, 지구에서는 그런 이상적인 환경이 전개되지 않았습니다. 인류는 생명의 강에서 분리되어 버렸고, 그들만의 나선을 형성했습니다. 그것은 더 높은 곳을 향해서 가는 초월의 나선이 아니었습니다. 그것은 여러분의 기회를 축소시키는 하향의 나선이었고, 이에 따라 자기 초월 대신에 붕괴의 상황이 시작되었습니다. 이러한 변화들이 사회에서 수없이 일어났고, 심지어는 자연에서도 어느 정도 일어났습니다.

사랑하는 이들이여, 여러분은 이러한 변화에 순응할 필요가 없습니다. 이러한 변화에 순응하려고 애쓴다면, 예수께서 '이 세상의 왕자'라고 불렀던 핵심적인 거짓말에 걸려들게 되고, 여러분의 창조성은 차단되어 버립니다. 그 거짓말은 바로 "영(Spirit,靈)이 현재의 물질적인 조건에 적응해야 한다"는 것입니다.

이것이, 예수께서 앞으로 자신에게 일어날 일을 제자들에게 말해 주셨을 때, 베드로가 예수께 한 말입니다. 베드로는 그런 일은 예수께 가당치 않다고 생각하면서 그 말을 받아들이길 거부했습니다. 그때 예수께서는 베드로에게 돌아서서 준엄하게, 정말 단호하게 꾸짖었습니다. "사탄아, 내게서 물러서라!" 여러분도 스스로에게 이렇게 단언해야 할 때가 있을 겁니다. 그때는 바로, "지상의 불완전한 현재 조건에 순응하라"는 집단의식의 투사, 세상의 왕자가 보내는 투사에 자신이 굴복하고 있음을 깨달을 때입니다.

어느 것도 최종적인 것으로 받아들이지 마세요

여러분에게는 지구의 불완전한 현 상황에 순응할 아무런 의무가 없습니다. 그런 일은 자신의 몸에 병을 안겨 줄 뿐입니다. 이와 유사하게 의사가 "당신은 죽을 병에 걸렸습니다," "당신은 불치의 병에 걸렸습니다."라고 말할 때, 여러분은 이 말을 반드시 받아들일 의무가 없습니다. 지금 여러분에게 의료적인 치료를 거부하라는 말을 하는 것이 아닙니다. 우리의 가르침은 그런 것이 아닙니다. 사회에서 활용할 수 있는 공식적인 치료법과, 더 전인적이고 자연주의적인 치료법을 모두 활용하세요. 여러분이 활용할 수 있는 치료법을 거부하지 말고 그 반대로, 여러분의 직관에 따라 모든 것을 다 해 보세요. 그럼에도 불구하고, 여러분의 육체가 어떤 한계점을 지나버려서 이제 다시는 회복될 수 없다는 이미지를 받아들이지는 마세요.

자 이제, 내가 이전에 말했던 내용으로 돌아가겠습니다. 여러분이 완전한 건강을 다시 창조한다는 말은 맞지 않습니다. 불완전한 건강은, 여러분이 생명의 강으로부터 분리되어 있다는 신호이기 때문입니다. 따라서 치유에 이르기 위해서는 이전의 상태를 재창조하려고 노력하는 것이 아니라, 다시 흐름 안으로 들어가야 합니다. 과거로 되돌아가고 몸의 시계를 되돌리려고 하는 대신, 여러분은 앞서 가지고 있던 비전보다 더 높고 새로운 상태 안으로 흘러가야 합니다.

질병의 정의

자, 그러면 무엇이 질병일까요? 우리는 육화 전에 여러분이 영적 상담자와 함께 직접 자신의 신성한 계획을 설정한다는 말을 했습니다. 관음께서 설명하셨듯이, 병을 앓고, 병에 대처하고, 치유하는 것이 여러분의 신성한 계획의 일부인 경우가 있습니다. 그러나 대개는 질병이 여러분의 신성한 계획에 속하지 않은 경우가 많습니다. 그런 경우 질병은, 여러분이 신성한 계획을 따르지 않고 있다는 신호입니다. 설사 질병이 여러분의 신성한 계획의 일부라고 해도, 여전히 질병은 하나의 신호입니다. 따라서 내가 주고 싶은 보편적인 가르침은, 어떤 육체의 병이든 그것은, 여러분이 변화해야 한다는 신호라는 사실입니다.

만일 병을 앓는 것이 여러분의 신성한 계획에 속하지 않는다면, 그 병을 자신이 신성한 계획과 조율되어 있지 않고 신성한 계획과 함께 흐르고 있지 않다는 표식으로 봐야 합니다. 왜 그렇게 되었을까요? 그것은 여러분이 성장하면서, 지구의 집단의식 안에서 돌고 있는 그릇된 이미지를 받아들였기 때문입니다. 여러분은 자신의 삶이 어떤 식으로 되어야 하고 어떤 식으로 살아야 하며, 삶이 어떤 식으로 진행되어야만 한다는 생각을 가지게 되었습니다.

이 중 하나가, 어떤 직업에 적합한 건강을 유지해야 한다는 생각입니다. 여러분은 그 직업을 얻기까지 거쳐야 하는 모든 과정을 견뎌냅니다. 그리고 은퇴하기까지 30년, 40년 이상을 일합니다. 그리고 그 직업으로 인해 얼마나 많은 스트레스에 노출되는지에 상관없이 여러분의 몸이 잘 적응하고 작동할 거라고 단순히 기대합니다.

그러나 여러분도 알듯이 오늘날 이 시대에는 더 영적인 삶의 양식에 바탕을 둔, 새롭고 더 나은 사회를 만들기 위해서 수백 만의 사람들이 육화해 있습니다. 특권층 엘리트들을 위해 40년 이상을 로봇처럼 일하면서 돈을 버는 일은 여러분의 신성한 계획에 속하지 않습니다. 특권층 엘리트들이 부(富)를 사회 구성원들과 공유하지도 않는데 말입니다.

따라서 여러분이 신성한 계획을 너무 멀리 벗어나 버렸을 때 여러분의 몸이 무언가 변화해야 한다는 신호를 보여준다는 사실이 놀랍지 않습니까? 그때 여러분이 진실로 치유를 원한다면, 우리의 가르침과 이 힐링 매트릭스의 도구들을 활용해서 자신의 신성한 계획을 향한 명료한 비전을 다시 가지도록 하세요.

많은 사람에게 그 신호는, 자신의 삶에 대해서 다시 생각하고 삶의 방식을 다시 고려해야 한다는 의미입니다. 여러분이 40년 이상을 심한 스트레스를 주는 특정 직업에 종사하는 것이 정말 옳을까요? 그것이 정말 여러분이 이 삶에서 하기를 원했던 건가요? 그러면 여러분은 왜, 그 일을 자신이 해야만 하고, 그 일을 놓지 말아야 하며, 다른 대안은 없다고 생각하도록 스스로 허용해 온 걸까요?

항상 대안은 있습니다

사랑하는 이들이여, 참된 영적 가르침이 주는 기본 메시지 중의 하나는, 언제나 대안이 존재한다는 것입니다. 삶을 보는 데에는 항상 다른 방식이 있습니다. 여러분이 다른 접근방식을 추구해 보면, 그 이전에는 꿈도 꾸지 못한 비전이 열릴 것입니다. 다른 방식을 시도해 볼 생각을 하기 전까지 여러분은 비현실적이라는 이유로 그것들을 거부해 왔을 것이기 때문입니다.

지구의 현 의학계와 의료 기관들의 주장은 다음과 같습니다. "여러분은 생산적인 삶을 살아야 합니다. 만일 몸의 건강에 무언가 이상이 있으면 의료 기관이 개입해서 증상을 없애주고, 여러분이 다시 생산적인 삶으로 돌아갈 수 있게 해 줍니다. 그러나 간혹 효과가 없을 때가 있습니다. 알 수 없는 이유로 병이 낫지 않기 때문입니다. 그런 경우 여러분은 그 병을 지니고 살 수 밖에 없으며, 남은 생 동안 약을 복용해야 합니다. 아니면, 여러분은 그 병으로 죽게 됩니다."

사랑하는 이들이여, 여러분이 병이 들었을 때나 혹은 병이 들기 전에, 그런 삶의 양식이나 의학적인 접근방식에 대해 재고하게 된다면, 그것은 기회가 아닐까요? 병이 들었건 들지 않았건, 한 걸음 물러나서 다시 생각해 보는 시간이 여러분의 삶에 오지 않을까요? 만일 여러분이 병이 들어서, 스트레스로 가득 찬 삶을 잠시 쉬며 몸의 치유에 집중하는 시간을 가지게 된다면, 분명히 한 걸음 물러나 이렇게 재고할 수 있는 시간과 공간과 마음의 여유가 생기지 않을까요? "내 신성한 계획은 무엇일까? 이번 육화에서 내가 가진 최상의 잠재력은 무엇일까? 나는 무엇을 배울 수 있을까? 내가 표현할 수 있는 것은 무엇일까? 주위 사람들과 더 나아가서 이 행성의 사람들에게, 내가 줄 수 있는 선물은 무엇일까?"

이렇게 생각하는 대신에 말입니다. "아, 내가 건강도 온전치 못한데 무슨 봉사를 할 수 있겠어." 여러분, 생명에 봉사하는 일(service to life)에 초점을 맞춰보세요. 그리고 봉사를 할 수 있을 만큼 건강해질 것이라고 받아들이세요. 이런 상태를 현실로 받아들이면 이제 여러분은 자신의 신성한 계획과 조화를 이루며 흘러가게 됩니다. 여러분은 자신이 안락한 삶을 누리기 위해 사는 것이 아니고, 생산적인 소비자가 되기 위해 사는 것도 아님을 알고 있습니다. 여러분은 자신의 신성한 계획을 이루기 위해 사는 것입니다.

여러분이 신성한 계획을 이루는 데 필요한 건강과 부(富)와 환경이 실현되게 해달라고 요청하고, 받아들이세요. 여러분이 원하는 환경에 대한 특정한 비전에만 매달려 있지 마세요. 유연성을 가지세요. 더 높은 비전에 도달하여 자발적으로 여러분의 더 높은 잠재력과 신성한 계획을 표현하기 시작하세요. 바로 지금 여러분이 가지고 있는 그대로 시작하세요. 설사 그것이 육체의 병이라고 해도 말입니다.

여러분이 이전에는 해 보지 않았던 무언가를 해 보세요. 어떤 식으로든 다른 사람에게 도움의 손길을 주세요. 아마 그들이 여러분과 같은 병에서 빠져 나오도록 도와줄 수도 있겠죠. 그 병을 성찰하며 깨어 있도록 도우세요. 병의 원인이 육체의 수준을 넘어 감정적, 멘탈적, 정체성 수준에 있을지라도 그 원인을 성찰하는 자각을 키우도록 도우세요.

삶의 영적인 측면에 대한 자각을 키우도록 노력하세요. 여러분이 병을 앓고 있었을 때 영적인 자각을 하면서 얼마나 편안해졌는지 다른 사람에게 알려 주세요. 사랑하는 이들이여, 나는 여기서 여러분 개인이 실행해야 하는 매트릭스를 주려는 것이 아닙니다. 나는 단지, 여러분이 처한 상황에 상관 없이 행할 수 있는 여러 옵션을 제안하고 있습니다. 자기 자신을 넘어서서 할 수 있는 무언가가 항상 있게 마련입니다.

많은 사람이 늙고 병들어 가면서 점점 더 자신에게만 집중하고 전체 삶에 대한 초점이 너무 편협해져서, 다른 대안은 생각도 못하게 되는 상황이 보이나요? 그렇게 자신을 넘어서는 일에 아무런 관심을 두지 않는다면, 육화한 여러분 존재의 목적은 무엇입니까? 단지 편협한 자아에만 초점을 둔다면, 여러분이 어떻게 신성한 계획과 함께 흐를 수 있겠습니까? 여러분의 신성한 계획은 배타적으로 여러분 자신만을 위한 것이 아니라, 자신을 포함한 모든 생명을 높이기를 추구하는 일입니다.

흐름이 열쇠입니다

자 사랑하는 여러분, 생명과 함께 흘러가기, 이것이야말로 열쇠입니다. 지금 여러분이 있는 곳에서 더 나은 건강으로 흘러가세요. 그리고 또 더 나은 건강으로 흘러가세요. 또 더 나은 건강으로 흘러가세요. 더욱더 나은 반응으로 흘러가세요. 두려움에 기반한 반응보다는 사랑에 기반한 반응으로 흘러가세요. 감사하면서 흘러가세요. 살아 있고, 자기-의식을 가지고 깨어 있고, 무언가를 표현할 수 있는 육신을 가진 것을 감사하면서 흘러가세요. 흘러가세요, 사랑하는 이들이여. 삶을 보는 방식을 전환하세요. 현실을 보는 방식을 전환하세요.

생명의 노래 기원문을 활용하세요. 내가 소개하는 육체를 위한 기원문을 활용해서, 여러분 몸과 신체기관과 체계와 세포와 원자의 완전한 건강이 실현되게 해 달라고 요청하세요. 건강을 현실로 불러내세요. 건강이 현실로 나타나도록 요구하세요. 건강이 이미 실현되었다고 보세요. 이미 실현되었다고 받아들이세요. 실현될 수 있다고 받아들이세요. 그것이 지금 현실로 나타나 있다고 받아들이세요.

왜냐하면 여러분이 멘탈체와 감정체에서 혼돈과 의심을 제거하고, 정체성체에서 자신이 물질 환경에 제약된 인간이란 믿음을 제거하게 되면, 그때 여러분은 우리가 가르쳐준 실상을 깨달을 것이기 때문입니다. 즉 육체를 포함해서, 이 물질 세계는 단지 신기루라는 것을 말입니다. 물질 세계의 견고성은 다 위장에 불과합니다. 여기에는 아무것도 영원하지 않으며, 여러분의 육체는 매 순간마다 수많은 횟수로 재창조되고 있습니다. 그러므로 완전히 건강한 몸이나 더 젊은 외모와 기능을 가진 몸을 재창조하는 것이 왜 불가능하겠습니까?

가능합니다. 네, 가능합니다. 그러나 재창조는 오직 여러분 마음의 네 층을 통해서만 일어날 수 있습니다. 따라서 건강의 재창조가 불가능하다고 믿는다면, 여러분은 그 실현을 막게 될 것입니다.

여러분은 네 하위체에 어떤 것을 남겨둘 수 있는 자유의지를 가지고 있습니다. 그리고 여러분이 남겨둔 그것이, 신성한 계획을 위한 여러분의 건강과 부와 환경이 실현되지 못하게 방해할 것입니다. 그 실현을 막을 수 있는 유일한 존재는 바로 여러분입니다. 스스로 의문을 던져보지도 않는 맹목적인 믿음이, 의심과 두려움과 분노와 부정적인 느낌이, 그리고 감사와 낙천성의 결여가, 그것의 실현을 막습니다. 생명과 함께 흘러가면서 진아인 현존이 원하는 더 높은 표현을 위해 변화하지 못함으로써, 그것의 실현을 막습니다. 건강과 신성한 계획이 구현되는 것을 차단할 수 있는 유일한 존재는 바로 여러분 자신입니다.

변화하기 위한 결단

나는 여러분에게 낙담과 자책감을 느끼게 만들려는 것이 아니라, 여러분이 자발적으로 변화하겠다고 결심하고 태도와 견해를 바꾸도록, 힘을 실어주기 위해서 이 말을 하고 있습니다. 나는 물리적 수준에서 어떤 일이 일어나더라도 여러분이 변화할 수 있다고 믿기 때문입니다. 여러분은 변화할 수 있습니다. 언제든지 여러분은 변화할 수 있습니다.

그러니 "나는 변화하겠습니다"라고 결심하세요. 그리고 내게나 신성한 어머니의 대리자들에게, "내가 변화하도록 도와주세요. 어떻게 하면 변화할 수 있을지 알게 해 주세요."라고 요청하세요.

내가 예수의 유년기와 성장기 동안 그를 위해, 그의 그리스도 잠재력과 그의 미션의 잠재력을 위해, 무결한(immaculate) 관념을 유지했다는 이야기를 한 적이 있습니다. 나는 예수의 잠재력과 미션이 무엇인지 상세하게는 몰랐고 어느 정도만 알고 있었지만, 그를 위한 무결한 비전을 유지하고 있었습니다. 나는 여러분 한 사람, 한 사람을 위해서도 그러한 비전을 유지하고 있습니다. 여러분이 나에게 요청한다면, 여러분 자신을 위해 무결한 비전을 유지하는 법을 가르쳐 주겠습니다. 여러분이 기꺼이 현재 생의 성장 과정과 수많은 과거 생에서 받아들인 그릇된 비전들을 내려놓고, 포기하고, 떠나 보내겠다고 결심한다면 말입니다.

나는 제5광선(비전과 치유의 영적 광선)의 비전을 대표하는 존재입니다. 여러분이 기꺼이 현재의 제한된 비전을 넘어서서 볼 의지를 낸다면, 나는 여러분에게 더 높은 비전을 줄 것입니다. 만일 비전이 없다면 사람들은 소멸합니다. 비전이 없다면 육신은 소멸합니다. 비전이 없다면 감정도, 생각도 소멸합니다. 비전이 없다면 정체성도, 자아도 소멸합니다. 왜냐하면 비전이 없다면 여러분은 스스로를 초월할 수 없기 때문입니다. 그리고 초월하지 못하는 존재들은 소위 열역학 제2법칙에 의해, 칼리의 분노와 쉬바의 힘에 의해, 초월하지 못하고 정체되어 있는 것을 모두 불태우는 영적 화염에 의해 붕괴되어 버립니다.

집에 벽난로가 있다면, 활활 타고 있는 불꽃을 한번 지켜보세요. 나무들이 어떻게 변형되는지 보세요. 원자들이 더 높은 속도로 진동하면서, 아주 견고해 보이던 물질적 형태들이 어떻게 더 높은 에너지 상태로 변화하는지 보세요. 그렇게 분자의 연결이 붕괴되고, 원자들은 자유로워지고 있습니다.

여러분 몸의 질병은, 몸의 원자들이 어떤 매트릭스에 갇혀서 응고된 상태입니다. 우리의 기원문을 통해 영적인 불꽃을 불러일으키고 그 매트릭스를 유지하고 있는 의식을 전환한다면, 여러분은 그 원자들을 자유롭게 해 줄 수 있습니다. 세포들을 자유롭게 해 줄 수 있습니다. 그러면 여러분을 위해 내 마음과 여러분의 진아인 현존이 유지하고 있는 무결한 비전과 무결한 관념에 따른 더 높은 매트릭스 안에서, 여러분의 몸은 거의 즉각적으로 재창조될 수 있습니다. 따라서 여러분이 무엇을 받아들이고 네 층의 마음 안에서 무엇을 유지할 수 있는지가 중요합니다. 오직 그것만이, 물질계 안에서 무엇이 구현될지를 결정합니다.

신성한 어머니 마리아께 도움을 요청하세요

그러므로, 이것이 나의 메시지입니다. 우리의 가르침을 공부하세요. 우리의 기원문을 수행하세요. 우리를 부르며 여러분이 의식을 전환하도록 도와달라고 요청하세요. 그러나 무엇보다도, 단순한 이 한 가지가 중요합니다. 스스로를 변화시키세요.

여러분이 깊은 병이 들었을 때 이런 말을 하는 사람들이 있을 겁니다: "당신이 잃을 것이 무엇입니까? 어떻게 더 나빠질 수가 있겠어요?" 여러분이 죽어가고 있다면, 이전에 해 보지 않은 것, 근본적으로 다른 무언가를 시도해 보지 않을 이유가 있겠습니까? 설사 여러분이 죽어가지 않고, 원컨대 병이 나기 훨씬 전이라고 해도, 전에 결코 해 보지 않은 무언가를 시도해 볼 필요가 있습니다. 여러분이 의식을 전환하고 접근법을 바꿔보기를 나는 희망합니다.

진실로 확언컨대, 성장기의 예수가 자기 파괴적인 길에서 벗어나 다시 긍정적인 길로 들어가도록, 내가 방향을 인도해야 했던 때가 여러 번 있었습니다. 그가 삶에서 수행해야 할 사명이 있다는 비전을 가지고 스스로 방향을 잡도록 해 주기 위해, 나는 매우 엄격해야만 했습니다. 사랑하는 이들이여, 여러분이 단지 요청하기만 한다면, 계속 우리의 기원문을 낭송하고 이 가르침을 공부하면서 내면의 대답을 들으려고만 한다면, 나는 여러분에게도 동일하게 할 것입니다. 여러분이 두려움 없이 기꺼이 귀를 기울인다면,

나는 여러분에게 필요한 것을 들려줄 방법을 반드시 찾을 것입니다.

사랑하는 이들이여, 물질세계에서 변화될 수 없는 것이란 없습니다. 바꿀 수 없는 것은 아무것도 없습니다. 내 말을 듣고 있나요? 변화될 수 없는 것이란 없는데, 이는 아무것도 그 자체 안에서 독립적으로 존재하지 않기 때문입니다. 모든 것이 어떤 매트릭스, 멘탈 매트릭스의 투사입니다. 따라서 그 매트릭스를 바꾼다면 변화를 가져올 수 있습니다. 이것은 신의 법칙입니다.

여러분은 이 법칙을 모르고 살아왔습니다. 그러나 지금 이 법칙이 여러분에게 제시되고 있는데, 왜 그것을 받아들이기를 주저해야 합니까? 변화하려는 의지를 가지세요. 우리의 기원문을 낭송하세요. 우리의 가르침을 공부하세요. 그러면 머지 않아 여러분은 삶을 되돌아보면서, 어떻게 그렇게 짧은 기간 동안 그렇게 큰 변화가 일어났는지 깜짝 놀라게 될 것입니다. 여러분의 건강과 재정 상태를 포함한 외적인 상황이 짧은 기간 동안에 어떻게 그렇게 많이 변화했는지 경탄하게 될 것입니다.

이 방법을 실천하여 내 가르침을 입증해 보세요. 나는 여러분에게 넘치도록 축복을 쏟아 부어주겠습니다. 그리고 신성한 어머니의 대리자들인 우리 모두가 여러분에게 축복을 쏟아 부어서 여러분의 마음 안에는 더 이상 받을 공간도 없게 될 겁니다. 그러나 여러분이 마음을 확장해가면 축복을 받을 공간이 더 생겨나고, 축복은 물질적으로도 구현될 것입니다.

나는 축복을 소나기처럼 퍼부어 주는 마스터입니다. 그리고 여러분이 두려움 없이 축복을 퍼부어 주는 마스터가 될 수 있도록 도우려고 여기에 있습니다.

　지금 나는 여러분에게 다정하게 작별을 고하지만, 여러분의 자아감이 신성한 계획에 설정된 최상의 잠재력에 이를 수 있도록 도우면서, 지속적인 기반에서 함께 일하기를 희망합니다.

　나는 성모 마리아입니다. 나는 여러분 내면에 있는 그리스도 아기의 어머니입니다. 나를 잊지 마세요.

안내: 이 장에 상응하는 기원문은 '생명의 노래 4 – 새로운 몸' 입니다.

폴셔
Portia

정의의 여신은 눈이 멀지 않았습니다
왜 여러분이 침해를 받아왔을까요
본연의 천진무구함을 유지하기
신성한 정의
카르마의 균형을 잡기 위한 기회
불균형한 신념들을 찾아내기
균형을 통한 새로운 자아감
무엇이 구현을 막을까요
더 높은 비전을 추구하기
균형의 추구는 구현의 문을 열어줍니다

폴셔(Portia)

"정의의 여신"이라고도 불리며,
지구의 진화를 위해
정의와 기회의 불꽃을
유지하고 있는 상승 마스터입니다.
상승한 영역에서 카르마 위원회의
멤버로도 봉사하고 있으며,
성 저메인의 트윈 플레임이기도 합니다.

5
구현의 열쇠는 균형입니다

나는 폴셔(Portia)입니다. 나는 보통은 정의의 여신이라 불리는 영적 사무국을 담당하고 있지만, 정의도 하나의 기회이기에 나는 기회의 여신이기도 합니다. 지구에서 성장한 여러분은 이런 식으로 보지 않을 수도 있습니다. 흔히 여러분은 한 손에 저울을, 다른 한 손에는 검을 들고 눈이 가려진 여성의 모습으로 묘사된 정의의 여신을 보아왔을 것입니다.

그런데 왜 정의의 여신이 눈을 가리고 있을까요? 왜 저울은 균형을 이루지 못하고 있을까요? 그것은 인류가 균형을 잃고 있기 때문입니다. 인류는 개인적 의식에서 균형을 잃고 있으며 집단의식에서도 균형을 잃고 있습니다. 균형을 잃고 있을 때 여러분은 명료한 비전을 가지고 볼 수가 없습니다. 여러분은 명료한 비전

대신 오염된 인지능력을 가지고 보게 되며, 자신이 인지한 내용을 주위의 모든 것에 투사합니다.

정의의 여신은 눈이 멀지 않았습니다

이로 인해 인류는 정의의 여신에게 불균형한 인지 내용을 투사해 왔습니다. 지구에서 인류가 목격해 온 수많은 일들이 일어날 수 있었던 것은 그녀가 눈이 멀었기 때문이라고 생각합니다. 만일 정의의 여신이 눈이 멀지 않았다면 그런 일들이 일어나도록 허용했을 리가 없다고 여깁니다.

그러나 내가 담당하고 있는 직위인 '정의의 여신'은 인간들이 지구에서 만들어낸 정의의 기준과는 아무런 관련도 없습니다. 여러분이 분리 의식 안에 있을 때에는 자신을 다른 사람들과 대립되는 존재로 봅니다. 여러분이 옳다고 생각하는 방식에 다른 사람들이 복종하지 않으면, 여러분은 그들과 싸우고 그들을 파괴하고 처벌하고 싶은 욕망을 갖게 됩니다. 만일 여러분에게 직접 그렇게 실행할 힘이 없으면, 여러분 대신 신이 그들을 처벌해 주기를 바랍니다.

왜 여러분에게 이것을 직접 실행할 힘이 없을까요? 우리가 설명했듯이, 여러분이 일단 분리 의식으로 들어가면 불가피하게 '행동과 반응'의 패턴에 말려들게 되기 때문입니다. 여러분이 불균형한 방식으로 환경에 반응하면, 그 불균형한 행동이 그대로 우주거울에 투사됩니다. 그렇다면 우주거울이 그와 같은 불균형한 환경 외에 무엇을 여러분에게 반사해 줄 수 있겠습니까?

여러분은 다른 사람들이 여러분에게 하는 행동이 부당하다고 생각할지도 모릅니다. 그러나 신의 법칙상, 여러분이 완전한 조화와 균형 안에 있다면 그들은 여러분에게 그런 행동을 할 수 없습니다. 단 천진무구한 이들을 침해하는 존재들을 심판하기 위한 봉사로서 균형을 유지하고 있는 이들은 예외입니다. 그러나 이런 사례도 더 넓은 의미에서 자유의지 법칙 안에 있습니다.

따라서 진실로 우주에 부정의(injustice)란 없다고 할 수 있습니다. 알다시피 지구는 이상적인 시나리오보다 훨씬 낮은 수준으로 떨어졌고, 모두 육화 전에 이 사실을 알고 있었는데, 어떻게 여러분이 이 행성의 삶이 특정한 정의의 기준에 따라야 한다며 그 기준을 세울 수 있겠습니까? 이 행성은 하나의 실험실이며, 인류가 자신의 의식 상태를 행동으로 표출하면 우주거울이 그 카르마를 되돌려 보내도록 되어 있습니다.

지구 사람들은 흔히 그들 자신이 우주거울로 투사해 왔던 것을 서로서로 반사해서 돌려주는 역할을 합니다. 사랑하는 이들이여, 거울은 여러분이 보내지 않은 것을 반사할 수 없음을 깨닫는다면 어떻게 정의가 없다고 하겠습니까? 아마 과거 생에서 여러분이 그것을 보냈겠지요. 그러고는 자신이 보냈던 내용을 기억하지 못하는 것이겠지요. 여러분이 그것을 보냈습니다. 아니면 우주거울은 여러분에게 그것을 반사하지 않았을 것입니다.

왜 여러분이 침해를 받아왔을까요

자, 이 이야기를 하면서 당연히 우리는 자유의지의 표출에 대해서도 말해야 합니다. 맞습니다. 어떤 이들이 현재에서 선택을 하고 여러분에게 어떤 행동을 가하는 것이 가능합니다. 예를 들어, 어떤 사람이 순진무구한 아이를 폭행하고 있는데, 그 아이는 전생에 지금 같은 행동이 되돌아올 만한 어떤 선택도 하지 않았습니다. 즉, 폭행을 당한 것은 아이 스스로의 선택이 초래한 것이 아니었습니다. 그것이 우주거울로부터 돌아온 응보가 아니라는 의미입니다.

이 상황에서 아이가 폭행을 당한 이유는 한 개인이 현재에 행한 선택에 의해서였습니다. 사실 이런 상황조차도, 지구 같은 행성에 육화하는 것을 자원한 여러분 선택의 결과입니다. 여기 오기 전 여러분은 자신이 지구에 들어온다는 것을 전적으로 알고 있었습니다. 그리고 지구에 온 이유 중 하나가 '천진무구한 신성한 존재'로서 육화하는 것이었습니다. 이 사실은, 타락한 존재들이 여러분을 어떻게든 공격하려 할 것임을 의미합니다. 무슨 말인지 아시겠습니까? 여러분이 지구 같은 행성에 육화하면, 타락한 의식에 빠진 존재에 의해 침해 당하지 않을 수가 없습니다. 한마디로, 불가능합니다. 이것은 여러분이 지구에 육화하기 전에 알아야 할 사실입니다.

지구에 자원해서 육화하지 않은 사람들도 있다는 사실을 나는 전적으로 인정합니다. 그들은 다른 행성계에서 왔거나 혹은 더 높은 구체에서 추락한 존재들입니다. 그러나 지구에 추락했거나 배정된 것도 역시 여러분이 선택한 결과이며, 그 선택에 대한 책임으로 여러분이 여기 있는 것입니다. 만일 여러분이 자원해서 이곳에 왔다면 이곳에 오기로 선택을 한 것이며, 여러분은 자신이 가져오는 빛이 타락한 존재들을 자극하고 교란하기 때문에 그들의 공격을 받으리란 것을 알고 있었습니다.

본연의 천진무구함을 유지하기

여러분의 도전은 어떤 형태로든 침해에 직면하게 되며, 그리고 나서도 여러분은 자신이 본연의 천진무구함(innocence)을 유지하거나 혹은 가능한 한 빨리 되찾으리란 사실을 알고 있습니다. 사랑하는 이들이여, 무엇이 본연의 천진무구함입니까? 그것은, 지구의 삶이 반드시 어떠해야 한다는 인간의 인위적인 기대를 갖고 있지 않다는 뜻입니다. 여러분은 물과 같습니다. 여러분은 흘러가고 있습니다. 어쩌다가 절벽 끝으로 흘러가면 떨어지겠죠. 그러나 그 후엔 다시 모아져서 계속 흘러갈 것입니다. 한동안 더러운 웅덩이로 흘러 들어가더라도 여러분이 이것을 알아차리면 그 웅덩이 가로 솟아올라 그것을 넘어서 다시 계속 흘러갈 것입니다. 이것이 본연의 천진무구함입니다.

여러분은 항상 생명의 강과 함께, 성령과 함께 흐르며 항상 생명에 더 큰 봉사를 하기 위해 여러분이 가야 할 곳으로 흘러가고자 합니다. 여러분이 어떤 한 장소에서 목적을 완수하고 나면, 어떤 외적인 대가를 치렀던 상관없이 계속해서 다시 흘러갈 준비가 되어 있습니다. 여러분이 지구에서 지속적으로 머물 장소를 찾던 것은 아니었기 때문입니다. 여러분은 육화해 있는 동안 하나의 도구가 되기를 추구합니다. 그리고 여러분이 가야 할 때가 되면 상승하고 떠나가기를 바라고 있습니다. 여러분이 지상의 정의감에 집착하고, 지구에서 자신이 고치고 바로잡아야 할 것이 있다는 느낌에 집착하고 있다면, 어떻게 상승하고 떠나갈 수 있겠습니까?

영적인 사람들이, 타락한 존재와 타락한 사고방식과 이원적 의식이 있다는 사실을 인정하는 일은 매우 중요합니다. 그것만이 이

진퇴양난의 불모지를, 타락한 존재들이 제시한 수수께끼를 벗어날 수 있는 유일한 방법입니다. 여러분은, 타락한 존재들이 인류의 그리스도 신성 구현과 상승을 막고 신성한 계획의 완수를 방해하기 위해서 제시한 수수께끼에 붙들려 있습니다. 타락한 존재들은 여러분을 마비시켜 여러분이 지구에서 이기적이고 안락한 삶만을 추구하기를 바라고, 아니면 삶이 평탄치 않을 거라고 생각하도록 만듭니다. 그러나 이 두 경우 모두에서 여러분은 일정 수준의 의식 이상 올라갈 수 없으며, 따라서 이 행성을 지배하는 그들에게 위협이 될 그리스도 의식을 구현할 수도 없습니다.

그들이 만들어 낸 많고 많은 책략 중 하나가, 우리가 서사적 사고방식이라 불러온 미묘한 감각입니다. 서사적 사고방식에서는 신의 계획이나 신의 법칙에 오류가 있고 뭔가 잘못되었다고 생각합니다. 그것이 바로 정의의 여신이 들고 있는 저울이 균형을 잃고 한 쪽으로 기울어진 이유입니다. 그것이 그녀가 눈을 가리고 있는 이유입니다. 또 그것이 죄지은 누군가를 벌주기 위해 검을 들어야 하는 이유입니다. 왜냐하면 서사적 사고방식에서는 항상 속죄양이 있어야 하기 때문입니다. 서사적 사고방식에서 상대편 사람들은 악을 대표하고 있고, 그들이 문제입니다. 그들은 아래로 내쳐져야 하고 어떻게든 절멸되어야 합니다.

신성한 정의

여러분이 이러한 정의감을 가지고 있는 한, 지구에서 카르마의 속박을 받게 됩니다. 왜냐하면 여러분은 '지구에 뭔가 잘못되었다'는 감각, 뭔가 잘못되었고 누가 잘못했는지 자신이 판단할 수 있으며 그것을 어떻게 처리해야 한다는 감각을 우주거울에 보내고 있기 때문입니다. 그리고 신이 독자적으로 그것을 할 수 있다는 사실을 믿지 않습니다. 여러분은 신성한 정의가 실제적으로 실행되고 있으며, 완전한 정확성을 가지고 실행되고 있음을 믿지 않습니다.

신성한 정의는, 여러분이 내보내는 모든 것을 그대로 반사해서 돌려주는 일입니다. 만일 여러분이 지구에 육화한 천진무구한 신성한 존재 중 하나라면 지구에서 여러분이 겪는 모든 일은, 타락한 존재들에 대한 심판이 될 것입니다. 그들이 심판받이고 지구에서 제거되도록 함으로써 지구 행성의 성장을 돕게 됩니다. 다시 말하지만, 여러분은 지구에 육화해서 이런 역할을 하겠다고 선택했고, 여러분에게는 천진무구성을 유지하고 회복할 책임이 있습니다. 여러분이 본래의 천진무구성을 지니고 있을 때에만, 성령이 여러분에게 요청하는 대로 인위적인 노력 없이 자연스럽게 흘러갈 수 있기 때문입니다.

오직 유일자인 성령을 따를 때에만, 여러분은 지구에서 스스로 창조해낸 영체들, 여러분을 특정한 장소와 특정한 사고방식과 특정한 의식 수준에 속박되게 만들던 그 영체들을 내려놓을 수 있게 됩니다. 성령의 흐름은 생명이 지닌 자연스러운 상태이기 때문에, 여러분이 함께 흘러가고 있지 않다면 여러분은 그 흐름에 저항하고 있는 것입니다. 여러분이 본연의 천진무구한 상태로 있다면 여러분은 흘러가고 있을 것입니다. 본연의 천진무구한 상태에서 움켜쥐고 집착할 것이 무엇입니까? 거기에 바로잡아야 할 것이 무엇입니까? 물질계의 만물이 광대한 흐름 안에서 끊임없이 움직이고 있으며, 궁극적으로 지구상의 모든 현상이 실재가 아님을 안다면, 지구의 어떤 심상에 집착할 것이 무엇입니까? 그것들에겐 영적인 존재로서의 여러분을 지배할 아무런 힘도 없습니다. 이것이 본연의 천진무구함이 가진 성품입니다. 지구에서 일어나는 그 어떤 일도, 살아 계신 신-영(Spirit)의 순수한 의식인 여러분을 침해할 수가 없습니다.

나는 지구에서 일어나는 일에 대해 눈이 멀지 않은 까닭에, 세상에 정말 극악무도한 일이 많이 일어나고 있음을 잘 알고 있습니다. 그러나 여러분은 한 걸음 물러나서, 타락한 존재들이 그런 환경을 창조해 왔다는 사실을 명료하게 지켜보아야 합니다. 타락한 존재들이 '행동과 반응'의 게임 안에 사람들을 잡아넣는 유일한 방법은, 사람들을 잔인하고 불의한 행동으로 침해하여 그들로 하여금 행동으로 대응하도록 만드는 것이기 때문입니다. 이런 식으로 사람들은 타락한 존재들이 가한 행동에 대한 반응이란 덫에 걸려들게 됩니다. 심지어 그들은 타락한 존재들을 처벌하고 그들의 불의를 바로잡으려 하는 덫에 사로잡히기도 합니다. 그럼으로써 그들은 균형을 잃은 행동을 보내게 되고, 우주 거울로부터 불균형한 반응을 돌려받게 됩니다.

우주적 정의에 의해, 여러분이 어떤 수준의 의식에서 내보낸 행동은 여러분에게 되돌아와 불균형한 환경이란 형태를 취하게 됩니다. 불균형한 마음은 불균형한 물질적 환경을 만들어 냅니다. 그러나 여러분이 네 하위체의 균형을 추구한다면, 우리가 이전에 준 도구인 네 가지 가르침과 기원문을 사용해서 이 '행동과 반응의 게임'을 깨버릴 수 있습니다.

카르마의 균형을 잡기 위한 기회

많은 영적인 사람들이 '과거 생에 행한 행동들의 과보'라는 카르마의 개념에 익숙하다는 사실을 나는 잘 알고 있습니다. 또 많은 이들이, 과거 생에 창조해낸 모든 행위가 이생이나 다음 생에 반드시 되돌아오게 된다는 운명적인 견해를 가지고 있습니다. 그러나 그렇지가 않습니다. 우주의 법에 의하면 여러분이 내보낸 모든 행동은, 그 행동을 내보냈던 불균형한 의식과 동일한 상태로 있는 한에서만 되돌아오게 됩니다.

만일 그런 의식 상태를 초월해 버린다면 우주의 법은, 여러분이 내보낸 것들이 여러분에게 물질적 환경으로 돌아오지 않게 합니다. 혹은, 카르마가 물질적으로 구현되기 전에 변형시켜버릴 지식과 도구를 여러분이 갖게 될 것입니다. 이 때문에 내 사랑하는 배우자인 성 저메인은 1930년대에 보라색 불꽃에 대한 가르침과 도구들을 널리 방출하는 시혜를 베풀게 해 달라고 요청했었습니다. 그리고 바로 이런 이유로 오늘날 우리가 일곱 광선에 대한 가르침을 주었던 것입니다.

진실로 보라색 불꽃이 카르마를 태우는 데 매우 효과적이긴 하지만, 일곱 광선의 불균형한 사용을 통해 만들어진 카르마를 태우기 위해서는 반드시 일곱 광선의 빛을 모두 불러올 필요가 있습니다. 보라색 광선은 아주 오래된 카르마들이 물질계로 돌아와 현현되는 일을 방지해 줄 수는 있지만 그것만으로는 감정층과 멘탈층과 정체성층에서 카르마를 초월할 수가 없습니다. 상위 세 층에서 카르마를 초월하기 위해서는 여러분이 반드시 그 카르마를 만들면서 오용했던 광선의 빛을 불러와야만 합니다.

내가 여기서 전하고 싶은 내용이 있습니다. 여러분이 네 하위체를 정화하는 우리의 도구들을 수행해 나가다가, 이 도구들을 비롯하여 영적으로 모든 것을 수행했음에도 불구하고 여전히 희망하던 결과를 얻지 못했다고 느끼는 시점이 올지도 모릅니다. 여러분이 원하던 것이 아무 것도 실현되지 않았습니다. 그것이 건강이든 부(富)든, 다른 어떤 상황이든, 다른 어떤 관계든, 혹은 더 훌륭하게 봉사할 수 있는 기회이든 말입니다. 여러분은 마치 물속을 걷고 있는 것처럼 힘겹게 느낄 지도 모릅니다. 그러나 그때는 자신의 의식을 들여다보면서 불균형한 요소들을 찾아낼 필요가 있다는 점을 숙고하세요.

불균형한 신념들을 찾아내기

여러분은 네 하위체를 정화하면서도 여전히 삶에 대한 불균형한 관점이나 신념을 유지할 수가 있습니다. 내가 묘사했듯이, 지구에 뭔가 잘못되어 가고 불의가 만연해서, 여러분을 비롯한 누군가가 바로잡아야 한다는 신념 같은 것입니다. 이러한 불균형한 사고방식을 가지고 행동한다면 여러분은 행동과 반응이 연속되는 고리에서 빠져 나오지 못하게 됩니다.

여러분은 자신이 과거에 내보낸 불균형한 행동에 대해 계속 반응하면서 이 폐쇄 회로에 갇혀 있습니다. 그러면서 여전히 자신의 반응이 다른 사람의 책임이거나, 신이나 운명의 책임이라고 투사하고 있습니다. 사실 여러분이 해야 할 단 한 가지는 자신의 반응을 성찰하면서 스스로 책임을 지며 이렇게 자문하는 것입니다. "내가 왜 이런 방식으로 반응을 할까?"

여러분이 그럴 의지만 있다면, 우리가 설명했던 그 능력을 활용할 수 있습니다. 즉, 여러분 가슴의 중심에 의식을 두면서 가슴 차크라에 조율하는 겁니다. 가슴 차크라에는 지구상에서 직면하는 그 무엇이든 다 평가할 수 있는 매우 탁월한 측정기가 존재합니다. 마스터 모어께서는 [내면의 창조적 힘]이란 책에서 이렇게 설명합니다. "그 어떤 아이디어나 상황에 처하더라도, 그것이 내 에너지를 더 높이는지 혹은 더 낮추는지를 물어봄으로써 가치를 측정할 수 있습니다."

그리고 이런 직관적 능력을 사용하는 또 다른 방법이 있습니다. 마치 정의의 여신이 두 개의 분동을 매달고 평형을 이루고 있는 저울대를 들고 있는 것처럼, 가슴 차크라 안에 저울이 있다고 심상화하는 것입니다. 마음속에 이것을 그린 다음, 가슴 속의 저울에 조율합니다. 그런 다음 느껴봅니다. 하나의 분동이 다른 쪽 분동보다 더 내려가 있습니까? 만일 그렇다면 여러분은 무언가 그 분동을 아래로 누르고 있다는 것을 알게 됩니다. 그때 이원적 의식에는 항상 양극성이 존재한다는 우리의 가르침을 떠올리세요. 이런 현상이 일어난 이유는 여러분이 균형을 잃었기 때문이며, 여러분은 양쪽에서 다 불균형을 가지고 있습니다.

그 한 쪽에는 여러분이 옳다고 확신하며 매우 집착하고 있는 한 관점이 있습니다. 이것은 여러분 멘탈 에너지의 초점을 창조해내고, 이로 인해 형성된 멘탈에너지 덩어리가 저울 한 쪽을 누르게 됩니다. 그러나 다른 한 쪽에도 역시, 반대되는 대극을 이루는 불균형한 관점이 있습니다. 여기엔 여러분이 중요하지 않다고 생각하며 너무 경시해서 쳐다보지도 않는 무언가가 있습니다. 그래서 저울을 누를 만큼의 에너지 덩어리가 없습니다.

어떻게 저울의 균형을 맞출까요? 글쎄요, 가장 간단한 방법은 한 쪽에서 약간을 덜어내고 다른 한 쪽에 약간을 더 얹어주는 것이 아닐까요? 지금 나는 여러분에게 타협적인 회색 사고를 해야 한다거나, 타인들에게 그저 예의 바르게 사랑스럽게 친절하게 대해야 한다고 말하는 것이 아닙니다. 나는 진정한 그리스도 분별력에 대해 이야기하고 있습니다. 여러분은 그리스도 마음에 도달하여 기꺼이 양쪽의 불균형을 통찰하고 그것을 바로잡을 의지를 가져야 합니다. 바로 이것이 여러분에게 그리스도 분별력을 성취하기에 충분한 가르침과 도구들을 주는 이유입니다. 여러분은 자신의 삶에 대한 태도와 신념을 관찰한 후에 저울을 지탱하고 있는 중앙 받침대에 의지하여 다시 조절할 수 있습니다. 그것은 그리스도 반석에 정박한 그리스도의 중앙 받침대입니다.

이것은 하나됨이고, 수직으로 서 있으면서 어느 쪽에도 기대지 않기 때문에 어떤 것도 이것을 기울게 만들 수 없습니다. 즉 이것은 고정된 지점입니다. 움직일 수 없는 그리스도 반석 위의 중심에서 수평을 이루고 있는 저울대에 저울추와 분동들이 매달려 있습니다. 그런데 두 분동을 지탱하고 있는 수평의 저울대는 얼마나 길까요?

균형을 통한 새로운 자아감

사랑하는 이들이여, 우리가 이전에 말했듯이, 여러분은 처음으로 지구에 육화하여 하나의 점과 같은 자아감을 가지고 출발합니다. 비유하자면 이것은 너무나 협소해서 여러분이 한 쪽으로 치우칠 수도 없고 따라서 균형을 잃을 것도 없습니다. 여러분이 가진 자기-의식(self-awareness)은 매우 협소합니다. 그러면 여러분이 어떻게 144번째 수준을 향해 자각을 확장해 갈까요? 여러분 개인이 가진 삶의 저울대를 확장함에 의해서입니다.

수평적인 저울대가 길어질수록 여러분의 자아감도 점점 광대해지고, 자아감이 점점 더 포괄적으로 될수록 여러분은 144번째 수준에 더 가까이 다가갑니다. 사랑하는 이들이여, 단순한 지렛대의 기하학에 의거해서 생각해 볼 때, 수평적인 저울대가 점점 더 길어질수록 지렛대도 길어지는 셈이 되어, 저울은 아주 작은 무게에도 평형을 잃고 기울어지게 됩니다.

이것이 무엇을 의미할까요? 여러분이 영적 여정에서 48째 수준이나 그 두세 단계 위의 비교적 낮은 단계에 있을 때는 스스로에게 어느 정도 극단적인 관점도 허용해 줄 수 있습니다. 여러분은 아직도 어리고 실험 중이며, 어떤 것이 효과가 있고 어떤 것이 없는지 알기 위해 여러 가지를 시도해 볼 필요가 있습니다. 여러분도 알다시피, 어린아이들이 삶의 이런 저런 측면에 대해 고집 세고 완강한 관점을 내세우는 데에는 잘못이 없습니다. 어린아이들에겐 자연스런 일입니다.

그러나 많은 경우, 사람들은 성장하면서 견해가 온건해지고 좀 더 의식이 열려서 다양한 방식으로 사건들을 바라볼 수 있으며, 상황에 따라서는 그것들이 모두 정당할 수도 있음을 알게 됩니다. 여러분은 좀 더 미묘한 느낌이 실리고, 좀 더 균형이 잡히고, 좀 더 포괄적인 관점으로 삶을 바라보게 됩니다. 여기서 내가 가르치고자 하는 것은 바로 이 점입니다.

여러분이 점점 더 높은 의식 수준으로 올라갈수록, 균형을 유지하는 일은 점점 더 중요성이 커집니다. 그래서 삶을 대하는 관점에 아주 작은 불균형만 있어도 한쪽 분동을 올라가게 하고 한쪽 분동은 내려가도록 영향력을 미칠 수 있습니다. 사랑하는 이들이여, 이것이 바로 여러분이 마치 물속을 걷는 것처럼 힘겹게 느끼고, 일들이 실현되지 않는 이유입니다. 균형을 잃고 있기 때문입니다. 단언컨대, 여러분의 저울이 균형을 이루지 않는다면 여러분이 원하는 것이 구현되지 않습니다.

무엇이 구현을 막을까요

이런 식으로 생각해 보세요. 즉, 여러분이 이곳 물질계에서 네 하위체를 정화할 때 여러분은 무한 8 형상의 아래 쪽 원, 아래 쪽 반 안에서 작업하고 있습니다. 8 형상의 연결점은 네 층의 물질 영역과 아이앰 현존이 거하는 영적 영역 사이의 경계선에 있습니다.

네 하위체를 정화하고 있을 때 여러분은 8 형상의 아래 부분으로 내려가는 추진력을 만듭니다. 그런 다음 아래를 돌아 위로 향하면서 연결점을 마주치고 8 형상의 윗부분으로 올라가는 추진력이 형성됩니다. 한 번 위로 올라오면, 과학자들이 말하는 초전도성과 비슷한 성질을 띠게 되어 저항 없이 물질을 관통할 수 있게 됩니다. 다른 말로 하면, 여러분이 영적 영역으로 보낸 추진력은 아이앰 현존에 의해 몇 배나 증폭된 후에 8 형상의 연결점으로 내려오게 됩니다.

그러나 여러분이 그리스도 신성에 가까워질수록 균형을 잡는 일이 더욱더 중요해집니다. 그리스도 신성을 성취하면 여러분의 의식하는 자아(Conscious You), 여러분의 자아감, 여러분의 깨어 있는 의식은 그 연결점 안에 정좌하게 됩니다. 연결점이 무엇이기에 그럴까요? 그것은 곧 (단일한 점에서 우주적인 크기로 확장되는) 하나의 특이점(a singularity)이기 때문입니다. 하나의 특이점 안에 불균형이 자리 잡을 공간이 어디 있겠습니까?

여러분은 우주와 여러분의 아이앰 현존에서 오는 응답의 흐름을 창조하기 위해 전생이나 현생에 영적인 도구를 수행하고 선행을 했을지도 모릅니다. 그러나 여러분이 그리스도 신성에 가까워질수록, 아주 미세한 불균형조차도 응답의 흐름이 연결점을 통과해서 물질계로 들어오는 것을 막을 수 있습니다.

수많은 영적인 사람들이 천상에 보화를 쌓아두고 있습니다. 그들은 현생과 전생에서 긍정적인 카르마라고 불리는 것을 창조했습니다. 그것은 물질계로 뚫고 들어가 구현될 준비가 되어 있습니다. 그러나 왜 뚫고 들어오지 못할까요? 여전히 어떤 불균형이 남아 있기 때문입니다.

사실상 여러분이 상위 비전과 상위 의지 안에서 그 긍정적인 과보가 돌아오길 원하지 않는 것입니다. 불균형은 빛을 변질시키고 잘못된 방향으로 가도록 만들 것이기 때문입니다. 따라서 여러분 스스로가 그 빛을 변질시키기 보다는 보류하기를 원할 것입니다. 나는 지금 여러분이 바로 이 점을 깨닫도록 도와주고 있습니다. 신실하고 영적인 많은 사람이 그들의 삶 안으로 들어와 더 훌륭한 환경으로 구현될 수 있는 과보의 흐름을 이미 창조해냈습니다. 그것은 건강일 수도 있고 부유함일 수도 있고 봉사의 기회일 수도 있습니다. 그러나 아직도 약간의 불균형이 남아 있어서 그것이 발현되지 못하고 있습니다. 많은 이들에게 있어서 그것은 아주 미세한 불균형입니다.

우리의 희망은 이 책에서 주는 모든 기원문과 가르침과 함께, 그리고 현재와 미래의 책에서 주는 일곱 광선에 대한 기원문과 가르침과 함께, 여러분에게 무엇이 균형을 벗어나 있는지 알 수 있는 추진력을 주는 것입니다. 여러분이 마침내 그것을 알게 되면 그 영체를 떠나 보내고 잘못된 결정을 내려놓게 될 것이며, 그때 여러분의 삶에는 우주의 정의가 구현될 것입니다.

사랑하는 이들이여, 여러분의 노력에 대한 정당한 응답이 돌아오지 못하도록 막고 있는 것은 나, 폴셔도 아니고 카르마 위원회도 아닙니다. 그것은 여러분 자신입니다. 여러분이 자기 존재 안에 여전히 남아 있는 미세한 불균형에 의해 그 과보가 변질되는 것을 원하지 않았기 때문이었습니다. 이제 아시겠습니까? 이것이 바로, 우주에 부정의란 없다고 우리가 말하는 이유입니다.

더 높은 비전을 추구하기

여러분 자신의 상위 비전과 상위자아와 늘 교류하세요. 한 가지 불균형 혹은 미세한 불균형들이 여전히 남아 있는지 살펴보세요. 사랑하는 이들이여, 그것들을 보내버리세요. 보내버리세요. 여러분이 위치한 완전한 중심, 세워진 8자 흐름의 연결점으로 오세요. 동시에 여러분은 수평으로 균형을 이루고 있는 저울대의 중심에 존재합니다. 그 지점에서 여러분의 의식은 가장 넓게 포괄적으로 확장되어 있으면서도 여전히 완전한 균형을 유지하고 있습니다.

이것이 바로 적정(寂靜)의 지점입니다. 여러분은 이 지점에서 "

나는 고요하고, 나는 신이다. 따라서 나는 위에서와 같이 아래에서도 존재한다"는 것을 깨달을 수 있습니다. 그리고 여러분은 이런 경지를 실현하길 원했습니다. 여러분은 이곳 지상의 불균형을 구현하거나 상위 영역과 같지 않은 것을 구현하기를 원치 않습니다. 여러분은 상위 영역과 똑같이 이곳 지상에서도 이루어지기를 원하기 때문에, 삶에 불균형이 구현되지 않도록 무의식적으로 제지하고 있는 것입니다. 삶에 불균형이 생기면 여러분은 다시 행동과 반응의 고리 안으로 들어가게 되어, 그것을 처리하고 균형을 잡아야 하기 때문입니다.

여러분은 이런 패턴을 되풀이하고 싶지 않았기 때문에 스스로 구현을 제지하면서, 하늘의 봇물을 막고 있던 문을 열어줄 완전한 균형을 스스로 성취할 때까지 기다리고 있었습니다. 완전한 균형이 성취될 때에야 (신이 해 주신) 약속의 응답이 돌아와 실현될 것입니다: "주님이 말씀하시길, 나는 너희가 다 받을 수 없을 만큼의 축복을 너희에게 퍼부으리니, 이제 이를 가지고 나를 증거하라."

그런 축복이 올 수 있습니다. 그러나 여러분이 균형을 유지하면서 균형 잡힌 방식으로 축복을 받을 수 있음을 알고 축복이 오도록 스스로 허용하기 전까지 축복은 오지 않을 것입니다. 이제 알겠습니까? 사랑하는 이들이여. 여러분은 자신에 대한 최악의 비판자이지만 어떤 의미에서는 최선의 스승이기도 합니다. 여러분이야말로 자신의 삶에 언제, 어떻게 일들이 구현될지를 결정하는 존재이기 때문입니다.

자신이 가진 무의식적인 태도와 신념에 대해, 또 불균형이 어떻게 자신의 바람이 구현되는 것을 막고 있는지에 대해 좀 더 의식적으로 되는 일이 구현의 열쇠입니다. 물론 여러분은 자신이 바라는 바를 살펴보면서 그것이 불균형한지 아닌지 확인해야 합니다. 서사적 사고방식에 의해 균형을 잃지는 않았는지, 즉 불의를 바로잡기 위해서 다른 이들을 벌주고 파괴해야 한다거나, 또는 신이 그들을 벌주고 파괴해야 한다고 여기지는 않는지 분명히 살펴봐야 합니다. 만일 여러분의 신이 분노하고 복수하는 천상의 신이라면, 바로 그 점에서 여러분은 구현을 저해하는 주요한 불균형을 가지고 있는 것입니다.

균형의 추구는 구현의 문을 열어줍니다

사랑하는 이들이여, 구현에 대해 숙고해 보세요. 왜냐하면 천상에는 여러분의 공동 창조하는 능력을 제지할 그 어떤 세력도 존재하지 않기 때문입니다. 바로 여러분 자신이 불균형을 통해 구현을 저지하고 있으며, 이로 인해 여러분은 어떤 것을 천상으로 보내어 증식되어 돌아오도록 만들 수가 없습니다. 여러분은 천상의 응답의 흐름을 수용하여 지혜롭게 사용할 수 있는 지점에 아직 도달하지 못했습니다.

그러므로 다시 말합니다. 균형을 추구하세요. 오직 균형 속에서만 여러분은 생명의 강과 함께 흐를 수 있기 때문입니다. 우리는 여러분이 "흘러가는 것이 삶"임을 깨닫도록 도와 왔습니다. 여러분은 저울이 정지해 있다고 생각할지도 모르겠지만, 그렇지 않습니다. 우리가 계속 설명해 왔듯이, 생명의 강, 성령이라 불리는 저변의 흐름이 존재합니다.

그리고 그 흐름과 함께 흘러가는 열쇠는 여러분의 저울이 균형을 유지하게 하는 일입니다. 여러분이 균형을 이루지 않으면, 여러분은 앞뒤로 왔다갔다를 반복하며 생명의 강의 흐름에 저항하면서 막대한 에너지를 소모해 버릴 것입니다. 자신이 가야 한다고 생각되는 곳으로 가려고 하는 대신, 영(大靈, Spirit)의 흐름에 순응하고 함께 흘러가세요. 그래서 그 흐름이 여러분을 더 위대한 봉사를 할 수 있는 곳으로 데려가는 대로 내맡기세요.

이것이 생명의 강과 함께 흘러가는 열쇠입니다. 이것은 무아의 봉사이며, 이때 여러분은 개별적 존재로서의 자신 주위에 놓인 기대와 욕구들을 다 흘려 보냅니다. 그리고 자신이 위대한 신의 마음의 일부이고 전체의 일부이며, 자기중심적인 목적이 아니라 전체를 높이기 위해 여기에 있음을 깨닫습니다.

그러나 여전히 일부 사람들은 자기중심적인 욕망을 가지고, 유명해지고 인정을 받고 부자가 되기를 꿈꾸며, 이것저것 잘못된 점을 고치기 위해 권력을 원하고, 다른 사람들을 일깨우기를 원합니다. 이로 인해 여러분의 바람과 비전은 균형을 잃게 되고 여러분 스스로가 무의식적으로 그것의 구현을 저지하게 됩니다.

사랑하는 이들이여, 나는 진실로 여러분을 위해 단 한 가지 바람을 가지고 있습니다. 그것은 여러분이 균형을 성취하여 생명의 강과 함께 흐를 수 있게 되는 일입니다. 그러면 여러분은 우주에 부정의란 없으며, 자신이 물질 영역의 어떤 조건에도 속박되어 있지 않다는 깨달음을 완전히 수용할 수 있게 될 것입니다.

이것은 중요한 깨달음입니다. "나는 물질이 아니며, 물질에 속박되지 않는다." 여러분이 이것을 깨달을 때 새로운 현실을 알게 되고 균형을 유지할 수 있게 됩니다. 그리고 위에서처럼 이곳 지상에서도 동일하게 존재할 수 있게 됩니다.

사랑하는 이들이여, 나는 위의 상위 영역에 존재합니다. 나는 물리적 층에 정박할 닻을 가지고 있지 않습니다. 그런 까닭에 나는 여기 지상에 신성한 정의를 구현할 수가 없습니다. 나는 이미 상승해 버린 까닭에, 위에서처럼 아래에서도 동일하게 존재할 수 없습니다. 아직 상승하지 않은 여러분이 지닌 아름다움과 경이로움은, 여러분이 위에서처럼 같이 아래에서도 동일하게 될 수 있다는 사실입니다.

그러나 우주가 반드시 이렇게 운영되어야 한다는 등의 불균형한 신념과 바람과 생각들을 가지고 있는 한, 여러분은 이곳 지상에서 상위 영역과 동일하게 존재할 수가 없습니다. 그러므로 사랑하는 이들이여 확언컨대, 아이앰 현존이 위에서 영(大靈, Spirit)과 함께 흘러가듯, 여기 아래에서도 자발적으로 영과 함께 흘러가세요. 영은 인간이 만들어낸 생각이나 기대에 따라 흐르지 않습니다. 그것은 성령과 함께 흐릅니다. 이것이야말로 위에서처럼 아래에서도 동일하게 존재할 수 있는 열쇠입니다.

자, 이제 나는 여러분을 지구의 정의를 대표하는 우주 어머니의 사랑 안에 봉인합니다. 내가 그 어머니이며, 내 이름은 폴셔입니다. 여러분이 우주에 부정의란 없음을 아는 데서 오는 평화로 들어가기를!

안내: 이 장에 상응하는 기원문은 '생명의 노래 5 - 구현'입니다.

리버티
Liberty

자유의 진정한 의미

영적인 자유

어머니 신성에 제한이 있다는 거짓말

진리를 규정해 온 권력

복종 혹은 반항

차단된 창조성

어머니 신성은 여러분의 적이 아닙니다

힐링 매트릭스의 목적

인류를 위한 영적인 횃불을 들어올리기

어머니 신성의 시대

여러분도 여러분 자신인 그 불꽃이 되기를!

자유의 여신(Liberty)

"자유의 여신"이라 불리는 상승 마스터입니다.
카르마 위원회의 대변인을 맡고 있으며,
그 위원회에서 두 번째 광선의 대표자입니다.
미국 뉴욕 맨해튼 섬 위에 있는 에테르 은거처,
태양의 사원의 지도자입니다.
리버티는 아틀란티스 시대에 육화한 적이 있으며,
또한 여성이 고대 문명을 이끌었던
아마존 인종의 일원으로도 육화를 했습니다.
뉴욕에 있는 자유의 여신상이 바로
레이디 마스터 리버티를 표현하고 있습니다.

6
영적인 빛의 횃불을 들어올리세요

나는 자유의 어머니(Mother Liberty)이며, 자유의 여신 리버티입니다. 나는 지구를 위해 영적 균형을 유지하는 신성한 어머니의 대리자로서, 어머니 신성의 영역인 마-터 영역에서 제약에 묶여 있는 모든 사람을 자유롭게 해 주기를 원합니다.

그러나 내가 여러분을 단지 물질적 제약에서만 해방해 주고자 하는 것은 아닙니다. 어머니 신성이 여러분의 자유를 반대하고 물질이 영(靈)을 제한한다고 느끼는 더 큰 제약 상태에서 여러분을 해방해 주고자 합니다. 여러분은 어떻게 해서 물질이 여러분의 영을 제한한다고 느끼게 되었을까요? 여러분이 특정한 결과를 달성하기 위해서 자신의 비전에 따라 물질이 구현되어야 한다고 생각할 때, 그런 느낌을 갖게 됩니다.

자유의 진정한 의미

사랑하는 이들이여, 내가 여기서 알려주려고 하는 요점이 무엇인지 알 수 있나요? 물론 여러분이 이미 알고 있다면 이 가르침을 공부할 필요도 없을 것입니다. 여러분이 이미 내면에서 알고 있는 것을 일깨우기 위해 약간의 힌트를 주겠습니다.

내 불꽃은 물질층에 초점을 가지고 있으며, 그것은 뉴욕 항에 있는 자유의 여신상 위에 정박해 있습니다. 알다시피, 과거 수십 년 동안 유럽과 세계 각지에서 수많은 사람이 미국으로 이주해 왔을 때 그들은 모두 뉴욕 항을 거쳐 들어왔습니다. 그런 그들에게 가장 먼저 눈에 띤 것 중의 하나가, 환영하는 문구와 함께 그곳에 서 있는 자유의 여신상이었습니다. "지치고 궁핍하고 혼란으로 점철된 그대들의 갈망을 나에게 주고, 자유를 호흡하라"

진실로 많은 이들이, 그들이 가진 것이 있었건 없었건, 모든 것을 포기하는 희생을 하며 이곳에 왔습니다. 그들은 자신에게 친숙했던 옛 세계에 속했던 것들을 포기했습니다. 그곳에선 아무런 기회도, 정의도, 자유도 없다는 것을 그들은 절절히 느꼈습니다. 대부분의 경우 그들은 자신들의 고된 노동에 대한 정당한 대가를 받을 기회조차 가지지 못했습니다.

유럽의 봉건 국가들에서는 그런 박탈이 자행되어 오고 있었습니다. 소수의 엘리트들이 상층을 장악하고 있었고 일반 대중은 문자 그대로, 엘리트들의 노예였습니다. 일반 대중은 고되게 일했지만 겨우 목숨만 부지할 정도의 수확만을 확보할 수 있었고 특권층 엘리트들이 수확의 대부분을 빼앗아갔습니다.

이것은 지금도 여전히 미국을 비롯한 많은 나라에서 일어나고 있는 일이며, 평등한 기회와 노력에 대한 평등한 보상이라는 이상은 실현되지 않고 있습니다. 일반 대중의 노력을 훔쳐가는 사람들이 여전히 존재하고 있기 때문입니다. 그러나 이 주제는 다른 날을 위해 남겨두겠습니다.

지금 내가 강조하고 싶은 점은, 미국의 항구로 들어왔던 많은 사람이 자유의 여신상 위에 유지하고 있는 내 불꽃의 초점을 거쳐서 왔다는 사실입니다. 그들은 물질 영역에서 더 많은 자유를 얻기를 애타게 열망하며 왔습니다. 그들은 자기 소유의 땅 한 조각이라도 가져보길 원했는데, 이것은 당시 유럽에서는 불가능하게 여겨진 꿈이었습니다. 그들은 열심히 일해서 노력에 대한 정당한 대가를 거두고, 자신과 가족을 위해 훌륭한 삶을 확립할 수 있기를 희망했습니다. 그들 대부분은 명백히 물질적인 필요성에 초점을 두고 있었습니다. 비록 그들 중 일부는 정치적 박해나 엘리트들의 박해로부터 자유로워지기를 원했지만 말입니다.

그럼에도 불구하고 이 해안에 도착하여 안개 속에서 서서히 모습을 드러내던 자유의 여신상을 보면서 기본적인 자유의 법칙이나마 이해했던 사람은 아주 극소수에 불과했습니다. 자유가 정말 무엇을 의미하는지 이해하는 사람은 거의 없었습니다.

영적인 자유

분명히 자유에는 여러 측면이 있으며 그 한 측면이 궁핍으로부터의 자유입니다. 진실로 궁핍이야말로 물질세계에 존재하는 가장 나쁜 억압의 한 형태이기 때문입니다. 여러분이 너무 가난해서 자신의 모든 에너지와 주의력을 근근이 생존하는 데 다 쏟아 부어야 한다면, 삶의 목적이나 영적인 성장 같은 더 깊은 삶의 측면에 집중할 여력이나 주의력이 남아 있을까요? 그러나 오늘날 발전된 나라들에서는 전례 없는 풍요와 기회를 누리고 있으며 많은 사람이 삶의 영적 측면에 대해 숙고할 수 있는 여분의 자유시간과 주의력을 가지고 있습니다.

그토록 많은 사람이 스스로 가능한 모든 수단을 통해 영적인 발전을 추구하고 있는 것은, 인류에게는 진실로 하나의 위대한 기회이기도 합니다. 자신의 의식을 높이기 위해 진지하게 노력하고 있는 사람들 각자가 더 나은 시대를 만드는 데 기여하고 있습니다.

그러나 영적 성장을 추구하는 수백만의 사람들 중에서 영적인 자유를 얻는다는 것이 정말 무엇인지 깨달은 사람은 거의 없습니다. 여러분이 진정 자유로워진다는 것은 대체 무엇에서 자유로워진다는 뜻일까요? 자, 그것은 지구를 지배하고 있는 의식 상태에서 해방된다는 뜻입니다. 우리는 그것을 타락한 의식, 이원성 의식, 분리 의식이라고 불러왔습니다. 그러나 나는 여러분에게 타락한 이원성 의식에 대한 좀 더 깊은 정보와 다른 조망을 주려고 합니다.

우리는 신성한 천진무구함(Holy Innocence)을 지니고 지구에 온 존재들에 관해 말한 적이 있습니다. 그들은 이 지구의 의식을 높여서 상승 과정으로 들어가도록 해 주기 위해, 이 전체 물질계를 상승 지점으로 끌어 올리고 있는 성령(Holy Spirit)의 흐름으로 들어가도록 해 주기 위해 왔습니다. 이곳으로 오면서 그들이 품었던 단 하나의 열망은 자신의 아이앰 현존에서 흘러나오는 영적인 빛을 나누어 주는 것이었습니다.

그러나 당시에 이 행성은 타락한 의식과 이원성 의식, 분리 의식에 빠져버린 많은 생명흐름의 거주처가 되어 있었습니다. 폴셔께서 설명하셨듯이, 우주적 정의의 일환으로 그 생명흐름들에게 또 한 번의 기회가 주어졌기 때문이었습니다. 그러나 그들 중 지구에 강제적으로 오게 된 존재는 없었습니다. 그들이 과거에 한 선택에 의해 지구로 이끌려 왔거나, 혹은 천진무구한 의지로 지구로 오겠다고 자원한 결과였습니다.

천상에서 지구에 오도록 강요를 받은 존재는 아무도 없습니다. 천진무구한 존재들이 자원해서 하강했고, 또 이미 다른 곳에 육화해 있던 존재들이 스스로 내린 선택의 결과로 이곳에 왔습니다. 그러나 반드시 그들이 원하는 대로 다 할 수 있다는 의미에서 이곳에 자원해서 온 것은 아니었습니다. 그들은 자신이 내린 과거의 선택에 속박되어 있었고, 지구가 또 한 번의 기회가 되어 준 까닭에 이곳으로 오게 되었습니다. 더 높은 의식 수준을 가진 이전의 행성에서 그들이 가졌던 기회를 더 이상 누릴 수 없게 되었기 때문입니다.

어머니 신성에 제한이 있다는 거짓말

우주의 정의는 단순합니다. 여러분을 제한하는 것은 오직 과거에 여러분 자신이 행한 선택뿐입니다. 그 무엇이 이보다 더 정의로울 수 있을까요? 그렇다면 과거에 여러분의 선택을 제한했던 것은 무엇일까요? 자, 수많은 존재들이 타락한 의식에 빠져 있는 이 행성에, 천진무구한 존재 중 하나인 여러분이 하강했을 때 무슨 일이 일어날지 생각해 봅시다. 그들은 여러분 존재와 빛을 하나의 위협으로 간주할 것입니다. 여러분의 빛이 그들의 인생관에 도전을 할 테니 말입니다. 그들의 인생관은 이원적 의식에 바탕을 두고 있습니다. 분리 의식은 필연적으로 분리를 만들어냅니다. 여기에는 많은 수준이 있습니다. 지구 사람들은 자신이 신으로부터 분리되어 있다고 생각하므로 "신의 왕국은 너희 내면에 있다."는 예수님의 말씀을 받아들이지 못합니다.

여기에 더해 지구 사람들은 자신들이 서로 분리되어 있다고 생각합니다. 사람들 집단 사이에 분리가 있을 때 상호 충돌과 불화와 분쟁이 일어나게 됩니다. 그리고 일부 존재들은 다른 사람을 지배하고 통제하려는 성향을 가지고 있습니다. 이원적 의식에 가장 심하게 사로잡혀 있는 사람들은 특권층 엘리트로 군림하는 길을 모색합니다. 그들이 그런 특권적인 위치를 차지하고 지탱하기 위해서는 대다수 인구를 통제 아래 두면서 계속 궁핍하고 권력이 없는 상태로 두어야 합니다. 그리고 이런 상태를 유지하려면 대다수 인구를 통해서 흐르고 있는 영적인 빛의 흐름이 닫히게 만들어야 합니다.

그래서 그들은 마터 영역(Ma-ter realm, 우주창조의 원 질료를 이루는 빛의 영역)으로서의 어머니 지구가 본래 제한을 갖고 있다는 의식을 만들어냈습니다. 즉, 지구가 지닌 자원의 양에는 한계가 있기 때문에 소수 엘리트만이 부유해질 수 있을 뿐 대다수 인구는 가난할 수밖에 없다, 대다수가 엘리트처럼 부유해질 수는 없다는 것이었습니다. 여러분이 보다시피 오늘날 미국에서는 수많은 사람이, 이전 세대들에 비해 상당한 차이가 나는 중산층의 생활 수준에 도달했습니다. 그러나 여전히 지난 수십 년 동안 소수 엘리트들이 점점 더 많은 부를 축적하면서 이 나라의 재정적, 정치적 체계에 점점 더 큰 지배권을 행사해 오고 있습니다. 이것은 정의가 아닙니다. 이 행성이 균형을 이루고 있다면 있을 수가 없는 상태입니다. 이것은 불균형한 상태이며, 오직 이런 불균형을 통해서만 소수 엘리트들이 특권과 부와 통제권을 얻을 수 있습니다.

그들이 특권적 위치를 계속 유지하기 위해서는 대다수 사람들이 자신들을 통해서 오고 있는 빛의 흐름을 닫아버리도록 만들어야 합니다. 왜냐하면 영적인 빛의 흐름은 자유의 여신상이 들고 있는 횃불과 같은 역할을 하기 때문입니다. 그것은 어둠 속에서 빛이 하는 역할과 같습니다. 어둠 속에서 빛은 무슨 일을 합니까? 빛은 어둠을 드러냅니다.

모든 것이 어둠 속에 있을 때는 아무도 어둡다고 느끼지 못했습니다. 한 줄기 빛이 들어오고 나서야 사람들은 주위를 둘러보며 그동안 얼마나 어두웠는지를 알게 됩니다. 이전에는 어둠에 너무 익숙해진 나머지 주위가 어둡다는 사실을 눈치채지도 못했습니다. 사람들은 삶이란 원래 그런 것이라고, 모든 것에 다 제한이 있는 물질 영역에선 삶이 그럴 수밖에 없다고 생각했습니다. 소수 엘리트에게 돌아갈 수 있는 부(富) 밖에 없는데 무슨 다른 방법이 있겠나 했던 것이죠. 이것은 수많은 세월 동안 엘리트들이 자행해 온 거짓말입니다.

진리를 규정해 온 권력

그들이 어떻게 이런 거짓말을 계속할 수 있었을까요? 어떻게 이 행성에서 대다수 인구가 이 거짓말을 받아들이도록 만들 수 있었을까요? 우리가 설명했듯이, 그들은 모든 것의 가치를 평가할 수 있는 하나의 기준이 있다는 관념을 만들어냄으로써 그렇게 했습니다. 하나의 절대적 진리가 존재하고, 모든 것이 그 진리에 의거해 평가되어야 한다는 것이었죠. 자, 만일 누군가 지성과 분석적인 마음을 사용하여, 오직 하나의 진리, 하나의 실재만이 존재하며 모든 것이 그것에 의거해서 평가된다는 사고방식을 만들어낸다면, 소위 그 하나의 실재를 규정하는 존재가 대중의 마음을 지배할 수 있는 막강한 권력을 가지게 되지 않을까요?

모든 사람이 따라야 하는 가치 기준을 설정하는 사람이 되면, 그 사람은 막강한 권력을 갖게 됩니다. 그는 선악의 기준을 규정하는 자가 되어 에덴동산에서 뱀이 이브에게 말했듯이, 문자 그대로, 선악을 아는 신과 같이 됩니다.

이에 더해 그는 이 기준이 모든 것의 척도가 되어야 한다는 사고방식을 설정할 것입니다. 이는 곧, 자신의 빛을 표현하기를 원했던 신성한 천진무구함을 지닌 존재들이 지구로 내려오면 갑자기 자신의 빛을 표현할 수 없는 환경으로 들어가게 된다는 의미입니다. 그 천진무구한 존재들이 빛을 표현할 때, 사회의 지배권을 쥐고 있는 타락한 존재들과 하향의 길로 가고 있는 다수의 일반 군중은 그들에게 사회의 기존 척도에 따라 빛을 표출하며 살라고 즉각 요구할 것이기 때문입니다.

복종 혹은 반항

사랑하는 이들이여, 일단 분리에 기반을 둔 기준을 받아들이고 이에 맞춰 영적인 빛을 표현한다면, 빛을 표현하는 여러분 존재 안에 즉각 긴장이 생겨납니다. 여러분이 천진무구한 상태를 유지하며 자신의 빛을 계속 표현함으로써 그 긴장을 피할 수는 있겠지만, 이는 지구 행성에 갓 온 사람들이 바로 통과하기에는 너무나 어려운 관문입니다. 지구에서 상승한 우리를 포함해서, 이곳에 왔던 대다수 사람들이 타락한 기준의 먹이감으로 떨어져 버렸었습니다. 이에 따라 사람들은 타락한 기준에 대한 대응 행동을 취하게 되었습니다. 대응 방식에는 두 가지가 있습니다. 즉, 복종하느냐 혹은 반항하느냐 입니다. 여러분은 순응할 수도 있고, 순응하길 거부할 수도 있습니다. 여러분이 이로 인해 어떤 마음의 틀을 갖게 되었는지 보이나요?

  신성한 천진무구함을 지닌 존재는 마치 놀이를 하고 있는 어린아이와도 같습니다. 그런 존재들은 자신의 빛을 창의적으로 표현하고 있습니다. 창조성에는 정해진 기준이 없습니다. 만일 창조적인 표현이 특정한 하나의 기준에 따라 평가된다면, 여러분은 어쩔 수 없이 그 기준에 따르거나 혹은 반항하거나 해야 하는 까닭에 더 이상 자신을 창조적으로 표현할 수 없게 됩니다. 순응하든 반항하든, 여러분은 더 높은 의미에서 창조적으로 될 수가 없습니다.

  이 행성에 온 천진무구한 존재들은 다른 사람들의 강력한 적대감과 공격적인 반응에 직면하게 되었습니다. 지배자들은, 천진무구한 존재들이 횃불을 들고 그들의 불균형과 불평등과 어둠을 폭로하는 상황을 원치 않았습니다. 지배자들은 천진무구한 존재들을 짓눌러버리기 위해 그들 권력으로 가능한 온갖 만행을 자행했습니다. 게다가 다수 대중들조차도, 천진무구한 존재들이 지구에서 다른 삶이 가능하고 한 가지 기준에 복종할 필요가 없다는 사실을 알려주며 빛을 비추는 상황을 원치 않았습니다.

그들은 자신들의 희생자 의식이 교란되는 것을 원치 않았습니다. 그들은 이미 스스로를 태생적인 제한을 가진 존재로 보고 있었고 따라서 정해진 한계 안에 머물며 자기 운명에 최선을 다해야 한다고 여기고 있었습니다. 결국 지배자나 복종하는 자들 양쪽이 다, 그들이 탄 배를 뒤흔드는 사람을 원치 않았습니다. 엘리트들에게 복종할 필요도, 반역하며 싸울 필요도 없음을 보여주는 사람을 아무도 원치 않았습니다. 그러나 이와 다른 방식인 중도의 길이 있었습니다. 중도의 방식은 천진무구한 존재들이 타인들의 반응에 상관없이 순수하게 그리고 즐거워하며 빛을 표현하는 일이었습니다. 바로 그런 것이 본연의 천진무구함입니다. 자신의 빛을 닫아버리는 것은 천진무구함이 아닙니다.

본연의 천진무구함을 유지할 수 없었던 이들에게 무슨 일이 일어났을까요? 내가 말했듯이, 대부분의 존재들이 천진무구함을 유지할 수가 없었지만 그것은 정말 이해할 만하고 자연스런 현상이었습니다. 내가 이런 패턴으로 들어가 버렸던 사람들을 비난하려는 것이 결코 아닙니다. 나는 단지 여러분에게 일어났던 일을 이해하도록 도와주고, 그럼으로써 어떻게 그 패턴에서 빠져 나와 자유를 얻을 수 있는지 알려주고 싶습니다.

차단된 창조성

천진무구한 존재들이 이런 강력한 적대적 반응에 직면했을 때 그들에게 무슨 일이 일어났을까요? 네, 그들에게 일어난 일은 자연스런 현상이었습니다. 그들은 그런 적대감을 다루고 싶지 않았습니다. 그러나 그들은 이미 육화한 상태였으므로 육신을 가진 상태를 곧바로 철회할 수도 없었습니다. 그들은 진심으로, "내 창조적 능력이 제대로 받아들여지지 않고 적대적 반응만 돌아오는 이곳에서 나는 창조적으로 살고 싶지 않다."고 느꼈습니다. 이것은 어떤 의미에서는 "나는 살아 있고, 육신을 가진 채 살아가야만 한다. 하지만 나는 이곳에 있고 싶지 않다. 이런 타락한 의식이나 적대감을 다루고 싶지 않다."라는 말이기도 합니다.

적대감을 다루지 않으면서 지구의 삶을 유지하기 위해 여러분은 에고를 만들어냈습니다. 그렇게 해서 에고의 한 측면이 적대감을 다루도록 만들었고, 이것은 다양한 형태로 나타났습니다. 그 중 하나가 복종하는 일, 그냥 사회가 가진 기준에 따르는 일이었습니다. 좋은 시민이 되기 위해 노력하는 거죠. 다른 하나는 반역하는 일입니다. 일부 예술가들처럼 여러분은 사회의 규범에 의도적으로 반기를 들고 도전합니다. 혹은 혁명을 일으켜 지배 엘리트를 전복해 버림으로써 여러분이 또 다른 엘리트로 부상하는 방법도 있습니다. 그러나 이것은 모두 일종의 반응으로 들어가는 것이고, 이에 의해 여러분의 창조성은 차단되고 맙니다. 결국 여러분은 현 상황에 대한 도전이나 창의성 없이, 그 안에서 가능한 최선을 행하며 살게 됩니다.

정확히 에고의 이런 측면이 여러분의 자유를 빼앗아 갑니다. 이제 여러분은 늘 외부의 기준에 맞춰서 자기를 표현하는 삶에 적응해야 한다는 마음의 틀을 지니게 되었습니다. 여러분은 영적 영역의 아이앰 현존과 연결되어 자신을 규정하지 않고, 지구의 외적 기준에 맞추어 자신을 규정하게 되었습니다.

이것이 바로, 여러분이 진아인 아이앰 현존의 열린 통로로 존재하지 못하는 이유입니다. 여러분은 더 이상 아이앰 현존에서 오는 모든 충동을 자발적으로 표현하며 놀고 있는 어린 아이 같은 존재가 아니기 때문입니다. 여러분은 아이앰 현존과 지상에서의 현존이 표현하는 것 사이에 거주하는 마음을 창조해냈습니다. 이 마음은 현존에서 무엇을 보내는지, 주변 환경에서는 어떤 반응이 돌아올지, 항상 측정하고 평가합니다. "내가 주변에서 그런 반응이 오길 원하는 걸까? 아니야, 그렇지 않아. 그러니 현존이 이런 표현을 내보내지 못하게 해야겠어."

이런 태도는 여러분에게서 자유뿐만 아니라 기쁨과 목적의식, 놀이를 즐기는 감각까지 빼앗아갑니다. 이제 삶은 지루한 쳇바퀴가 되어 버렸습니다. 이로 인해 여러분은 지치고 가난한 사람, 자유롭게 숨 쉬기를 열망하며 모여 있는 군중의 한 사람이 되어 버린 것입니다. 그러면서 자신이 지구의 다른 곳으로 가야 하거나, 지구에서 다른 환경을 창조해야 한다고 생각합니다. 그러나 여러분이 다른 환경을 창조해서 자신이 자유롭다는 외적인 인상을 가진다 해도, 지구의 어떤 환경이 여러분에게 자유를 부여해 줄 수는 없습니다. 왜냐하면 그 어떤 환경도 여러분에게서 자유를 빼앗을 수 없기 때문입니다. 여러분이 자유를 빼앗기는 경우는 오직 자신의 능력을, 현존에서 나오는 창조적인 흐름을 닫는 일에 사용할 때뿐입니다. 자신의 창조성을 포기하면 자유를 잃게 됩니다.

어머니 신성은 여러분의 적이 아닙니다

사랑하는 이들이여, 어머니 신성(Mother)은 여러분의 적이 아니란 사실을 알겠습니까? 어머니 신성은 여러분을 제약하지 않습니다. 폴셔께서 말씀하셨듯이, 어머니 신성은 단지 여러분이 투사한 내용을 거울처럼 반사해서 되돌려줄 뿐입니다. 여러분이 에고를 창조해서 타락한 존재들과 타락한 의식에 대응할 때, 여러분은 스스로 이 게임에 사로잡히길 원한다는 투사를 보내고 있는 것입니다.

여러분은 실재인 영적인 영역이나 이상적인 시나리오에서는 창조성을 표현할 수 있는 자유를 누린다는 사실을 내면 깊은 곳에서 느끼고 있습니다. 만일 여러분이 지구에서 창조성을 발휘하도록 허용되지 않는다면 정말 뭔가 잘못된 것이라는 깊은 감각이 있습니다. 그러나 이런 감각도 복종과 반항의 패턴에 대중을 가둬두려는 타락한 존재들 안으로 여러분을 끌어넣고, 모든 행동을 항상 그들과 그들의 기준에 따라 하도록 만듭니다.

여기서 관건은 이미 존재하고 있는 자원의 재분배가 아닙니다. 공산주의자들이 시도했던 부의 재분배가 관건이 아닙니다. 여기서 중요한 점은 창조력의 흐름을 여는 일이며, 그런 후에는 풍요의 의식으로 어머니에게 투사하는 모든 것을 어머니 지구는 즉각 구현해내기 시작할 것입니다.

물론 여러분 내면 깊은 곳에서는 지구에서 일어나는 일들이 옳지 않음을 알고 있습니다. 그러나 여러분이 '타락한 존재들과 그들의 기준에 대한 복종이나 반항'이란 마음의 틀을 가진다면, 실제로 상황을 개선하는 데 도움이 되지 못하며 단지 현 상황을 유지시킬 뿐이란 점을 일깨우고 싶습니다. 현 상황에서는 분리와 이원적 마음의 틀이 지구를 지배하면서 필연적으로 결핍과 부정의와 불균형을 만들어내고 있습니다.

진정 지구가 더 높은 상태를 회복하도록 돕기 위해서는, 과거로 돌아가기 보다는 초월하여 더 높은 상태 안으로 흘러가야 하며, 이원적 마음의 틀을 초월하도록 노력해야 합니다. 여러분은 생명의 강과 함께 흐르며 천진무구한 신성의 상태를 회복해야 합니다.

힐링 매트릭스의 목적

사랑하는 이들이여, 이것이 바로 우리가 여기서 주고 있는 가르침과 기원문들이 가진 전반적인 목적입니다. 이 생명의 노래의 힐링 매트릭스는, 이원적 마음의 틀을 초월하게 하고 신성한 순수성을 회복하도록 도와주는 지극히 강력하고 심오한 매트릭스입니다.

이 기원문을 낭송하면서도 이 의례(儀禮)가 얼마나 심오한 것인지 여러분이 깨닫지 못할 수도 있습니다. 이들을 단지 도움이 되는 시구(詩句) 정도로 여길지도 모릅니다. 그러나 사랑하는 이들이여, 이 기원문들은, 생명흐름들이 이원성 의식을 극복할 수 있도록 우리의 광범위한 체험을 바탕으로 고안되었으며, 이 안에는 다양한 단계와 수준과 매우 정묘한 선언들이 포함되어 있습니다. 매우 정묘한 수준의 열쇠들, 영적 연금술의 열쇠들이 포함되어 있습니다. 처음부터 즉시 의식의 전환이 일어나지 않을 수도 있겠지만, 이 기원문을 낭송하는 의례를 계속 해나가면 결국 의식의 전환을 촉발하게 됩니다.

그러면 여러분은 불현듯 "아하!" 하는 깨달음과 함께 이렇게 말할 것입니다. "이제야 사태가 파악되는군! 이제 내가 어떻게 반응해 왔는지, 왜 더 이상 반응하고 싶지 않은지, 왜 더 이상 반응할 필요가 없는지 알겠어." 그때서야 여러분은 그것이 에고의 한 측면이고, 그런 식으로 반응하도록 여러분이 창조해 낸 하나의 영체(spirit)임을 깨닫게 됩니다.

반응 패턴에서 벗어나는 열쇠는 무엇일까요? 그 열쇠는, 스스로 그 패턴을 지켜보며 이렇게 깨닫는 것입니다: "이 패턴을 지켜보고 있는 '나'는 누구인가? 지금 나는 밖에서 그 패턴을 지켜보고 있고, 더 이상 그 패턴 안에서 삶을 바라보지 않는다. 더 이상 그 패턴을 통해서 삶을 바라보지 않는다. 내가 패턴 밖으로 나올 수 있다는 사실은, 내가 그 패턴이 아니라는 뜻이다. 나는, 여전히 그 패턴에 의거해서 반응하고 있는 나를 본다. 그런데 내가, 반응하는 나 자신을 지켜보고 있다면, 내가 정말 그 '반응하는 자'일까?"

"만일 내가 그 '반응하는 자'가 아니라면, 누가 반응을 하고 있는 것일까? 아! 반응하고 있는 것은 영체다. 그 영체는 그런 식으로 반응하는 일 밖에 못하도록 창조되었기 때문이다. 하지만 나는 지금 내가 그 영체가 아님을 깨달았으니 그 영체를 내보낼 수 있지 않을까? 내가 더 이상 그 영체를 원하지 않는다고 말할 수 있지 않을까? 그것을 결박하고 불태워달라고 요청을 할 수 있지 않을까? 그 영체를 창조해냈던 내 결정을 직시하게 해 달라고, 그리고 내 마음을 바꿈으로써 그 결정을 철회하게 해 달라고 상승 마스터들께 요청을 할 수 있지 않을까?"

인류를 위한 영적인 횃불을 들어올리기

자유의지의 가장 위대한 선물이 무엇이겠습니까? 여러분이 과거에 했던 어떤 선택도 여러분이 현재에 다른 선택을 하는 것을 막을 수 없습니다. 물론 타락한 존재들과 그릇된 교사들은, 여러분이 마음을 바꿀 권리가 없으며 한번 금단의 열매를 먹었으면 외부의 구세주가 와서 여러분을 구원해 줄 때까지 영원히 그 선택에 속박된다고 강경하게 말하겠지요.

그러나 사랑하는 이들이여, 그 말은 진실이 아닙니다. 여러분이 힐링 매트릭스의 기원문을 계속 낭송해나가다 보면 지적인 이해를 넘어 여러분의 전 존재로, 여러분이 변화할 수 없다는 타락한 존재들의 말이 거짓임을 체험하게 되는 시점이 옵니다. 그 말은 진실이 아니며, 신은 여러분에게 자기 마음을 돌이킬 수 있는 자유, 언제든지 제한을 주는 선택을 자유를 주는 선택으로 바꿀 수 있는 자유를 주었습니다. 지구에서 어떤 상황에 처해 있든, 여러분은 더 높은 것을 선택할 자유를 가지고 있습니다.

여러분이 스스로 선택하기 전에는 지상의 그 어떤 것도 그런 자유를 빼앗아갈 수 없습니다. 이것을 알 때, 여러분은 자신의 자유를 선언하며 자세를 취할 수 있게 됩니다. 여러분은 이제 인류를 위한 자유의 횃불을 직접 들어올릴 수 있습니다. 내가 오랫동안 그렇게 해왔듯이 말입니다.

오늘날 수십만 명의 사람들이 개인적인 수준에서 자유의 횃불을 드높이려는 신성한 계획을 가지고 지상에 육화해 있으며, 그들은 인류를 위해 자유의 균형을 유지하는 나의 일을 돕고 있습니다. 만일 여러분이 그 중의 한 명이라면 그것을 알아차리게 될 겁니다. 만일 그 중의 한 명이 아니라면, 여러분은 다른 종류의 영적 불꽃을 유지하기 위해 왔다는 의미입니다. 왜냐하면 여기에 있는 수백만의 사람들이 인류를 위한 어떤 영적 불꽃을 유지하기 위해 왔기 때문입니다.

그러므로 여러분도 영적인 여정을 갈 수 있고, 그럼으로써 타락한 존재들의 거짓말에서 자유롭게 풀려날 수 있다는 사실을 대담하게 바라보세요. 여러분이 일곱 겹 베일의 길을 넘어 의식의 144번째 수준을 향해 나아간다면 여러분은 별처럼 빛나는 왕관을 머리에 쓰게 됩니다. 가시관이 아닙니다. 여러분은 가시관을 초월했으므로 그것은 별처럼 빛나는 왕관으로 변할 것입니다. 그때 여러분은 자신의 아이앰 현존이 이 행성에 방출하길 원하는 영적인 불꽃의 횃불을 높이 들어올릴 수 있으며, 빛을 비추는 존재(torch bearer)가 됩니다.

여러분은 영적 불꽃의 횃불을 들어올려, 성 저메인의 황금시대로 들어가는 과도기에 있는 지구를 위해 균형을 유지해 줄 수 있습니다. 황금시대에는 영적인 자유가 일상의 규범이 되며, 타락한 의식과 그 의식에 종속된 노예 상태는 더 이상 정상으로 여겨지지 않게 됩니다. 그것은 비정상이라고 간주될 것이며, 그리스도 의식에 바탕을 둔 자유가 새로운 규범이 될 것입니다.

어머니 신성의 시대

내가 여러분 한 사람 한 사람에 대해 품고 있는 비전은 이렇습니다. 여러분은 자신의 영적인 불꽃을 깨닫게 되고 그것을 위한 열린 문이 될 것입니다. 나를 기억하세요. 여러분이 그 길을 걸을 수 있다는 사실을 대담하게 숙고해 보세요. 여러분이 별빛으로 빛나는 왕관을 받게 되고, 영적인 마스터가 그 별의 왕관을 여러분 머리 위에 씌어주는 광경을 대담하게 상상하고 비전으로 그려보세요. 그리고 오른 손으로 아이앰 현존의 횃불을 높이 들어올려 여러분의 빛을 비추세요. 그리스도께서 말씀하셨듯이 "언덕 위에 있는 불빛은 감춰질 수 없습니다." 어머니 신성의 시대인 이 시대에, 어머니의 영역에 속한 사람들은 신성한 어머니의 일부가 될 자신의 권리를 선언하고, 그들이 육화해 있는 동안 영적인 불꽃을 높이 들어올려야 할 시간이 되었습니다.

이것이 여러분이 지닌 잠재력입니다. 사랑하는 이들이여, 이것이 지구를 황금시대로 전환시킬 것입니다. 충분한 수의 사람들이 영적인 빛의 횃불을 들어올리는 그때, 모든 사람들은 주위를 돌아보기 시작하며 "봐라, 너무나 어둡구나! 봐라, 너무나 불균형하구나!" 하고 말하게 됩니다.

벌써 사회에서 이러한 일이 일어나는 것을 보고 있지 않습니까? 이런 일이 훨씬 더 많이 일어날 수 있고, 더 많은 사람이 어둠과 불균형을 의식적으로 알아차리며 용기 있게 인정하게 됩니다.

"그렇다. 나는 영적인 횃불을 높이 들 수 있다. 나는 소중한 존재이며, 의지로 충만하다. 이것이 나의 새로운 실재이다. 나는 영적인 존재이다. 나의 영은 물질에 복종할 필요도 없고, 물질에 속한 어떤 것에 반항할 필요도 없다. 그런 행동은 물질계에서 어떤 변화도 가져오지 못하고 원하는 결과도 얻지 못한다. 다만 나는 빛을 높이 들어올려, 사람들이 명료하게 볼 수 있게 해야 한다."

이것이 자유입니다. 그리고 나는 자유입니다(Liberty, I AM).

여러분도 여러분 자신인 그 불꽃이 되기를!

안내: 이 장에 상응하는 기원문은 '생명의 노래 6 - 풍요' 입니다.

비너스
Venus

수백만이 구원의 임무를 지니고 왔습니다

행성의 방향을 바꾸는 방법

사랑이 가진 중요성

생명흐름의 세 가지 유형

하강한 지원자들이 상승할 수 있는 요건

사랑의 흐름과 하나가 되기

타락한 존재와의 유대를 끊어버리기

가슴 속 루비 광선의 초점

조건과 분리가 없는 루비 광선

비너스(Venus)

레이디 마스터 비너스는
사나트 쿠마라의 트윈 플레임으로,
사나트 쿠마라가 오랫동안 지구를 위해
봉사하는 동안 금성에서
사나트 쿠마라의 불꽃을 지키다가,
1956년 사나트 쿠마라가
"세계의 주님" 권한을 고타마 붓다에게 넘겨주고
금성으로 귀환함에 따라,
지구의 진화를 위해서 지구로 왔습니다.
루비 광선의 사랑을 위해 봉사하고 있습니다.

7
사랑의 흐름과 하나되어 살기

나는 마스터 비너스입니다. 몇몇 사람은 알고 있겠지만 나는 원래 지구의 진화를 돕기 위해 금성에서 온 존재입니다. 지구에 육화한 사람들이 조건 없는 사랑을 충만하게 구현하여 더 이상 내 현존이 필요 없게 될 때까지 나는 이곳에서 사랑의 균형을 유지해 주고 있습니다.

수백만이 구원의 임무를 지니고 왔습니다

내 배우자인 사나트 쿠마라께서 나보다 훨씬 앞서 지구로 내려와 긴 세월을 머물러 왔다는 사실을 어떤 이들은 알고 있을 겁니다. 그는 아득한 옛날, 지구가 너무나 낮은 수준으로 침몰해 버려 아무도 지구라는 학교를 졸업하지 못하고 있던 시점에 지구로 왔습니다. 그때는 타락한 존재들이 만든 하향 나선에 모든 사람들이 완전히 갇혀버려서, 지구를 빠져나올 수 있는 출구가 없었습니다. 지구는 하나의 블랙홀이 되어 있었습니다.

사나트 쿠마라께서는 우주적인 실험의 일환으로 지구의 균형을 유지해 보겠다고 자원했습니다. 계속 하향나선으로 추락하며 암흑 천지로 변해 버린 행성을 해체해 버리는 대신, 방향을 돌리는 것이 가능한지 시도해 보기로 했습니다. 지금까지 실험은 성공적이었고, 지구는 방향을 선회했습니다. 지구 거주민은 동물처럼 사는 수준을 벗어나 세련된 생활을 하게 되었고, 자아에 대한 지식을 포함하여 많은 지식을 습득했습니다. 그리고 매년 지구를 벗어나 상승하는 사람들도 생겨났습니다. 많지는 않았지만 적어도 한 명, 즉 지구에 시혜를 유지하기 위한 필요조건은 채웠습니다.

내가 지금 상기시키고 싶은 내용은, 이 지구에 있는 수백 수천만의 사람들이 다양한 영역에서 왔다는 사실입니다. 사나트 쿠마라께서는 금성에서 144,000 생명흐름과 함께 지구로 내려왔습니다. 그들이 와서 지구의 방향을 돌리는 데 성공하고 매우 불안정하게나마 상향나선이 시작되었을 때, 다른 행성계를 비롯한 여러 태양계와 은하계에서도 수백만의 생명흐름들이 지구로 왔습니다. 그들이 온 것은 어둠의 별을 자유의 별로 변화시키는 실험에 참여하기를 원했기 때문이었습니다.

지구로 자원해 온 많은 생명흐름들은 원래 성장했던 곳에서 일정 수준의 의식까지는 도달해 있었습니다. 그러나 당시 금성에서 지구로 온 144,000명이 상승한 상태가 아니었던 것처럼, 자원한 생명흐름들도 그곳에서 상승을 하지 못한 상태였습니다. 그들이 이미 상승 마스터가 된 상태에서 육화한 거라면, 그 실험에 무슨 의미가 있겠습니까?

행성의 방향을 바꾸는 방법

상승을 성취한 우리는 지구에 육화해서 즉시 행성의 방향을 바꿀 수 있는 권능을 가지고 있습니다. 그러나 그런 방식으로 어떻게 이 행성에 육화한 생명흐름들을 도울 수 있겠습니까? 그리스도교 등의 종교에서 주장하고 있는, 지상에서 단 한 명만 신성한 존재가 될 수 있다는 그릇된 이미지만 더 강화될 것입니다. 그런 식으로는 지구의 방향을 바꿀 수 없습니다. 행성의 방향이 바뀌기 위해서는 많은 사람이 내면에 현존하는 신을 깨닫고 스스로 열린 문이 되어야 합니다. 사람들이 통로가 되어 신이 이 행성에서 스스로를 표현할 수 있게 될 때, 지구의 진행 방향이 바뀌게 됩니다.

그러므로 금성에서 온 144,000명은 상승하지 않은 상태였고, 그들이 온 목적은 지구 같은 어둠의 행성에서도 상승을 향한 상향나선을 만들 수 있다는 실례를 보여주기 위해서였습니다. 다른 계에서 자원한 수백만의 존재들도 역시 상승하지 않은 상태에서 왔습니다. 그들은 지구에 육화하여 죽음의 의식을 감수하면서도 여전히 지구의 삶을 초월하는 그 이상의 실재가 있음을 증거하기 위해서, 그들 내면에 그런 깨달음과, 기억과, 힘을 유지할 수 있음을 증거하기 위해서 왔습니다. 그들은 초월적인 실재를 추구하며 의식을 높여가서 초월을 위한 열린 문이 될 수 있는 실례를 보여 주려고 했습니다.

그런 까닭에 사나트 쿠마라의 이야기는 단지 그 144,000명뿐만 아니라 지구에 하강해 온 다른 수백만 명과도 관련이 있습니다. 실제로 사나트 쿠마라의 강림 이후에 지구에 내려온 존재들은 모두 그의 사무국을 거쳐서 왔습니다. 따라서 그들은 당연히 내면에서 사나트 쿠마라를 친밀하게 느낍니다. 그들은 사나트 쿠마라란 이름을 알고 있으며, 금성이 왜 사랑의 별인지도 알고 있습니다.

사랑이 가진 중요성

사랑하는 이들이여, 왜 세상의 많은 문화권에서 금성을 사랑의 별로 생각할까요? 분명히 금성은 육안으로 볼 수 있는 행성이고 그저 하나의 별일 뿐인데 왜 사랑과 관련이 있다고 생각할까요? 거의 모든 문화권에서, 심지어는 물질계에서 아무런 상호교류가 없던 문화권에서도 금성을 보며 사랑을 연상합니다.

그 이유는, 수많은 존재들이 지구를 돕기 위해 금성의 사무국을 통해서 육화했으며, 금성이 지구를 위해 영적인 균형과 사랑의 초점을 유지해 온 사실을 내면에서 기억하기 때문입니다. 그때 지구의 방향을 바꿔놓은 것은 금성에서 온 사랑이었고, 사랑이야말로 그 열쇠였습니다. 바로 그 사랑이, 지구를 상승할 수 있는 지점으로 옮겨놓았습니다.

상승나선을 이루고 있는 많은 신성한 속성이 있지만 오직 사랑만이 지구를 궁극 목표까지 이끌어 갈 수 있습니다. 그러므로 나는 여러분에게 사랑이 위로 향해 가는 흐름이라는 느낌을 전해 주고자 합니다. 사랑은 정적인 것이 아닙니다. 많은 지구 사람들이 타락한 천사들과 그들이 묘사하는 조건적인 사랑을 믿으면서 사랑을 정적인 것으로 봅니다. 여러분은 조건에 맞춰서 살아야만 영원히 변함없이 신의 사랑을 받게 된다고 생각합니다. 그러나 영원히 변함 없는 것이란 없습니다.

형상 세계에서 정지되어 있는 것이란 어디에도 없습니다. 마하초한께서 말씀하셨듯이, 형상 세계는 나선을 그리며 위로 올라가고 있는 성령의 흐름이며, 생명의 강이기 때문입니다. 지구에서 그 생명의 강은 사랑의 강입니다. 오직 사랑을 통해서만 전체 우주의 생명의 강에 조율할 수 있기 때문입니다. 전체 우주에서 흐르고 있는 생명의 강은 모든 신성한 속성들로 이루어진 혼합체입니다. 내가 말했듯이, 지구에서 하향나선을 선회시킬 수 있었던 열쇠는 금성에서 온 사랑이었습니다. 지금도 지구에서 생명의 흐름에 조율할 수 있는 열쇠는 사랑이며, 지구가 상승하기까지 계속 그럴 것입니다.

생명흐름의 세 가지 유형

그러므로 나는 사랑의 흐름을 부르는 또 하나의 기원문을 여러분에게 주고자 합니다. 그것을 통해, 나 자신이자 사나트 쿠마라이자 금성의 존재들인 사랑의 흐름과, 우리가 지구를 위해 유지하고 있는 사랑의 흐름에 조율하세요. 우리는 늘 초월해가며 영원히 흐르고 있는 사랑의 강에서 균형을 유지해 주고 있습니다. 사랑의 흐름 안에서 영구하거나 변하지 않는 상황이란 없습니다. 항상 끊임 없이 흘러가는 사랑의 흐름은 모든 것을 변형하고 불태워 버릴 수 있기 때문입니다.

자유의지를 제외한 그 어느 것도 지구에서 사랑의 흐름을 멈출 수 없습니다. 만일 지구에 사랑이 흘러가는 통로가 되어주는 사람들이 충분하지 않다면 사랑의 흐름은 멈춰버릴 것입니다. 그렇다면 이런 의문이 생길 수 있습니다. 사랑의 통로가 된 지구의 생명흐름들이 그들 스스로 상향나선의 기세를 계속 키워갈 만큼 충분히 사랑을 구현할 수 있을까요?

왜냐하면 지금껏 이 상향나선은, 이곳으로 하강하여 이 행성이 가진 밀도를 띠게 되었으면서도 여전히 상승을 성취할 수 있었던 존재들에 의해 창조되었기 때문입니다. 이 행성에 있는 생명흐름은 주로 세 가지 범주로 나누어집니다.

첫째, 다른 영역에서 자원해서 하강한 존재들입니다. 그들은 카르마로 인해 어쩔 수 없이 지구에 온 것이 아니라, 자원해서 왔습니다.

둘째, 다른 행성에서 자신의 기회를 오용했던 탓에 추락한 존재들입니다. 그 행성이 상승할 때 그들은 더 이상 버틸 수가 없었고, 그들 의식에 맞는 진동수를 가졌던 이 어두운 별로 떨어져 버렸습니다.

셋째, 지구에서 가장 중요한 존재들은 이 세 번째 범주인데, 물질 우주에서 새로 출발한 천진무구한 생명흐름이 지구에 최초로 육화한 경우입니다. 이들이야말로 지구의 원주민으로서, 천진무구한 신성한 존재들(the original Holy Innocents)이었습니다.

지구가 타락하기 전까지는 이 생명흐름들이 여러 시대를 거쳐 육화와 상승을 거듭하면서 상향의 흐름을 창조했습니다. 그러나 어느 시점부터 타락이 시작되었고, 그 이후로 여러 다른 행성에서 유래한 어둠의 생명흐름들이 이곳에 육화하도록 허용되었습니다. 그들로 인해 지구는 점차 하향나선으로 치닫게 되었고, 이전에 말했듯이 나중에는 행성 전체가 해체될 위기에 처했습니다.

지구가 낮은 수준으로 떨어졌던 그 시점에, 지구를 하향나선으로 몰고 가는 데 일조했던 원주민 생명흐름 대다수가 여전히 이곳에 육화해 있었습니다. 만일 그때 지구가 해체되었을지라도, 이 원주민 생명흐름들은 2차 죽음의 의식(儀式)으로 보내지 않도록 예정되어 있었습니다. 지구를 하향나선으로 더 깊이 끌고 갔던 타락한 존재들 다수는 이 2차 죽음을 통해 해체되어야 했습니다. 그러나 지구의 원주민 생명흐름들은 해체 대상이 아니었습니다. 그들은 다른 행성으로 가서 자신의 의식을 높일 수 있는 기회를 다시 받아야 했습니다.

그러나 그들에게 다시 지구에서 시도해 볼 수 있는 기회를 주자는 의견이 우리들 사이에서 통과되었습니다. 물론 금성이나 다른 행성 등 다른 영역에서 온 우리들은 지구를 상승 지점으로 옮겨 놓을 수 없다는 조건 하에서였습니다. 단지 타락한 존재들이 만들어낸 하향 인력을 바꿔 주는 것만 가능했습니다. 우리에게는 타락한 존재들이 만들어 놓은 상황에서 균형을 잡아주는 일만 허락되었기 때문이었습니다. 우리는 지구 원주민 생명흐름들이 따를 수 있도록 본보기를 보여줄 수는 있었지만 직접 지구를 상승시켜서는 안 되었습니다. 왜냐하면 지구의 상승이나 하락은, 타락한 존재나 이곳에 온 지원자들에게 달린 것이 아니었던 까닭입니다. 그것은 오로지, 물질계로 처음 육화하는 기회를 지구에서 가졌던 '천진무구하고 신성한 지구 원주민'의 몫이었습니다.

여기에서 이런 의문이 생깁니다. 과연 지구 원주민 생명흐름들이 깨어나서 생명의 흐름을 위한 열린 문이 될 수 있을까요? 물론 그것은 하강한 지원자들이 어떤 본보기를 보여 주는지에 상당히 많이 달려 있습니다. 따라서 나는 지금 하강한 지원자들을 향해 말하고 있습니다.

하강한 지원자들이 상승할 수 있는 요건

여러분은 내면 가장 깊은 곳에서, 지상에서 상승과 미션을 완수하는 열쇠는 사랑임을, 정말 오로지 사랑뿐임을 알고 있을 것입니다. 이것은 매우 미묘한 도전입니다. 왜냐하면 지구에 자원해 왔던 많은 존재들이, 지구에서 뭔가 잘못 돌아가고 있으므로 바로잡아야 한다거나, 자신이 반드시 뭔가 해 주고 고쳐주고 보충해 줘야 한다는 마음을 가지고 왔기 때문입니다. 여기에는 아무런 잘못된 점도 없습니다. 그러나 이런 마음 자세가 여러분을 지구에 오게 했지만, 이 마음 자세를 가지고는 여러분이 지구에서 상승할 수 없다는 사실을 알아야만 합니다.

여러분이 하강했을 때와 똑같은 마음 자세를 가지고선 상승을 할 수 없습니다. 자원해서 온 존재들뿐만 아니라, 지구로 추락했던 타락한 존재들에게도 이 사실은 동일하게 적용됩니다. 자원해서 지구에 온 후 타락한 천사들이 제시하는 환영의 덫에 걸려버린 존재들이 있습니다. 그 환영은 곧, 지구가 처한 상황의 원인은 자유의지와 관련된 신의 설계에 결함이 있기 때문이라는 것입니다.

여러분이 상승하기 위해서는 그런 환영에서 벗어날 필요가 있습니다. 또한 이곳에 자원해 왔을 때 여러분이 가졌던 심상, 즉 지구에서 뭔가 해야 하고 뭔가 바로잡아야 하며, 자신이 지구를 구원해야 한다는 심상도 역시 벗어나야 합니다. 알다시피 지원자 여러분은 지구를 구원하기 위해 여기 있는 것이 아니기 때문입니다. 지구의 원주민 생명흐름들만이 지구를 구원할 수 있습니다. 여러분이 해야 할 모든 것은 영원히 흘러가면서 영속적으로 초월하는 사랑의 흐름을 위해 열린 문이 되어 본보기를 보여 주는 일입니다. 이것이 여러분 미션을 완수하기 위한 유일한 가능성입니다.

지구에 왔을 때 여러분은 상승한 상태가 아니었습니다. 이것이 무슨 의미일까요? 왜 여러분은 상승하지 못했을까요? 상승하지 못한 유일한 이유는 분리 의식에 기반한 어떤 수준의 환영을 갖고 있었기 때문입니다. 무엇이 상승의 요건일까요? 그것은 분리에서 생겨난 모든 영체와 허상을 다 버리는 일입니다. 마지막 허상까지 모두 놓아 버려야 비로소 여러분은 상승할 수 있습니다.

여러분이 반드시 놓아 버려야 할 영체 중 하나가, 자신이 무슨 일을 하기 위해 여기에 왔고, 자신이 지구를 드높일 힘을 가지고 있다는 생각입니다. 왜냐하면 내가 설명했듯이, 그것은 여러분의 몫이 아니기 때문입니다. 지구의 원주민 생명흐름들만이 지구를 상승 지점으로 이끌어 갈 수 있습니다. 이것은 오직, 그들이 열린 문이 되어 신의 힘이 그들을 통해 흘러가도록 할 때에만 가능합니다. 여러분도 육화해 있는 동안 신의 권능이 자신을 통해 흐르도록 열린 문이 될 수 있지만, 이것만으로는 지구를 상승 지점으로 이끌기에 충분치 않습니다. 단 지구를 긍정적인 나선 안으로 이끌어 올 수는 있었습니다. 그러나 그 나선을 실제로 창조해낸 이들은 사나트 쿠마라나 고타마 붓다, 마이트레야 등의 상승 마스터들이 제시한 본보기에 상응해 준 지구의 원주민 생명흐름들이었습니다.

사랑의 흐름과 하나가 되기

지구의 원주민 생명흐름 중에서 상승한 존재가 있을까요? 네. 많지는 않지만 몇몇은 상승을 했습니다. 그러나 지구에서 상승을 성취한 대다수는 다른 영역에서 온 존재들입니다. 그러나 여러분이 꼭 알아야 할 점은, 특정한 시대, 특정한 우주적 주기가 도래했고 이제 자원해서 지구에 하강한 많은 존재들이 자신의 상승 지점으로 가야 할 때가 왔다는 사실입니다. 여러분은 처음 지구에 내려올 때 가졌던 모든 심상을 놓아 버려야만, 완전히 놓아 버리고 사랑의 흐름에 자신을 맡기고 하나가 되어야만, 상승 지점에 도달할 수 있습니다.

여러분은 특별한 외적, 물질적인 성과를 얻으려고 여기에 있는 것이 아닙니다. 여러분은 사랑이 흐르는 열린 문이 되어 이 행성에 빛을 증가시켜주려고 왔으며, 이를 통해 지구의 원주민 생명흐름들은 깨어난 의식으로 선택을 할 수 있게 됩니다. 지구의 운명을 결정하는 것은 그들의 선택사항이지 여러분의 선택사항이 아닙니다. 여러분이 해야 할 선택은 하나의 본보기로서 봉사하는 것이고, 특별한 물질적 결과를 바라면서 자신이 그것을 실현하기 위해 여기에 있다는 마음 자세를 버려야 합니다.

여러분은 사랑의 흐름에 모든 것을 내맡겨야 하며 자신을 단지 사랑을 위한 열린 문으로만 보아야 합니다. 그러면 여러분이 여기에 있는 단 한 가지 이유를 깨닫게 될 것입니다. 그것은 스스로를 초월하는 존재, 영원히 그 이상으로 되어가며 그 이상이 되는 것을 결코 멈추지 않는 존재를 위한 열린 문으로 사는 것입니다. 따라서 여러분은 자신에 대해 가지고 있는 모든 심상들을 다 내려놓아야 하며, 그래야만 여러분은 그 심상 이상의 존재가 될 수 있습니다. 그렇게 하지 않는다면 그 심상들은 여러분을 막아 설 것이고 여러분은 더 이상 사랑을 위해 열린 문이 되지 못할 것입니다. 그러면 여러분은 더 이상 지구를 높일 수가 없습니다.

정말 좋은 의도를 가지고 이곳에 자원해 온 사람들 중에 스스로 차크라를 닫아버리고 열린 문으로 살기를 그친 사람들이 실제로 있습니다. 이제 그들은 지구를 아래로 끌어내리는 것을 돕고 있습니다. 물론 우리는 이런 일이 일어나는 상황을 보고 싶지 않습니다.

바로 그 때문에 우리 여성 마스터들은 생명의 노래를 담은 이 치유 매트릭스를 주기로 결정했습니다. 지구에 온 지원자들이 그동안 받아온 모든 상처와 환영에서 치유되고 상승할 수 있도록 해주기 위해서입니다. 그러나 이 매트릭스는 지구의 원주민 생명흐름들에게도 동일한 효력을 가지며, 그들 역시 치유되어 상승에 이를 수 있습니다.

또 지구에 추락한 존재들도 원하기만 한다면, 이 매트릭스를 사용하여 그들 자신을 치유할 수 있습니다. 비록 그들 중 일정 비율은 그렇게 하기를 원치 않아서 결국 다른 행성으로 보내지거나 지구의 삶 이후에 2차 죽음으로 갈 것이 예상되지만 말입니다.

타락한 존재와의 유대를 끊어버리기

여러분이 보다시피, 지구의 천진무구한 생명흐름들과 이곳에 온 지원자들을 계속 공격하고, 비판하고, 조롱하기를 일삼아 온 존재들이 있습니다. 사실 지구에 온 지원자들이 타락한 존재들에게 기회를 주었기 때문에 그들은 육화를 계속하며 이 행성을 지배하려는 환상을 유지할 수 있었습니다. 그러나 타락한 생명흐름들이 이 것에 감사하는 마음이 조금이라도 있다고 생각하나요? 아닙니다. 오히려 타락한 존재들은 자원해서 내려온 존재들을 자신들의 경쟁자로 여겼습니다.

지원자인 여러분 중 다수가 여러 생을 통해 이런 일을 겪어왔을 겁니다. 많은 여러분이 봉사하려는 열망에서, 타락한 의식에 사로잡혀 지구에 추락한 존재들과 가까운 인간 관계 속으로 자원해서 육화했습니다. 여러분은 그들에게 본보기를 접할 기회를 주었습니다. 여러분은 사랑으로 일하고, 두려움이 아닌 사랑에 기초해서 신과 연결되며, 다른 이들을 통제하거나 소유하려 하지 않고, 비하하거나 비판하거나 조롱하지 않고, 자기 마음대로 통제되지 않는 사람들을 해치지 않는 예를 보여 주었습니다.

여러분은 거듭해서 그런 존재들의 부모로, 자녀로, 배우자로, 상관으로, 그리고 협력자로 자원해서 태어났습니다. 여러분은 그들에게 되풀이해서 기회를 주고, 또 다시 주었습니다. 그러나 지금 이 시간, 여러분은 타락한 의식에 빠진 존재들을 구원하겠다는 집착을 모두 버려야만 한다고 나는 말합니다. 타락한 존재들 중 일부는, 적어도 이 지구에서는 구원될 수 없습니다. 그들은 다른 행성으로 가던가, 아니면 불의 법정으로 가서 2차 죽음을 맞아야만 합니다. 이것은 여러분이 내려야 할 결정이 아니라, 그들이 내려야 할 결정입니다.

이제 지원자 여러분은 타락한 생명흐름들을 구원하겠다는 열망을 반드시 내려놓아야만 합니다. 여러분이 계속 그들과 엮인 채로 있으면 여러분은 자신의 상승 나선으로 들어갈 수 없으며, 따라서 지구를 더 높은 수준으로 올리도록 도울 수도 없습니다. 이제 금성에서 온 144,000명 중 다수와 다른 계에서 온 수백만 명은 지구에서 특정 생명흐름들에 대한 집착을, 특히 타락한 의식을 가진 자들에 대한 집착을 놓아 버려야 할 시간이 되었습니다.

가슴 속 루비 광선의 초점

여러분이 조율을 해 보면 그들이 누구인지 아주 쉽게 알아볼 것입니다. 여러분에게는 그런 능력이 있기 때문입니다. 사나트 쿠마라의 사무국을 통해서 지구로 내려온 모든 지원자들에게는 하나의 선물이 주어졌습니다. 그들이 지구로 하강하기 전 사나트 쿠마라는 직접 그들 가슴에 사랑의 불꽃이 거하는 초점을 심어주었으며, 그 사랑의 불꽃은 가슴 속 루비광선이라 불렸습니다.

여러분이 루비 광선을 깨닫고 가슴 속에 이 척도를 가지게 되면, 조건 없는 사랑을 비웃고 파괴하고 반론을 제기하고 거부하려 하며, 사랑을 주는 여러분을 향해 거부감을 표현하는 존재들이 어디에 있는지를 즉시 알고 느낄 수 있게 됩니다. 그들은 하늘에서 분노하고 심판하는 신의 이미지를 고수하면서 신의 사랑을 조건적인 것으로 규정해 왔습니다.

여러분이 가슴 속 루비 광선의 초점에 조율할 때, 진정한 사랑은 지구의 모든 조건, 정말 모든 조건을 초월해서 존재함을 알게 될 것입니다. 비너스의 사랑은 지구에서 타락한 존재들이 만들어낸 그 어떤 조건도 초월해서 존재합니다. 그러므로 여러분 가까이 있지만 가슴에 사랑의 초점이 없는 사람을 여러분은 식별할 수 있을 것입니다. 지구로 추락한 존재들은 -그리고 이곳의 원주민 생명흐름들도- 사나트 쿠마라의 사무국을 거쳐서 지구로 육화한 것이 아니므로 가슴에 루비 광선의 초점이 없습니다.

그러므로 여러분이 조건 없는 사랑의 초점이 없는 사람들을 알아본다면 그들을 구원하는 것이 여러분의 일이 아님을 알아야 합니다. 여러분은 수없이 되풀이해서 그들에게 가슴의 조건 없는 사랑을 주었습니다. 그러나 이렇게 결정해야 하는 시점이 옵니다:

"이제 할 만큼 했습니다. 나는 이제 영속적으로 스스로를 초월하는 사랑의 강으로, 끊임 없이 흐르는 생명의 강으로 들어가겠습니다. 나는 이제 그들에게 맞춰 주면서 관계를 유지하고 내 사랑을 전하는 일을 그만둡니다. 나는 사랑과 함께 흘러가면서, 그들에게 적응하며 힘들어 할 필요가 없는 지점까지 스스로를 초월해 가겠습니다. 그들이 내 영향력이 미치는 범위에서 벗어난다 해도 그리 되도록 두겠습니다. 그들이 선택해서 나가게 된 것이니까요. 다만 나는 지구에서 내 존재의 정수인 사랑의 강과 함께 흘러가고자 합니다. 바로 이 불꽃을 통해서 내가 이 행성에 육화한 까닭입니다."

"나는 사나트 쿠마라께 성심을 바치며 사나트 쿠마라께서 주신 루비 불꽃에 진실하겠습니다. 나는 지구에서 사나트 쿠마라께서 승리하시길 원합니다. 내가 승리에 기여할 수 있는 유일한 길은 가슴 속 루비 광선을 확장하는 것입니다. 루비 광선은 나를 강하게 하고 힘을 주고 이곳의 속박에서 풀어주어, 영원히 초월해가는 사랑과 함께 흐르게 해 줍니다. 나는 사랑을 조롱하고 비하하는 자들에게 적응하며 머물지 않겠습니다. 나는 계속 스스로를 초월할 것이며 그들이, 초월해가는 나를 따르지 않는다면 그들을 초월해 버리겠습니다."

"그러므로 나는 진실한 나 자신이 되겠다고 결정합니다. 그들은 지금 이 순간 어떤 존재가 될지 결정해야 합니다. 현재 상태에 머물지, 아니면 더 높이 올라갈지 말입니다. 이 결정을 나는 그들에게 남겨줍니다. 나는 스스로에게 진실하겠으며, 어느 누구에게도 거짓되지 않겠습니다. 나는 현재의 나 자신에게 진실해야 하며, 이렇게 말해야 합니다. '나는 떠납니다. 당신이 떠날지 말지는 당신이 결정해야 합니다. 나는 스스로를 위해 결정을 하며 계속 그 결정에 충실할 것입니다.' 그리고 나는 이 치유 매트릭스를 가지고 모든 집착을 치유합니다. 내가 이 행성에 가져온 너무나 소중한 불꽃, 조건 없는 사랑인 루비 광선의 불꽃을 비웃는 자들에게 계속 주의를 돌리게 만드는 모든 상처를 이 치유 매트릭스를 통해 치유합니다."

조건과 분리가 없는 루비 광선

루비가 레이저 광선을 연상시키는 색채를 띠고 있다는 것을 아시나요? 무엇이 레이저 광선입니까? 그 광선은 완전히 지속적이어서 빛 안에 분리가 없습니다. 어떻게 빛 안에 분리가 없을 수 있을까요? 오직 아무런 조건이 없을 때만 가능합니다. 뱀(타락한 존재)의 마음 자세를 가지고 스스로 신처럼 선악의 조건을 규정할 수 있다고 생각하며 여러분이 조건들을 만들어낼 때, 분리가 생겨납니다. 이것이 타락한 존재의 마음 자세입니다.

그러나 여러분이 루비 광선에 조율한다면 이런 마음 자세를 초월할 수 있습니다. 루비 광선 안에서는 시비와 선악의 이원적인 기준으로 타인을 판단하려는 욕구를 모두 초월합니다. 여러분은 단지 사랑을 위한 열린 문으로 존재하게 됩니다. 사랑이 가고자 원하는 대로 흘러가도록 허용하기에, 누가 그 사랑을 받을 자격이 있는지 결정하고 판단하려는 마음이 없습니다. 여러분은 성령이 가고자 원하는 대로 흘러가도록 허용합니다. 그리고 조건에 도전하거나 조건을 초월해서 사는 예를 보여줌으로써, 여러분은 조건 없는 사랑으로 조건에 속박된 사람들을 자유롭게 해 줍니다.

이 가르침은 여러분에게 주어진 기회입니다. 이 치유의 매트릭스는, 영원히 초월하는 조건 없는 사랑과, 그 흐름인 나 자신과, 그 흐름인 사나트 쿠마라와, 지구를 위해 계속될 그 흐름으로 들어오길 원하는 모든 생명흐름에게 주어진 최상의 기회입니다. 그러므로 그 흐름 안에서 우리와 하나가 되어, 여러분이 이곳에서 되고자 했던 충만한 현존으로 살아가세요.

안내: 이 장에 해당하는 기원문은 '생명의 노래 7 - 사랑의 흐름'입니다.

오메가
Omega

신성한 양극성

형상을 초월해 계신 신을 체험하세요

여성을 비하하는 이유

권력의 추구

뱀의 기만

모든 상처는 치유될 수 있습니다

흐름에 저항하는 것을 멈추기

오메가(Omega)

알파(Alpha)는 중앙태양에서

가장 상위의 존재이며,

오메가는 그의 트윈으로서

어머니 신의 불꽃을 대표하는 존재입니다.

알파와 오메가는 중앙태양의 가슴에서

아버지 어머니 신을 대표하는

신성한 남성과 여성 극성이며,

중앙태양은 형상 세계에서 가장 상위의 층입니다.

8
신이 아시는 바대로 자기 자신을 알기

나는 오메가입니다(Omega, I AM). 그러나 내가 어느 구체의 오메가일까요? 이것을 묻는 까닭은, 상승하지 못한 여러분 구체의 에테르 영역(etheric realm)에도 하나의 중앙태양이 있기 때문입니다. 상승한 구체들도 저마다 하나의 중앙태양을 가지고 있고, 당연히 첫 번째 구체에는 궁극적인 지고의 중앙태양이 존재합니다. 그러나 진정 그런 것이 무슨 문제이겠습니까? 각각의 모든 중앙태양은 형상의 베일을 열고 형상을 초월한 신을 드러내주는 우주적 문의 역할을 하고 있기 때문입니다. 따라서 여러분은 중앙태양을 통해서 자신의 근원인 형상 없는 신과 연결됩니다.

신성한 양극성

여러분은 중앙태양 안에 남성성과 여성성의 균형을 유지하고 있는 두 존재인 알파와 오메가가 있음을 알고 있습니다. 그러나 알파는 궁극적인 신이 아닙니다. 알파는 오직 양극성 안에서 오메가와 더불어 신을 대리하는 존재입니다. 양극성이 필요 없고 양극성을 지니지 않은 존재는 오직 형상을 초월한 신뿐입니다.

형상 세계에서 모든 것은 확장하는 힘과 수축하는 힘, 양과 음, 남성성과 여성성, 알파와 오메가 등으로 불리는 양극성 안에서만 존재합니다. 어디에나 항상 양극성이 있습니다. 따라서 전체 형상 세계도 형상 없는 창조주와 더불어 하나의 양극성을 이루고 있습니다. 이 양극성 안에서 형상 없는 창조주는 남성성을 대표하며, 형상의 세계는 여성성을 대표합니다. 그러나 형상 세계 안에서는 그 어떤 것도 반대 극성 없이 존재할 수 없음을 유념하세요. 남성성은 여성성 없이는 존재할 수 없습니다.

그러나 형상을 초월해 있는 일자(一者)로서의 창조주는 진실로, 반대되는 극성 없이도 존재할 수 있습니다. 형상을 초월한 창조주는 형상의 세계가 창조되기 전부터 존재했습니다. 그는 자신을 창조하기 위해서 형상 세계를 창조할 필요가 없었습니다. 그러나 여러분의 창조주는 창조를 결심하고 자신의 창조물과 함께하는 양극성 안으로 직접 들어갔습니다. 창조주는 스스로를 형상 세계 안에 끼워 넣음으로써, 퇴장할 수 없는 양극성 안에서 거하게 되었다고 표현할 수도 있겠죠. 만일 창조주가 양극성 안에서 나와 버린다면, 창조주로부터 확장되어 나온 모든 자기-의식을 가진 존재들과 형상세계는 존재하기를 그치게 될 것이기 때문입니다.

창조주는 자신의 양극성 없이는 존재할 수 없도록 스스로 선택했습니다. 창조주는 사실 양극성 없이도 존재할 수 있고 형상세계는 그럴 수 없음에도 불구하고 말입니다. 물론 창조주는 자신의 창조물들이 해체되는 것을 원치 않기 때문에, 자신에게서 확장되어 나온 자기-의식을 가진 존재들이 창조주 의식에 도달할 때까지 양극성 안에 머물 것입니다.

이러한 사실은 여러분이 다양한 수준에 존재하는 상승 마스터들의 은거처를 방문할 때 배우는 내용입니다. 지금 우리는 여러분이 숙고해 볼 수 있도록 물질 수준에서 이 가르침을 주고 있습니다. 외면적이고 지성적인 마음으로 이것을 믿으라고 요구하는 것은 아닙니다. 여러분이 가슴 안에서 이러한 실재를 체험할 때까지 이에 대해 명상을 해보세요.

형상을 초월해 계신 신을 체험하세요

언젠가 이 메신저(킴 마이클즈)는 중앙태양으로 데려가졌던 체험을 묘사한 적이 있습니다. 그는 거대한 백색 기둥이 세워진 중앙 홀에 있는 알파와 오메가의 왕좌와 그들 사이에 있는 무한8자 형상의 흐름을 보았습니다. 그리고 그 무한8자 형상의 연결점은 형상 없는 신께로 열려 있었습니다. 이것은 창조주의 확장체이자 자기-의식을 가진 존재인 여러분 모두가 할 수 있는 체험입니다. 여러분도 이런 체험을 하길 원합니까? 궁극적인 참조틀이 되어줄, 형상을 초월한 신을 체험하길 원합니까? 형상 세계에는 궁극적인 실재나 영구성이 존재하지 않으며 따라서 아무런 궁극적인 중요성이 없음을 깨닫게 해 줄 체험을 원합니까?

그런 체험을 한다면, 과연 일상사들을 개인적으로 깊이 새길 가치가 있다고 생각할까요? 확언컨대, 여러분이 중앙태양에 있을 때

가지게 되는 삶의 조망은 지구 행성에 있을 때와는 완전히 다를 것입니다. 여러분은 그곳의 백색 입방체(white cube) 위에 앉아서 이 물질 우주의 광대한 장관을 지켜볼 수 있습니다. 끝도 없이 펼쳐지는 수백 만 은하계와 수백 만 태양들과 수백 만 태양계와 행성들을 보게 됩니다. 거기에는 지성과 자기=의식을 가진 무수한 생명체들이 존재하며, 그들 중 방대한 대다수가 상향 나선인 생명의 강, 성령 안에 있습니다.

그러나 그 상향의 흐름에서 뒤에 처져 남아 있는 존재들이 있습니다. 그들은 흐름으로부터 스스로를 분리시키고 지체되어 있습니다. 여러분이 지구가 바로 그런 행성임을 깨닫는다면, 정말 지구상에 궁극적으로 중요한 것이 하나라도 있을까요? 비너스께서 아름답게 설명하신 것처럼, 여러분은 사랑을 위한 열린 통로가 되어줌으로써 이곳에 와서 하고자 했던 일을 완수하고 이 행성을 영원히 떠날 수 있는데, 그런 여러분에게 의식의 성장과 상승을 향한 성장보다 더 중요한 것이 무엇이겠습니까?

여성을 비하하는 이유

타락한 존재들은, 외면적 조건이 충족되기 전에는 그리스도가 될 수 없다는 생각에 여러분을 가두어 두길 원합니다. 그들은, 여러분이 스스로를 지상에 육화한 신성한 어머니로서 받아들이지 않고, 지상에 육화하여 신과 양극성을 이루며 살 수 없다고 생각하길 바랍니다. 그러나 신성한 어머니는 항상 신성한 아버지와 올바른 양극성을 이루고 있고, 항상 아버지와 하나된 상태로 있습니다. 그들은 이런 상태가 구현되지 않기를 바랍니다. 여러분이 지상에서 자신을 신성한 어머니의 대리자로 받아들이고, 형상을 초월한 신과 양극성을 이루면서 신의 힘이 여러분을 통해서 흐르게 되는 것을 그들은 원치 않습니다.

그 때문에 타락한 존재들은 수천 년 간의 기록된 역사 동안, 사실 그보다 훨씬 더 오랫동안, 여성을 비하해 왔습니다. 신성한 여성성과 육신을 가진 여성 모두를 말입니다. 이 행성에서 여성에게 행해진 강력한 비난과 천시를 보세요. 몇몇 나라에서 딸은 가치 없는 존재로 여겨졌고, 심지어 사유재산처럼 매매되거나 성 노예로 팔리거나, 식량을 축낸다는 이유로 죽임을 당하기도 했습니다.

이것은 신성한 어머니에 대한 경멸이자 어머니에 대한 증오를 나타냅니다. 그리고 이것은 타락한 존재들의 본류가 처음 이 행성에 온 이래로 온 세상에 퍼져 나간 성향이기도 합니다. 그들은 자신을 신성한 어머니의 일부로 보려고 하지 않았기 때문에 신성한 어머니와 여성성을 계속 경멸해 왔습니다.

권력의 추구

그들은 궁극적인 권력을 갈망했으며, 권력을 얻기 위해 신성한 아버지와의 양극성에 복속될 필요가 없는 신처럼 되어야 한다고 믿었습니다. 그들은 그러한 양극성 안에 있지 않더라도 그들 자신의 고유한 권력을 가질 수 있기를 원했습니다. 이것은 그들 스스로가 법이 될 수 있다고 생각하는 자만과 오만이었습니다. 그들은 뱀의 마음에 의해 미혹되어 자신들이 실재를 규정할 수 있다고 생각했고 전체 우주가, 심지어는 신까지도, 자신들의 규정에 따를 것이라고 생각했습니다.

중앙 태양에서 바라보면 지구 같은 행성에서 그들이 가진 영향력의 범위가 얼마나 하찮은지를, 전체 물질우주를 이끌어가는 성령의 상향 흐름과 비교해서 그것이 얼마나 무의미한 것인지를 알 수 있습니다. 상승한 수많은 존재와 육화한 존재들이 이런 타락한 의식들에 대해서 균형을 유지해 오지 않았더라면, 타락한 존재들은 오래 전에 지구와 물질 우주로부터 튕겨져 나가 아스트랄 영역으로 갔거나 이차 죽음으로 보내졌을 것입니다.

진실을 말하자면, 지구 행성이 그토록 오랫동안 뒤처지도록 허용된 이유 중 하나는 이 타락한 존재들에게 또 한번의 기회를 주었기 때문입니다. 그들에게는 실례로부터 배움을 얻을 것인지, 혹은 자신들이 실재와 비실재를 규정할 권능을 갖고 있다고 계속 믿을 것인지 선택할 기회가 있었습니다. 그러나 비너스께서 말씀하셨듯이, 그들에게 기회를 주고 그들 스스로의 선택에 맡기는 것이 이제는 더 이상 여러분이 해야 할 일이 아님을 깨달아야 할 시점입니다.

여러분이 중앙태양 안에 있게 될 때 무엇이 실재인지를 명확하게 볼 수 있으며 지구의 거의 모든 것이 비실재임을 분명히 알게 될 것입니다. 따라서 여러분은 자신이 천부적으로 자유로운 영(spirit,靈)이므로 지구의 어떤 것에도 적응하거나 복종할 필요가 없다는 깨달음을 주는 참조틀을 가질 수 있습니다. 여러분은 천부의 자유를 지닌 자아(free-born self)입니다. 여러분은 복종하기 위해서 여기에 온 것이 아닙니다. 그러나 여기에 와서 반항하는 것도 여러분의 역할은 아닙니다. 여러분이 타락한 존재들에게 복종하든 반항하든, 타락한 존재들에게 대한 반응이란 그물에 사로잡히게 되기 때문입니다.

타락한 존재들의 기만

그런데, 왜 이런 기만이 존재할까요? 왜 사람들은 그렇게 쉽게 타락한 존재들의 거짓말에 넘어갈까요? 그들의 거짓말이 구체적으로 무엇입니까? 그것은 이렇게 말하고 있습니다. "당신은 신성한 여성의 일부가 아니다. 당신은 스스로 존재할 수 있으며, 자급자족하는 존재이다. 당신에게는 신이 필요 없다. 왜냐하면 당신은 자신의 실재를 규정할 수 있는 신처럼 될 수 있기 때문이다." 그러나 이것은 피상적인 거짓말입니다.

더 깊은 실상은 이러합니다. 여러분이 형상 없는 신과 양극성을 이루는 것을 놓아 버릴 때 무슨 일이 일어날까요? 여러분은 처음 두 계명을 위반하게 됩니다. "너희는 내 앞에서 다른 신을 가지지 말라. 새겨진 어떤 우상도 너희 안에 받아들이지 말라." 즉, 여러분은 형상 없는 신 앞에, 형상 세계로부터 가져온 하나의 "신"을 놓습니다. 그리고 형상으로 새겨진 신상을 숭배합니다. 타락한 존재들은 형상으로 새겨진 신상을 창조했고, 여러분은 이것을 통해 그들을 간접적으로 숭배하면서 그들에게 복종하게 됩니다.

상승하지 못한 상태에서는 여러분은 자급자족하는 존재가 될 수 없습니다. 불가능합니다. 형상 없는 신과 올바른 양극성을 이루고 있어야만 존재하는 이유를 충족시킬 수 있고 상승할 수 있습니다. 이에 대해 예수께서는 이렇게 말씀하셨습니다: "나와 내 아버지는 하나입니다. 나 자신만으로는 아무 것도 할 수 없으며 나의 내면에 계신 아버지, 그 분께서 일하십니다."

여러분 자신이 신성한 여성성의 일부이고 자신이 형상 없는 신과의 양극성 안에 존재함을 인식할 때에야 여러분의 존재 이유가 충족될 수 있습니다. 그때에야 여러분은 더 이상 타락한 존재들에 의해 기만 당하지 않게 되며, 깨어 있는 의식 안에서 그들의 비실재성을 분별하고 알 수 있는 능력을 지니게 됩니다. 그리고 그 비실재성이 어떤 것인지를 드러내고, 그것에게는 여러분을 지배할 힘이 없음을 알게 됩니다.

모든 상처는 치유될 수 있습니다

우리가 생명의 노래가 지닌 힐링 매트릭스를 가지고 한 일이 무엇입니까? 우리는, 여러분이 이 비상승 구체에서 육화한 동안에 받은 모든 상처와 짐과 환영을 치유할 수 있는 가르침과 실제적인 도구들을 주었습니다. 여러분이 이 가르침과 도구들을 자신을 재정렬하는 데 사용하고자 하는 의지만 있다면 진정 치유되지 못할 것이 없습니다. 그러면 여러분은 진정한 양극성 안에 있게 되고, 신성한 남성성과 하나 되어 완전한 양극성을 이루고 있는 신성한 여성성으로서의 자신을 깨닫게 될 것입니다.

이 비상승 구체에서 신성한 남성성은, 여러분 바로 위의 구체에 존재하는 상승 마스터들에 의해서 대표되고 있습니다. 그러나 상승 마스터들은 중앙 태양에 이르는 우주적 위계 안에서도 신성한 남성성을 대표합니다. 그 중앙 태양 안의 중앙 태양, 또 그 안의 중앙 태양, 그리고 궁극적인 중앙 태양에 이르기까지의 모든 길에서 그러합니다.

여러분은 비상승 구체와 상승한 영역 간의 양극성 안에 존재하고 있습니다. 그러면서 동시에 형상세계와 형상 없는 창조주 간의 양극성 안에 존재합니다. 이런 까닭에 여러분은 그 어떤 형상에도 복속될 필요가 없음을 알 수 있으며, 특히 비상승한 영역에서는 더욱 그렇습니다. 여러분은 창조주 의식에 도달할 때까지 그 어떤 형상이든 계속 초월해나가야 합니다.

우리는 이를 위한 도구인 기원문들을 여러분에게 주었습니다. 그리고 그 안에 많은 비밀이 담긴 비교(秘敎)의 가르침을 포함시켰습니다. 그 안에는 숫자로 이루어진 암호들이 지정되어 있습니다. 여러분이 원한다면 그것을 해독해 볼 수도 있겠지만, 모든 것을 해독하고 이해하려고 하는 지적 자만에 사로잡히지 않도록 정말 주의하기 바랍니다. 진실로 이 의례는 지고의 효과를 가져다줄 것이며, 여러분은 새로 시작하는 어린 아이 같은 마음으로, 천진무구한 어린 아이 같은 마음으로 이 기원문을 수행해야 하기 때문입니다. 그렇게 할 때 반드시 가장 큰 효과가 있을 것이라 확언합니다.

여러분 스스로에게 물어보세요: "이해하기를 원하는가, 아니면 초월하기를 원하는가?" 왜냐하면 여러분은 분리된 대상을 지켜보는 분리된 관찰자로서는 초월을 할 수 없기 때문입니다. 여러분은 하나됨을 이룸으로써, 그리고 양극성 안에 있는 자신을 깨달음으로써만 상승할 수 있습니다.

흐름에 저항하는 것을 멈추기

그러므로 저항을 통해서는 아무것도 이룰 수가 없습니다. 장기적으로 볼 때 그 어느 것도 상승을 향해 흘러가는 생명의 강에 저항할 수는 없기 때문입니다. 중앙 태양에서 보면 비상승한 영역의 그 어느 곳에서보다 더 명료하게 이 사실을 알 수가 있습니다. 여러분이 중앙 태양 안에 있게 될 때, 우주의 흐름은 너무나 광대하여 단 하나의 존재도, 단 하나의 행성도, 단 하나의 은하계도, 그것에 역행하며 유지될 수 없음을 알게 될 것입니다.

오, 여러분이 중앙 태양의 백색 입방체 위에 앉아서 구체들의 음악에 내면의 귀를 기울일 때 들리는 그 생명의 노래는 얼마나 아름다운지요! 여러분 앞에 펼쳐지는 놀라운 우주의 공연이여! 여러분은 상위의 감각으로 이 경이로운 생명의 화폭, 이 경이로운 발레, 믿을 수 없이 멋진 교향악과 춤을 체험합니다! 상승하지 못한 구체의 어떤 조망 지점에서도 결코 볼 수 없는 아름다움, 경이롭고도 투명한 아름다움이여!

생명의 노래에 자신을 조율할 때 여러분은 그 장관을 일별하고 느낄 수 있습니다. 우리는 물질 영역에서 생명의 노래와 조율하기 위한 궁극적인 도구들을 여러분에게 주었습니다. 그것을 어떻게 사용할 지는 여러분의 결정에 달려 있습니다.

여러분이 어떤 결정을 하든 상관없이 나, 오메가는 무한하고 조건 없는 사랑으로 여러분을 사랑합니다. 그러나 여러분이 상향나선에 참여하기로 결정하고, 깨어 있는 의식 안에서 중앙태양으로 여행할 수 있는 치유와 순수의 지점에 이르기를, 나는 더 원하고 있습니다. 그러면 여러분은 알파와 나 자신의 보좌 앞에 서서, 우리가 여러분의 신성한 개성이 담긴 무한히 값진 진주를 여러분에게 주는 것을 느끼고 체험하게 될 것입니다. 그것은 자신이 가진 모든 것을 팔아 그것을 살 만한 무한한 가치를 지니고 있으며, 여러분에게 형상세계의 그 어떤 것도 신성한 개성이란 선물만큼 귀중하지 않을 것입니다.

그 개성을 나는 사랑합니다. 그리고 여러분이 여태까지 자신으로 간주해 온 인간의 분리된 개성보다 그 신성한 개성을 사랑하게 되는 것을 보길 염원합니다. 여러분은 인간의 자아를 무한히 초월하는, 그 이상의 존재입니다. 내가 아는 바대로의 여러분의 무한성을 여러분도 알게 되기를 바랍니다.

진실로 바라느니, 우리가 준 이 도구들을 활용하여 내가 아는 바대로의 여러분 자신을 여러분도 깨닫게 되기를!

안내: 이 장에 상응하는 기원문은 '생명의 노래 8 - 오메가의 흐름'입니다.

전체 서문

안내: 매우 강력한 효과를 원한다면 8개의 기원문을 한번에 모두 낭송하세요, 약 두 시간 정도 걸립니다. 한꺼번에 모든 기원문을 다 낭송하는 경우에는 각 기원문마다 따로 서문과 봉인을 하지 않아도 됩니다. 시작할 때 전체 서문을 낭송하고 이어서 8개의 기원문을 낭송한 후, 2부의 끝부분에 있는 전체 봉인을 낭송하고 마치면 됩니다.

I AM THAT I AM, 예수 그리스도의 이름으로 나는 모든 신성한 어머니의 대리자들, 특히 마레이타이와 나다와 관음과 성모 마리아와 폴셔와 리버티와 비너스와 오메가를 부르며, 나의 네 하위체와 내 삶의 모든 불균형한 상황이 치유되기를, 그리고 신성한 계획을 실현하는 데 필요한 완전한 건강과 풍요로운 부(富)가 물질적으로 구현되기를 요청합니다. 나는 모든 불균형을 초월하게 해 달라고 요청합니다.
(여기에 개인적인 요청을 추가하세요)

생명의 노래 1

새로운 정체성 (기원)

I AM THAT I AM, 예수 그리스도의 이름으로 나는 모든 신성한 어머니의 대리자들, 특히 마레이타이(Maraytaii)와 성모 마리아를 부르며 나의 네 하위체의 치유를, 특히 나의 자아감인 정체성체의 변형을 요청합니다. 나는 분리된 자아에 대한 모든 환영을 초월하게 해 달라고 요청합니다...
(여기에 개인적인 요청을 추가하세요)

하나이신 아버지-어머니 신이 존재할 때
나는 신성한 아들의 출현을 봅니다.
나의 그리스도 균형이 열쇠이며,
극단들은 나를 사로잡지 못합니다.

내가 하나이신 존재 안에 중심을 잡을 때
내적인 균형이 이루어지며,

아이앰 현존은 이제 의식하는 자아를 통해
원하는 모든 것을 할 수 있습니다.

음과 양의 균형을 이룰 때
나는 그리스도의 승리를 얻습니다.
마라(魔羅)의 데몬들을 초월할 때
나는 팔정도(八正道)의 길로 상승합니다.

내가 신성한 탐구를 완성할 때
모든 미묘한 시험이 완결됩니다.
예수님과 함께 나는 모든 허상을 놓아버리며,
고타마 붓다께서는 나에게 평화를 보여줍니다.

내가 마이트레야와 함께 자유를 얻을 때
사나트 쿠마라께서 나를 반겨줍니다.
알파와 오메가는 이제 하나이며
나는 중앙 태양 안에서 그들과 거합니다.

그들의 무한 8자 형상이
우주의 문을 열 때,
나는(I AM) 창조주와 함께
진정한 양극성 안에 거합니다.

내가 지구 행성으로 돌아올 때
새로운 자아가 탄생합니다.
이제 모두를 위한 지고선이 무엇인지를 알며
나는 신의 의지를 구현합니다.

1. 나는 빛에서 온 존재입니다

1. 나는 이제 진리의 단일한 눈(single eye)으로
우리가 "나"라고 부르는 것 이상의 존재를 봅니다.
나는(I AM) 신성한 빛에서 나왔고,
위대한 지고의 영역에서 내려왔습니다.

오 우주의 어머니여, 나를 본향으로 부르는
공(gong)[2] 소리를 울려주소서.
당신이 내게 부어주시는 온화한 사랑을 깨달으며,
그 안에서 나는 자유를 얻습니다.

마레이타이여, 우주의 문을 열어 주는 노래가
내 안에 울려 퍼집니다.
당신의 선율이 내 존재를 진동시키면,
내 자아감은 새로이 창조됩니다.

2. 나는 우주의 모태로부터 나와서,
인간의 무덤을 흩어버립니다.
나는 하나님-영(Spirit)의 섬광으로 태어나,
어둠을 밝히러 왔습니다.

오 우주의 어머니여, 나를 굳게 잡아주소서,
당신의 빛이 내 안에 울려 퍼집니다.
당신의 음악은 내 가슴을 정화하고,
나는 모두에게 당신의 사랑을 전해 줍니다.

마레이타이여, 우주의 문을 열어 주는 노래가

---

[2] 공(gong): 청동이나 놋쇠로 만든 원반형의 대형 타악기로 잔향이 강하고 울림이 깊다.

내 안에 울려 퍼집니다.
당신의 선율이 내 존재를 진동시키면,
내 자아감은 새로이 창조됩니다.

3. 창조주께서 내게 생명을 주시니,
나는 신의 우주적 환희에서 태어났습니다.
어머니의 흐름 안에서 스스로를 초월하며,
나는 사랑에서 나와서, 사랑으로 돌아갑니다.

오 우주의 어머니여, 우리는 하나이며,
당신의 가슴은 불타오르는 태양입니다.
당신에게서 크게 울려 나오는 신성한 음류는
내 존재를 통해 더욱더 증폭됩니다.

**마레이타이여, 우주의 문을 열어 주는 노래가
내 안에 울려 퍼집니다.
당신의 선율이 내 존재를 진동시키면,
내 자아감은 새로이 창조됩니다.**

4. 나는 창공의 한 점에서 출발하여,
영원한 자아를 추구합니다.
항상 더 이상의 존재가 되기를 추구하며,
이전의 나 자신을 초월합니다.

오 우주의 어머니여, 나는 이제
신성한 구체의 미묘한 소리를 듣습니다.
우주의 훔(Hum) 소리에 나를 조율하며
더 작은 자아를 넘어섭니다.

마레이타이여, 우주의 문을 열어 주는 노래가

내 안에 울려 퍼집니다.
당신의 선율이 내 존재를 진동시키면
내 자아감은 새로이 창조됩니다.

5. 나는 가슴에 거하는 순수 의식입니다.
내 자아감은 아직 미숙하지만,
내게는 나를 처음 창조하신
신처럼 될 잠재력이 있습니다.

오 우주의 어머니여, 나를 집으로 데려가소서.
내가 신성한 옴(OM) 소리와 공명하니,
소리 안의 소리는 나를 위로 들어올리고,
내 잔에는 오직 빛만이 존재합니다.

**마레이타이여, 우주의 문을 열어 주는 노래가
내 안에 울려 퍼집니다.
당신의 선율이 내 존재를 진동시키면,
내 자아감은 새로이 창조됩니다.**

6. 내가 생명 본연의 흐름과 함께 흐를 때
창조자의 꿈을 성취해내고,
하나의 점에서 출발한 자아는
그리스도를 구현하는 존재가 됩니다.

오 우주의 어머니여, 나는 우주 교향악의
일부가 되리니,
나의 전 현존은(All that I AM)
천상에서 오는 소리를 연주하는 악기입니다.

마레이타이여, 우주의 문을 열어 주는 노래가

내 안에 울려 퍼집니다.
당신의 선율이 내 존재를 진동시키면,
내 자아감은 새로이 창조됩니다.

7. 목표는 명확히 정해졌으나,
여정은 아직 끝나지 않았습니다.
여행은 나의 즐거움이며,
어느 것도 내 성장을 가로막지 못합니다.

오 우주의 어머니여, 이제 요청드리니,
나를 신성한 음악의 전당으로 들어가게 하소서.
별들이 빛나는 창공을 향해 가며,
나는 생명의 상승에 참여합니다.

**마레이타이여, 우주의 문을 열어 주는 노래가
내 안에 울려 퍼집니다.
당신의 선율이 내 존재를 진동시키면,
내 자아감은 새로이 창조됩니다.**

8. 내 삶이 펼쳐지는 것을 보면서
너무나 위대한 설계를 깨닫게 됩니다.
진실로, 내가 스스로를 초월해갈 때
내 진보는 무한하여 그 끝이 없습니다.

오 우주의 어머니여, 내 현들을 조율하시어
내 전 존재가 당신과 함께 노래하게 하소서.
이제 당신의 노래를 울려 퍼지게 하며
나는 우주적인 사랑을 찬양합니다.

마레이타이여, 우주의 문을 열어 주는 노래가

내 안에 울려 퍼집니다.
당신의 선율이 내 존재를 진동시키면,
내 자아감은 새로이 창조됩니다.

9. 모든 의식은 흘러가는 강과 같고,
자아는 태양의 투명한 광채와 같으니,
내가 가진 자의식은 신의 선물이고,
자아를 전환해가는 것은 내 역할입니다.

오 우주의 어머니여, 당신을 사랑합니다.
당신의 사랑 노래는 나를 영원히 진실되게 합니다.
당신이 신성한 음조로 나를 가득 채워 주시니
이제 내 외로움은 완전히 사라졌습니다.

마레이타이여, 우주의 문을 열어 주는 노래가
내 안에 울려 퍼집니다.
당신의 선율이 내 존재를 진동시키면,
내 자아감은 새로이 창조됩니다.

2. 환영에서 깨어나기

1. 내 가슴속 가장 깊은 곳에서,
내 진정한 근원을 너무나 그리워합니다.
이는, 내가 먼지(물질)에서 오지 않았다는 증거이며,
나는 의미를 찾아 떠나야 합니다.

오 우주의 어머니여, 나를 본향으로 부르는
공(gong) 소리를 울려주소서.
당신이 내게 부어주시는 온화한 사랑을 깨달으며,
그 안에서 나는 자유를 얻습니다.

**마레이타이여, 우주의 문을 열어 주는 노래가
내 안에 울려 퍼집니다.
당신의 선율이 내 존재를 진동시키면,
내 자아감은 새로이 창조됩니다.**

2. 중앙태양을 도는 행성처럼,
자아의 새로운 궤도가 시작되었습니다.
아이앰 현존이 나의 집이며,
나는 자유롭게 그 주위를 돕니다.

오 우주의 어머니여, 나를 굳게 잡아주소서,
당신의 빛이 내 안에 울려 퍼집니다.
당신의 음악은 내 가슴을 정화하고,
나는 모두에게 당신의 사랑을 전해 줍니다.

**마레이타이여, 우주의 문을 열어 주는 노래가
내 안에 울려 퍼집니다.
당신의 선율이 내 존재를 진동시키면,
내 자아감은 새로이 창조됩니다.**

3. 내가 길에서 너무 멀리 벗어난다면
물질의 투쟁 안에서 길을 잃게 됩니다.
내가 나왔던 근원을 잊어버리고,
본래의 자신을 느끼지 못하게 됩니다.

오 우주의 어머니여, 우리는 하나이며,
당신의 가슴은 불타오르는 태양입니다.
당신에게서 크게 울려 나오는 신성한 음류는
내 존재를 통해 더욱더 증폭됩니다.

**마레이타이여, 우주의 문을 열어 주는 노래가
내 안에 울려 퍼집니다.
당신의 선율이 내 존재를 진동시키면,
내 자아감은 새로이 창조됩니다.**

4. 나는 자신이 누구인지 잊은 채,
지구에서 새로운 자아를 만듭니다.
그리고 이 자아의 필터를 통해 보며,
그것이 정말 나라고 생각합니다.

오 우주의 어머니여, 나는 이제
신성한 구체의 미묘한 소리를 듣습니다.
우주의 훔(Hum) 소리에 나를 조율하며,
더 작은 자아를 넘어섭니다.

**마레이타이여, 우주의 문을 열어 주는 노래가
내 안에 울려 퍼집니다.
당신의 선율이 내 존재를 진동시키면,
내 자아감은 새로이 창조됩니다.**

5. 그러나 이런 망각은 모두가
신이 펼쳐내는 그림의 일부입니다.
나는 분리된 자아를 통해
이브에게 속삭였던 뱀의 유혹을 받습니다.

오 우주의 어머니여, 나를 집으로 데려가소서.
내가 신성한 옴(OM) 소리와 공명하니,
소리 안의 소리는 나를 위로 들어올리고,
내 잔에는 오직 빛만이 존재합니다.

**마레이타이여, 우주의 문을 열어 주는 노래가
내 안에 울려 퍼집니다.
당신의 선율이 내 존재를 진동시키면,
내 자아감은 새로이 창조됩니다.**

6. 그 뱀은 추락한 무리들이며,
과거의 구체에서 자아를 잊었습니다.
이제 그들은 자신들의 하향나선 안으로,
우리를 끌어 넣으려 합니다.

오 우주의 어머니여, 나는 우주 교향악의
일부가 되리니,
나의 전 현존은(All that I AM),
천상에서 오는 소리를 연주하는 악기입니다.

**마레이타이여, 우주의 문을 열어 주는 노래가
내 안에 울려 퍼집니다.
당신의 선율이 내 존재를 진동시키면,
내 자아감은 새로이 창조됩니다.**

7. 그들은 자신들이 생각하는 세상을,
우리 모두가 믿게 만들려고 합니다.
우리가 선악과를 먹었으니,
되돌아갈 수는 없다고 말합니다.

오 우주의 어머니여, 이제 요청드리니,
나를 신성한 음악의 전당으로 들어가게 하소서.
별들이 빛나는 창공을 향해 가며,
나는 생명의 상승에 참여합니다.

**마레이타이여, 우주의 문을 열어 주는 노래가
내 안에 울려 퍼집니다.
당신의 선율이 내 존재를 진동시키면,
내 자아감은 새로이 창조됩니다.**

8. 이원성의 눈에는 진실로 보였던 이 말이
거짓임을 이제 나는 압니다.
과거에 내가 무엇을 선택했건, 바꿀 수 있는 권리를
나는 결코 잃지 않습니다

오 우주의 어머니여, 내 현들을 조율하시어
내 전 존재가 당신과 함께 노래하게 하소서.
이제 당신의 노래를 울려 퍼지게 하며
나는 우주적인 사랑을 찬양합니다.

**마레이타이여, 우주의 문을 열어 주는 노래가
내 안에 울려 퍼집니다.
당신의 선율이 내 존재를 진동시키면,
내 자아감은 새로이 창조됩니다.**

9. 이런 교훈을 얻게 되면
나는 분명히 되돌아갈 수 있습니다.
이제 나는 뱀의 음모를 꿰뚫어보며,
분리된 자아는 신이 아님을 압니다.

오 우주의 어머니여, 당신을 사랑합니다.
당신의 사랑 노래는 나를 영원히 진실되게 합니다.
당신이 신성한 음조로 나를 가득 채워 주시니
이제 내 외로움은 완전히 사라졌습니다.

마레이타이여, 우주의 문을 열어 주는 노래가
내 안에 울려 퍼집니다.
당신의 선율이 내 존재를 진동시키면,
내 자아감은 새로이 창조됩니다.

3. 나는 세상이 실재가 아님을 봅니다

1. 끊임없이 변환되고 있는 이 자아는 무엇입니까?
이것은 언제든 구할 수 있는 "상품"이 아닙니다.
왜냐하면 나는 진실로 유일무이하며,
진정 "장엄한" 존재이기 때문입니다.

오 우주의 어머니여, 나를 본향으로 부르는
공(gong) 소리를 울려주소서.
당신이 내게 부어주시는 온화한 사랑을 깨달으며,
그 안에서 나는 자유를 얻습니다.

마레이타이여, 우주의 문을 열어 주는 노래가
내 안에 울려 퍼집니다.
당신의 선율이 내 존재를 진동시키면,
내 자아감은 새로이 창조됩니다.

2. 그러므로 나는 지금 사랑으로
시간과 공간 안에 있는 자신을 포옹합니다.
왜냐하면 바로 여기에서 내가
내면의 그리스도 승리를 얻은 까닭입니다.

오 우주의 어머니여, 나를 굳게 잡아주소서,
당신의 빛이 내 안에 울려 퍼집니다.
당신의 음악은 내 가슴을 정화하고

나는 모두에게 당신의 사랑을 전해 줍니다.

**마레이타이여, 우주의 문을 열어 주는 노래가
내 안에 울려 퍼집니다.
당신의 선율이 내 존재를 진동시키면,
내 자아감은 새로이 창조됩니다.**

3. 심지어 이곳 지구행성에서도
내면의 그리스도는 탄생합니다.
나의 그리스도 잠재력은
이원성을 넘어섭니다.

오 우주의 어머니여, 우리는 하나이며,
당신의 가슴은 불타오르는 태양입니다.
당신에게서 크게 울려 나오는 신성한 음류는
내 존재를 통해 더욱더 증폭됩니다.

**마레이타이여, 우주의 문을 열어 주는 노래가
내 안에 울려 퍼집니다.
당신의 선율이 내 존재를 진동시키면,
내 자아감은 새로이 창조됩니다.**

4. 나는 신성의 숨결과 함께 호흡하며
죽음의 의식을 산산조각 냅니다.
물질 세상은 나를 현자(賢者)로 변화시키는
하나의 무대에 불과합니다.

오 우주의 어머니여, 나는 이제
신성한 구체의 미묘한 소리를 듣습니다.
우주의 훔(Hum) 소리에 나를 조율하며,

더 작은 자아를 넘어섭니다.

**마레이타이여, 우주의 문을 열어 주는 노래가
내 안에 울려 퍼집니다.
당신의 선율이 내 존재를 진동시키면,
내 자아감은 새로이 창조됩니다.**

5. 이제 내면의 그리스도가 현시되니,
진정 이곳의 어느 것도 실재가 아닙니다.
이 세상이 아무리 견고해 보이더라도,
그것은 집단적인 꿈일 뿐입니다.

오 우주의 어머니여, 나를 집으로 데려가소서.
내가 신성한 옴(OM) 소리와 공명하니,
소리 안의 소리는 나를 위로 들어올리고,
내 잔에는 오직 빛만이 존재합니다.

**마레이타이여, 우주의 문을 열어 주는 노래가
내 안에 울려 퍼집니다.
당신의 선율이 내 존재를 진동시키면,
내 자아감은 새로이 창조됩니다.**

6. 진실로 세상은 우리가 만든 바 그대로이나,
우리가 비전을 순수하게 하고,
더 높은 꿈을 추구할 때,
어머니 빛(Ma-ter light)도 이에 응할 것입니다.

오 우주의 어머니여, 나는 우주 교향악의
일부가 되리니,
나의 전 현존은(All that I AM),

천상에서 오는 소리를 연주하는 악기입니다.

**마레이타이여, 우주의 문을 열어 주는 노래가
내 안에 울려 퍼집니다.
당신의 선율이 내 존재를 진동시키면,
내 자아감은 새로이 창조됩니다.**

7. 그러므로 스스로 만들어낸 결핍과 투쟁은
인생이 가진 전부가 아닙니다.
이제 나는 그리스도와 함께 자세를 취하며,
모두가 이것을 알도록 돕겠습니다.

오 우주의 어머니여, 이제 요청드리니,
나를 신성한 음악의 전당으로 들어가게 하소서.
별들이 빛나는 창공을 향해 가며,
나는 생명의 상승에 참여합니다.

**마레이타이여, 우주의 문을 열어 주는 노래가
내 안에 울려 퍼집니다.
당신의 선율이 내 존재를 진동시키면,
내 자아감은 새로이 창조됩니다.**

8. 나는 신의 풍요에 눈을 떴으며,
이제 그리스도의 사랑이 내 잔을 채웁니다.
내 가슴은 솟아오르는 기쁨으로 넘쳐 흐르며,
신선한 새 출발을 받아들입니다.

오 우주의 어머니여, 내 현들을 조율하시어
내 전 존재가 당신과 함께 노래하게 하소서.
이제 당신의 노래를 울려 퍼지게 하며

나는 우주적인 사랑을 찬양합니다.

**마레이타이여, 우주의 문을 열어 주는 노래가
내 안에 울려 퍼집니다.
당신의 선율이 내 존재를 진동시키면,
내 자아감은 새로이 창조됩니다.**

9. 내 진정한 잠재력을 받아들이며,
나는 내면에서 아데프트(adept)가 됩니다.
나를 통한 그리스도의 구현을 보여주기 위해,
내가 여기 존재하기 때문입니다.

오 우주의 어머니여, 당신을 사랑합니다.
당신의 사랑 노래는 나를 영원히 진실되게 합니다.
당신이 신성한 음조로 나를 가득 채워 주시니
이제 내 외로움은 완전히 사라졌습니다.

**마레이타이여, 우주의 문을 열어 주는 노래가
내 안에 울려 퍼집니다.
당신의 선율이 내 존재를 진동시키면,
내 자아감은 새로이 창조됩니다.**

4. 나는 그리스도의 승리를 얻습니다

1. 모든 환경이 흥미진진한 삶의 춤임을
나는 압니다.
그 춤은 모두, 오랜 카르마에서
내가 해방되는 기회입니다.

오 우주의 어머니여, 나를 본향으로 부르는

공(gong) 소리를 울려주소서.
당신이 내게 부어주시는 온화한 사랑을 깨달으며,
그 안에서 나는 자유를 얻습니다.

**마레이타이여, 우주의 문을 열어 주는 노래가
내 안에 울려 퍼집니다.
당신의 선율이 내 존재를 진동시키면,
내 자아감은 새로이 창조됩니다.**

2. 나는 모든 기대를 내려 놓으며,
오직 성장을 목적으로 삼습니다.
내 반응들을 제어할 때에야
나는 지고의 역할을 성취합니다.

오 우주의 어머니여, 나를 굳게 잡아주소서,
당신의 빛이 내 안에 울려 퍼집니다.
당신의 음악은 내 가슴을 정화하고
나는 모두에게 당신의 사랑을 전해 줍니다.

**마레이타이여, 우주의 문을 열어 주는 노래가
내 안에 울려 퍼집니다.
당신의 선율이 내 존재를 진동시키면,
내 자아감은 새로이 창조됩니다.**

3. 내가 결과에 집착하지 않으니,
악마도 재빨리 떠나버립니다.
내가 그리스도의 단일한 눈(single eye)으로 보니,
세상의 왕자도 나를 속이지 못하는 까닭입니다.

오 우주의 어머니여, 우리는 하나이며,

당신의 가슴은 불타오르는 태양입니다.
당신에게서 크게 울려 나오는 신성한 음류는
내 존재를 통해 더욱더 증폭됩니다.

**마레이타이여, 우주의 문을 열어 주는 노래가
내 안에 울려 퍼집니다.
당신의 선율이 내 존재를 진동시키면,
내 자아감은 새로이 창조됩니다.**

4. 내면의 그리스도를 높이는 것이
이 세상의 목적임을 나는 압니다.
삶의 지옥 같은 소음 한가운데서,
나는 그리스도의 승리를 얻습니다.

오 우주의 어머니여, 나는 이제
신성한 구체의 미묘한 소리를 듣습니다.
우주의 훔(Hum) 소리에 나를 조율하며,
더 작은 자아를 넘어섭니다.

**마레이타이여, 우주의 문을 열어 주는 노래가
내 안에 울려 퍼집니다.
당신의 선율이 내 존재를 진동시키면,
내 자아감은 새로이 창조됩니다.**

5. 자기 초월의 연금술에 내맡김이
열쇠임을, 나는 깨닫습니다.
내가 문제들을 꼭 해결해야 한다는 생각,
이것이 내가 녹여야 하는 사슬입니다.

오 우주의 어머니여, 나를 집으로 데려가소서.

내가 신성한 옴(OM) 소리와 공명하니,
소리 안의 소리는 나를 위로 들어올리고,
내 잔에는 오직 빛만이 존재합니다.

**마레이타이여, 우주의 문을 열어 주는 노래가
내 안에 울려 퍼집니다.
당신의 선율이 내 존재를 진동시키면,
내 자아감은 새로이 창조됩니다.**

6. 외면적인 마음에는 이상하게 보여도,
내가 변경해야 할 것은 아무것도 없습니다.
모든 외양은 허무하여 실재가 없으니,
내 일은 오직 그리스도를 드러내는 것입니다.

오 우주의 어머니여, 나는 우주 교향악의
일부가 되리니,
나의 전 현존은(All that I AM),
천상에서 오는 소리를 연주하는 악기입니다.

**마레이타이여, 우주의 문을 열어 주는 노래가
내 안에 울려 퍼집니다.
당신의 선율이 내 존재를 진동시키면,
내 자아감은 새로이 창조됩니다.**

7. 그리스도와 함께 환영을 산산조각 내니,
내 영(Spirit)은 이제 물질에 속박되지 않습니다.
우리는 세상의 왕자를 굴복시키고,
신성한 흐름 안으로 녹아 듭니다.

오 우주의 어머니여, 이제 요청드리니,

나를 신성한 음악의 전당으로 들어가게 하소서.
별들이 빛나는 창공을 향해 가며,
나는 생명의 상승에 참여합니다.

**마레이타이여, 우주의 문을 열어 주는 노래가
내 안에 울려 퍼집니다.
당신의 선율이 내 존재를 진동시키면,
내 자아감은 새로이 창조됩니다.**

8. 악마의 계략이 무엇이든 상관없이,
이제 삶이 환희임을 받아들입니다.
그리스도와 함께하며 아무도 판단하지 않고,
나는 우주의 섭리를 긍정합니다.

오 우주의 어머니여, 내 현들을 조율하시어
내 전 존재가 당신과 함께 노래하게 하소서.
이제 당신의 노래를 울려 퍼지게 하며
나는 우주적인 사랑을 찬양합니다.

**마레이타이여, 우주의 문을 열어 주는 노래가
내 안에 울려 퍼집니다.
당신의 선율이 내 존재를 진동시키면,
내 자아감은 새로이 창조됩니다.**

9. 내가 다른 한 뺨도 마저 내어줄 때,
나는 온유한 사람들의 무리에 가담합니다.
우리는 장차 지구를 물려받게 되며,
황금시대의 탄생을 가져올 것입니다.

오 우주의 어머니여, 당신을 사랑합니다.

당신의 사랑 노래는 나를 영원히 진실되게 합니다.
당신이 신성한 음조로 나를 가득 채워 주시니
이제 내 외로움은 완전히 사라졌습니다.

마레이타이여, 우주의 문을 열어 주는 노래가
내 안에 울려 퍼집니다.
당신의 선율이 내 존재를 진동시키면,
내 자아감은 새로이 창조됩니다.

마-레이-타-이(MA-RAY-TA-II) (9번, 33번, 혹은 그 이상 낭송합니다)

봉인하기
신성한 어머니의 이름으로, 나는 마레이타이와 성모 마리아께 나 자신과 내 영향력의 원 안에 있는 모든 사람을 신성한 어머니, 생명의 강의 창조적인 흐름 안에 봉인해 달라고 요청합니다.
신성한 어머니의 모든 대리자들에 의해 나의 요청이 증폭되어, 우리가 "위에서처럼, 아래에서도" 완전한 무한 8자 형상의 흐름을 이루게 하소서.
이에 주님이자 신성한 어머니이신 아이앰(the Lord, the Divine Mother that I AM)이 이것을 직접 말씀하셨으므로, 나는 이것이 완전하게 구현됨을 받아들입니다. 아멘.

생명의 노래 2

새로운 마음 (기원)

I AM THAT I AM, 예수 그리스도의 이름으로 나는 모든 신성한 어머니의 대리자들, 특히 나다와 성모 마리아를 부르며, 나의 네 하위체의 치유를, 특히 나의 멘탈체의 변형을 요청합니다. 나는 모든 이원적인 환영에서 자유로워지기를 요청합니다.
(여기에 개인적인 요청을 추가하세요)

하나이신 아버지-어머니 신이 존재할 때
나는 신성한 아들의 출현을 봅니다.
나의 그리스도 균형이 열쇠이며,
극단들은 나를 사로잡지 못합니다.

내가 하나이신 존재 안에 중심을 잡을 때
내적인 균형이 이루어지며,

아이앰 현존은 이제 의식하는 자아를 통해
원하는 모든 것을 할 수 있습니다.

음과 양의 균형을 이룰 때
나는 그리스도의 승리를 얻습니다.
마라(魔羅)의 데몬들을 초월할 때
나는 팔정도(八正道)의 길로 상승합니다.

내가 신성한 탐구를 완성할 때
모든 미묘한 시험이 완결됩니다.
예수님과 함께 나는 모든 허상을 놓아버리며,
고타마 붓다께서는 나에게 평화를 보여줍니다.

내가 마이트레야와 함께 자유를 얻을 때
사나트 쿠마라께서 나를 반겨줍니다.
알파와 오메가는 이제 하나이며
나는 중앙 태양 안에서 그들과 거합니다.

그들의 무한 8자 형상이
우주의 문을 열 때,
나는(I AM) 창조주와 함께
진정한 양극성 안에 거합니다.

내가 지구 행성으로 돌아올 때
새로운 자아가 탄생합니다.
이제 모두를 위한 지고선이 무엇인지를 알며
나는 신의 의지를 구현합니다.

1. 분리된 마음이란 없습니다.

1. 나는 고귀한 진리를 추구하며,
이는 "모든 것이 마음" 이란 진리입니다.
내가 자신의 역할을 초월하길 원한다면,
다루기 어려운 마음을 제어해야 합니다.

오 나다, 복된 우주의 은총이시여,
나의 내적인 공간을 충만하게 하시니,
당신의 노래는 신성한 향유와도 같고,
내 마음은 완전한 고요의 바다가 됩니다.

**나다의 신비로운 선율과 함께
내 마음은 영원한 자유를 누립니다.
나다의 교향악을 지휘하며
나는 영원한 평화를 선언합니다.**

2. 그러나 분리된 마음이란 존재하지 않기에,
'마음의 제어'는 왜곡된 표현입니다.
분리된 마음을 찾을 수 없으므로,
그런 개념은 내려놓아야 합니다.

나다여, 당신의 붓다 마음 안에서
나는 진실로 내면의 평화를 발견합니다.
당신의 노래를 울려 퍼지게 하며
나는 당신의 사랑과 동화됩니다.

**나다의 신비로운 선율과 함께
내 마음은 영원한 자유를 누립니다.
나다의 교향악을 지휘하며
나는 영원한 평화를 선언합니다.**

3. 분리되어 있다고 여기는 마음은
더 큰 마음에서 나온 한 조각입니다.
나는 이 비밀스런 사실을 이해하고
분리된 자아로서 반응하지 않습니다.

오 나다, 너무나 숭고한 아름다움이시여,
나는 모든 시간을 넘어 당신을 따릅니다.
우리는 소리 없는 소리 안에 잠기며
우주를 재창조합니다.

**나다의 신비로운 선율과 함께
내 마음은 영원한 자유를 누립니다.
나다의 교향악을 지휘하며
나는 영원한 평화를 선언합니다.**

4. 무명이든 세계적인 명성이든,
이 모두가 에고 게임임을 봅니다.
분리된 자아를 높이려는 노력은
결코 마스터들의 칭찬을 얻지 못합니다.

오 나다여, 우리는 예견합니다,
그리스도 신성이 제한 받지 않는 미래를.
우리는 붓다의 마음으로 인식하고,
더 나은 미래를 마음에 품습니다.

**나다의 신비로운 선율과 함께
내 마음은 영원한 자유를 누립니다.
나다의 교향악을 지휘하며
나는 영원한 평화를 선언합니다.**

5. 나는 열린 문이 되기를 추구할 뿐,
더 이상도 더 이하도 바라지 않습니다.
나의 아이앰 현존이 행위자가 되게 하니,
내 마음은 이제 둘이 아닌 하나입니다.

오 나다여, 우리는 미래를 다시 씁니다,
그곳에선 결코 무력이 의(義)가 아니고,
그리스도 마음이 왕이며,
우리는 모든 것 안에서 그리스도를 봅니다.

**나다의 신비로운 선율과 함께
내 마음은 영원한 자유를 누립니다.
나다의 교향악을 지휘하며
나는 영원한 평화를 선언합니다.**

6. 나는 중도를 지향하며
내 마음은 이원성을 초월합니다.
나는 마라의 오래된 계책을 꿰뚫어보며,
이것 아니면 저것이라는 양극단을 피합니다.

오 나다여, 이제 평화는 일상의 기준이 되고,
내 영(Spirit)은 모든 형상을 초월합니다.
나는 더 이상 형상에 순응하지 않으며,
미개발의 잠재력을 활용합니다.

**나다의 신비로운 선율과 함께
내 마음은 영원한 자유를 누립니다.
나다의 교향악을 지휘하며
나는 영원한 평화를 선언합니다.**

7. 이제 나는 분리된 자아를 놓아버리고,
이곳 지상에서 진아로 현존합니다.
나는 이제 진리의 단일한 눈(single eye)으로 보면서
사탄의 거짓말을 폭로합니다.

오 나다, 눈부시게 빛나는 기쁨이시여,
나는 진정으로 내 삶을 즐깁니다.
나에게 즐거움이 허락되니,
내 태양신경총은 태양처럼 빛납니다.

**나다의 신비로운 선율과 함께
내 마음은 영원한 자유를 누립니다.
나다의 교향악을 지휘하며
나는 영원한 평화를 선언합니다.**

8. 나는 영원히 생명의 강과 함께 흐르며,
이곳 지상에서 하나님의 연장체로 존재합니다.
이제는 하나됨에서 떠나지 않으리니,
나는 붓다 마음의 일부입니다.

오 나다여, 봉사는
실재 안에서 살기 위한 열쇠입니다.
이제 내가 생명의 하나됨을 깨달으니,
내 지고의 봉사가 시작되었습니다.

**나다의 신비로운 선율과 함께
내 마음은 영원한 자유를 누립니다.
나다의 교향악을 지휘하며
나는 영원한 평화를 선언합니다.**

9. 붓다의 마음은 분리된 자아의 거짓말에서
나를 자유롭게 합니다.
어머니 신의 사랑과 아버지 신의 의지 안에서
그리스도는 나를 더 높이 들어올립니다.

오 나다여, 우리는 이제 명합니다,
지상의 생명은 근심 없이 존재하라.
예수님과 함께 우리가 탐구를 완성하니,
이제 신의 왕국이 구현됩니다.

나다의 신비로운 선율과 함께
내 마음은 영원한 자유를 누립니다.
나다의 교향악을 지휘하며
나는 영원한 평화를 선언합니다.

2. 서사적 투쟁을 초월하기

1. 마음은 언제나 그 자신의 문제를
내가 처리해야 한다고 말합니다.
마음은 서사적 투쟁에서 내가 이겨야 한다는
특정한 하향나선을 만들어냅니다.

오 나다, 복된 우주의 은총이시여,
나의 내적인 공간을 충만하게 하시니,
당신의 노래는 신성한 향유와도 같고,
내 마음은 완전한 고요의 바다가 됩니다.

나다의 신비로운 선율과 함께
내 마음은 영원한 자유를 누립니다.
나다의 교향악을 지휘하며

나는 영원한 평화를 선언합니다.

2. 마음은 필멸의 오류가 내장된
폐쇄적인 체계입니다.
마음은 뱀의 이원성을 통해
불멸을 얻으려 합니다.

나다여, 당신의 붓다 마음 안에서
나는 진실로 내면의 평화를 발견합니다.
당신의 노래를 울려 퍼지게 하며
나는 당신의 사랑과 동화됩니다.

**나다의 신비로운 선율과 함께
내 마음은 영원한 자유를 누립니다.
나다의 교향악을 지휘하며
나는 영원한 평화를 선언합니다.**

3. 대극(對極)은 늘 서로 연결된 까닭에,
한 쪽이 소멸하면
다른 쪽도 사라지니,
여기에 어떤 승리도 있을 수 없습니다.

오 나다, 너무나 숭고한 아름다움이시여,
나는 모든 시간을 넘어 당신을 따릅니다.
우리는 소리 없는 소리 안에 잠기며
우주를 재창조합니다.

**나다의 신비로운 선율과 함께
내 마음은 영원한 자유를 누립니다.
나다의 교향악을 지휘하며**

나는 영원한 평화를 선언합니다.

4. 이원적 마음의 틀을 초월하지 않는다면
그 투쟁은 영영 끝나지 않을 것입니다.
그러므로 나는 에고 게임을 거절하면서
그것에서 벗어나 버립니다.

오 나다여, 우리는 예견합니다,
그리스도 신성이 제한 받지 않는 미래를.
우리는 붓다의 마음으로 인식하고,
더 나은 미래를 마음에 품습니다.

**나다의 신비로운 선율과 함께
내 마음은 영원한 자유를 누립니다.
나다의 교향악을 지휘하며
나는 영원한 평화를 선언합니다.**

5. 내가 문제의 해결에 매달리지 않을 때
분리된 자아를 녹여버릴 수 있습니다.
내가 분리를 포기할 때
하나됨 안에서 참된 성취를 이룹니다.

오 나다여, 우리는 미래를 다시 씁니다,
그곳에선 결코 무력이 의(義)가 아니고,
그리스도 마음이 왕이며,
우리는 모든 것 안에서 그리스도를 봅니다.

**나다의 신비로운 선율과 함께
내 마음은 영원한 자유를 누립니다.
나다의 교향악을 지휘하며**

나는 영원한 평화를 선언합니다.

6. 분리된 마음은 "나"와 "내 것"에 근거한 자아를 규정하려 합니다.
내가 소유 의식을 놓아버릴 때
진정한 마음의 흐름을 보게 됩니다.

오 나다여, 이제 평화는 일상의 기준이 되고,
내 영(Spirit)은 모든 형상을 초월합니다.
나는 더 이상 형상에 순응하지 않으며,
미개발의 잠재력을 활용합니다.

나다의 신비로운 선율과 함께
내 마음은 영원한 자유를 누립니다.
나다의 교향악을 지휘하며
나는 영원한 평화를 선언합니다.

7. 따라서 나는 헛된 탐구를 포기하고,
휴식하고 있는 자아를 찾습니다.
마음은 결코 정지하지 않고,
창조적인 의지와 함께 흘러갑니다.

오 나다, 눈부시게 빛나는 기쁨이시여,
나는 진정으로 내 삶을 즐깁니다.
나에게 즐거움이 허락되니,
내 태양신경총은 태양처럼 빛납니다.

나다의 신비로운 선율과 함께
내 마음은 영원한 자유를 누립니다.
나다의 교향악을 지휘하며

나는 영원한 평화를 선언합니다.

8. 마음을 완벽하게 하는 방법은
주의력의 방향을 다시 돌리는 것입니다.
내가 초점을 올바로 잡을 때
마음은 더 이상 모래수렁이 아닙니다.

오 나다여, 봉사는
실재 안에서 살기 위한 열쇠입니다.
이제 내가 생명의 하나됨을 깨달으니,
내 지고의 봉사가 시작되었습니다.

**나다의 신비로운 선율과 함께
내 마음은 영원한 자유를 누립니다.
나다의 교향악을 지휘하며
나는 영원한 평화를 선언합니다.**

9. 내가 더 이상 좁은 신념 안에
마음을 가두려 애쓰지 않을 때,
나는 완고함을 초월하여
제한 없는 창조성으로 갑니다.

오 나다여, 우리는 이제 명합니다,
지상의 생명은 근심 없이 존재하라.
예수님과 함께 우리가 탐구를 완성하니,
이제 신의 왕국이 구현됩니다.

**나다의 신비로운 선율과 함께
내 마음은 영원한 자유를 누립니다.
나다의 교향악을 지휘하며**

나는 영원한 평화를 선언합니다.

3. 내 마음은 새로 태어납니다

1. 마음은 하나의 복합체이며,
내 미래를 결정하길 원합니다.
에고는, 먼 과거의 선택으로
주사위는 이미 던져졌다 말합니다.

오 나다, 복된 우주의 은총이시여,
나의 내적인 공간을 충만하게 하시니,
당신의 노래는 신성한 향유와도 같고,
내 마음은 완전한 고요의 바다가 됩니다.

**나다의 신비로운 선율과 함께
내 마음은 영원한 자유를 누립니다.
나다의 교향악을 지휘하며
나는 영원한 평화를 선언합니다.**

2. 아무리 강한 업의 주형일지라도
내 순수 의식을 저지할 수는 없습니다.
나는 새롭게 다시 생각할 수 있고,
내 마음은 아침 이슬처럼 신선합니다.

나다여, 당신의 붓다 마음 안에서
나는 진실로 내면의 평화를 발견합니다.
당신의 노래를 울려 퍼지게 하며
나는 당신의 사랑과 동화됩니다.

나다의 신비로운 선율과 함께

내 마음은 영원한 자유를 누립니다.
나다의 교향악을 지휘하며
나는 영원한 평화를 선언합니다.

3. 내가 어린아이 같은 마음으로 본다면,
분명히 자신의 무결함을 알게 됩니다.
이제 나는 과거를 내려 놓고 떠나며,
광대한 미래를 엽니다.

오 나다, 너무나 숭고한 아름다움이시여,
나는 모든 시간을 넘어 당신을 따릅니다.
우리는 소리 없는 소리 안에 잠기며
우주를 재창조합니다.

나다의 신비로운 선율과 함께
내 마음은 영원한 자유를 누립니다.
나다의 교향악을 지휘하며
나는 영원한 평화를 선언합니다.

4. 내 마음은 자유로이 떠돌며,
별이 빛나는 고향으로 향합니다.
내 사고는 더 이상 지상에서 오지 않고,
내 현존으로부터 부여됩니다.

오 나다여, 우리는 예견합니다,
그리스도 신성이 제한 받지 않는 미래를.
우리는 붓다의 마음으로 인식하고,
더 나은 미래를 마음에 품습니다.

나다의 신비로운 선율과 함께

내 마음은 영원한 자유를 누립니다.
나다의 교향악을 지휘하며
나는 영원한 평화를 선언합니다.

5. 현존은 의심의 여지 없이
무엇이 더 나은 행동인지 압니다.
내가 현존에 충실하다면,
더 밝혀낼 것이 없습니다.

오 나다여, 우리는 미래를 다시 씁니다,
그곳에선 결코 무력이 의(義)가 아니고,
그리스도 마음이 왕이며,
우리는 모든 것 안에서 그리스도를 봅니다.

**나다의 신비로운 선율과 함께
내 마음은 영원한 자유를 누립니다.
나다의 교향악을 지휘하며
나는 영원한 평화를 선언합니다.**

6. 나는 지혜로운 지성을 사용하여
분석할 필요가 없습니다.
이유를 물을 필요가 없으니,
정당화해야 할 것도 없습니다.

오 나다여, 이제 평화는 일상의 기준이 되고,
내 영(Spirit)은 모든 형상을 초월합니다.
나는 더 이상 형상에 순응하지 않으며,
미개발의 잠재력을 활용합니다.

나다의 신비로운 선율과 함께

내 마음은 영원한 자유를 누립니다.
나다의 교향악을 지휘하며
나는 영원한 평화를 선언합니다.

7. 내 마음을 더 나은 경로로 돌리니,
그 길은 나를 근원으로 다시 인도합니다.
나는 신성한 흐름에 자신을 내맡기며
더 이하의 것들을 모두 놓아버립니다.

오 나다, 눈부시게 빛나는 기쁨이시여,
나는 진정으로 내 삶을 즐깁니다.
나에게 즐거움이 허락되니,
내 태양신경총은 태양처럼 빛납니다.

**나다의 신비로운 선율과 함께
내 마음은 영원한 자유를 누립니다.
나다의 교향악을 지휘하며
나는 영원한 평화를 선언합니다.**

8. 이제 내 마음이 진실로 자유로우니,
아무런 궤변도 필요 없습니다.
뱀은 이제 내 안에서 가져갈 것이 없으니,
내가 원하는 것은 오직 자유뿐이기 때문입니다.

오 나다여, 봉사는
실재 안에서 살기 위한 열쇠입니다.
이제 내가 생명의 하나됨을 깨달으니,
내 지고의 봉사가 시작되었습니다.

나다의 신비로운 선율과 함께

내 마음은 영원한 자유를 누립니다.
나다의 교향악을 지휘하며
나는 영원한 평화를 선언합니다.

9. 나는 진실로 배움을 잘 마치고,
이제 에덴으로 돌아왔습니다.
나는 마이트레야의 마음과 하나되어,
온갖 종류의 본질을 통달합니다.

오 나다여, 우리는 이제 명합니다,
지상의 생명은 근심 없이 존재하라.
예수님과 함께 우리가 탐구를 완성하니,
이제 신의 왕국이 구현됩니다.

나다의 신비로운 선율과 함께
내 마음은 영원한 자유를 누립니다.
나다의 교향악을 지휘하며
나는 영원한 평화를 선언합니다.

4. 순수무결함을 되살리기

1. 순수무결함이 일깨워지니
뛰어난 내적 감각이 생겨납니다.
이제 진리는 수정처럼 맑고,
마음은 물질의 구체를 창조합니다.

오 나다, 복된 우주의 은총이시여,
나의 내적인 공간을 충만하게 하시니,
당신의 노래는 신성한 향유와도 같고,
내 마음은 완전한 고요의 바다가 됩니다.

**나다의 신비로운 선율과 함께
내 마음은 영원한 자유를 누립니다.
나다의 교향악을 지휘하며
나는 영원한 평화를 선언합니다.**

2. 마음이 하나의 거대한 전체임을 보며,
나는 집단적인 영혼을 들어올리길 추구합니다.
"나" 와 "내 것"이 들어설 수 없는
완전히 새로운 세계를 정의합니다.

나다여, 당신의 붓다 마음 안에서
나는 진실로 내면의 평화를 발견합니다.
당신의 노래를 울려 퍼지게 하며
나는 당신의 사랑과 동화됩니다.

**나다의 신비로운 선율과 함께
내 마음은 영원한 자유를 누립니다.
나다의 교향악을 지휘하며
나는 영원한 평화를 선언합니다.**

3. 나는 이제 모든 판단을 초월해서 올라가며,
가장 순수한 사랑의 눈을 통해 봅니다.
나는 모든 사람을 광기로 몰아 넣는
"선악"의 거짓말을 흩어버립니다.

오 나다, 너무나 숭고한 아름다움이시여,
나는 모든 시간을 넘어 당신을 따릅니다.
우리는 소리 없는 소리 안에 잠기며
우주를 재창조합니다.

**나다의 신비로운 선율과 함께
내 마음은 영원한 자유를 누립니다.
나다의 교향악을 지휘하며
나는 영원한 평화를 선언합니다.**

4. 분할과 정복은
파괴를 일삼는 존재들의 책략입니다.
그러나 우리가 다른 뺨도 내어준다면,
지구는 온유한 자들의 것이 됩니다.

오 나다여, 우리는 예견합니다,
그리스도 신성이 제한 받지 않는 미래를.
우리는 붓다의 마음으로 인식하고,
더 나은 미래를 마음에 품습니다.

**나다의 신비로운 선율과 함께
내 마음은 영원한 자유를 누립니다.
나다의 교향악을 지휘하며
나는 영원한 평화를 선언합니다.**

5. 아직도 악마의 무리에 속한 이들에게
나는 지금 그리스도와 함께 손을 내밉니다.
우주의 사랑을 끝내 거부하는 이들에게는
그리스도의 심판이 주어질 것입니다.

오 나다여, 우리는 미래를 다시 씁니다,
그곳에선 결코 무력이 의(義)가 아니고,
그리스도 마음이 왕이며,
우리는 모든 것 안에서 그리스도를 봅니다.

**나다의 신비로운 선율과 함께
내 마음은 영원한 자유를 누립니다.
나다의 교향악을 지휘하며
나는 영원한 평화를 선언합니다.**

6. 사람들의 비웃음에 동요하지 않으며
나는 그리스도의 반석 위에 굳게 섭니다.
그들이 지구로부터 제거될 때
황금시대가 탄생합니다.

오 나다여, 이제 평화는 일상의 기준이 되고,
내 영(Spirit)은 모든 형상을 초월합니다.
나는 더 이상 형상에 순응하지 않으며,
미개발의 잠재력을 활용합니다.

**나다의 신비로운 선율과 함께
내 마음은 영원한 자유를 누립니다.
나다의 교향악을 지휘하며
나는 영원한 평화를 선언합니다.**

7. 하나됨을 포용하는 모든 이들은
조화로운 우주적 은총을 발견합니다.
이제 우리 마음은 거대한 물결이 되어
지구를 무덤 위로 들어올립니다.

오 나다, 눈부시게 빛나는 기쁨이시여,
나는 진정으로 내 삶을 즐깁니다.
나에게 즐거움이 허락되니,
내 태양신경총은 태양처럼 빛납니다.

**나다의 신비로운 선율과 함께
내 마음은 영원한 자유를 누립니다.
나다의 교향악을 지휘하며
나는 영원한 평화를 선언합니다.**

8. 이제 하나됨이 이루어지는 미래를 보며
모두가 분리에서 자유로워집니다.
우리는 악마의 게임을 거부하며,
우리의 무결함을 선언합니다.

오 나다여, 봉사는
실재 안에서 살기 위한 열쇠입니다.
이제 내가 생명의 하나됨을 깨달으니,
내 지고의 봉사가 시작되었습니다.

**나다의 신비로운 선율과 함께
내 마음은 영원한 자유를 누립니다.
나다의 교향악을 지휘하며
나는 영원한 평화를 선언합니다.**

9. 오랫동안 어디서도 볼 수 없었던
지구 어머니의 미소 안에서,
모든 자녀들이 풀려나 자유롭게 뛰놀고
우리는 완전한 새 날을 받아들입니다.

오 나다여, 우리는 이제 명합니다,
지상의 생명은 근심 없이 존재하라.
예수님과 함께 우리가 탐구를 완성하니,
이제 신의 왕국이 구현됩니다.

나다의 신비로운 선율과 함께
내 마음은 영원한 자유를 누립니다.
나다의 교향악을 지휘하며
나는 영원한 평화를 선언합니다.

옴 아 훔, 나다 구루 파드마 싯디 훔 (9번, 33번, 또는 그 이상 낭송)

봉인하기
신성한 어머니의 이름으로, 나는 나다와 성모 마리아께 나 자신과 내 영향력의 원 안에 있는 모든 사람들을 신성한 어머니, 생명의 강의 창조적인 흐름 안에 봉인해 달라고 요청합니다. 신성한 어머니의 모든 대리자들에 의해 나의 요청이 증폭되어, 우리가 "위에서처럼, 아래에서도" 완전한 무한 8자 형상의 흐름을 이루게 하소서. 이에 주님이자 신성한 어머니이신 아이앰(the Lord, the Divine Mother that I AM)이 이것을 직접 말씀하셨으므로, 나는 이것이 완전하게 구현됨을 받아들입니다. 아멘.

생명의 노래 3

새로운 감정체 (기원)

I AM THAT I AM, 예수 그리스도의 이름으로 나는 모든 신성한 어머니의 대리자들, 특히 관음과 성모 마리아를 부르며, 나의 네 하위체의 치유를, 특히 내 감정체와 감정들(feelings)의 변형을 요청합니다. 나는 모든 감정적인 상처들을 치유해 주시기를 요청합니다.
(여기에 개인적인 요청을 추가하세요)

하나이신 아버지-어머니 신이 존재할 때
나는 신성한 아들의 출현을 봅니다.
나의 그리스도 균형이 열쇠이며,
극단들은 나를 사로잡지 못합니다.

내가 하나이신 존재 안에 중심을 잡을 때
내적인 균형이 이루어지며,

아이앰 현존은 이제 의식하는 자아를 통해
원하는 모든 것을 할 수 있습니다.

음과 양의 균형을 이룰 때
나는 그리스도의 승리를 얻습니다.
마라(魔羅)의 데몬들을 초월할 때
나는 팔정도(八正道)의 길로 상승합니다.

내가 신성한 탐구를 완성할 때
모든 미묘한 시험이 완결됩니다.
예수님과 함께 나는 모든 허상을 놓아버리며,
고타마 붓다께서는 나에게 평화를 보여줍니다.

내가 마이트레야와 함께 자유를 얻을 때
사나트 쿠마라께서 나를 반겨줍니다.
알파와 오메가는 이제 하나이며
나는 중앙 태양 안에서 그들과 거합니다.

그들의 무한 8자 형상이
우주의 문을 열 때,
나는(I AM) 창조주와 함께
진정한 양극성 안에 거합니다.

내가 지구 행성으로 돌아올 때
새로운 자아가 탄생합니다.
이제 모두를 위한 지고선이 무엇인지를 알며
나는 신의 의지를 구현합니다.

1. 두려움에서 사랑으로

1. 오 생명의 노래여, 너무나 숭고한 음률이여,
당신은 시간과 공간의 베일을 흩어버립니다.
감정(feelings)이 창조성을 해방하는 열쇠임을
나는 압니다.

오 관음, 성스러운 이름이시여,
나를 자비의 불꽃으로 채워 주소서.
자비를 베풀며 나는 자유로워지고,
모두를 용서함은 마법의 열쇠입니다.

**관음의 감미로운 선율 안에서
나는 진아의 자유를 얻고,
관음의 생명력 안에서
나는 불멸을 선언합니다.**

2. 내 가슴이 신성한 종(chime)과 하나되어 울리니,
나는 낡은 패러다임을 초월합니다.
새로운 삶의 법칙을 깨달으며,
내 감정체를 수용합니다.

오 관음이시여, 나는 이곳 지상에서의
모든 집착을 보내버립니다.
갇혀 있던 느낌들을 모두 놓아주고,
감정의 질병에서 해방됩니다.

**관음의 감미로운 선율 안에서
나는 진아의 자유를 얻고,
관음의 생명력 안에서
나는 불멸을 선언합니다.**

3. 내가 이제 더 높은 목표에 다다르니,
내 감정을 통제할 필요가 없습니다.
감정은 즉시 바꿀 수 있는,
단순한 에너지일 뿐입니다.

오 관음이시여, 왜 삶이 내 이상(理想)에
미치지 못한다고 느껴야 합니까?
나는 모든 기대를 던져버렸고,
이제 내 마음은 비워진 잔입니다.

**관음의 감미로운 선율 안에서
나는 진아의 자유를 얻고,
관음의 생명력 안에서
나는 불멸을 선언합니다.**

4. 오 악마의 교묘한 계책은,
내가 자신의 감정을 파괴하게 하는 것이나,
그 대신, 나는 지금 모든 감정을
더 높은 상태로 가속합니다.

오 관음이시여, 과거를 초월하니,
마침내 모든 원한은 사라집니다.
나는 미래의 어느 것도 기대하지 않고,
영원한 현재를 거부하지 않습니다.

**관음의 감미로운 선율 안에서
나는 진아의 자유를 얻고,
관음의 생명력 안에서
나는 불멸을 선언합니다.**

5. 나는 마음의 능력을 사용하여
감정 에너지를 변화시키고,
상승 마스터들을 초대하여
신성한 빛을 불러일으킵니다.

오 관음이시여, 윤회의 거친 바다 위로
나를 들어올려 주소서.
당신의 반야(초월적 지혜)의 배 안에선 모두가 안전하니,
이제는 피안이 멀지 않았습니다.

관음의 감미로운 선율 안에서
나는 진아의 자유를 얻고,
관음의 생명력 안에서
나는 불멸을 선언합니다.

6. 빛은 내 감정들을 변형시키고,
평화는 이제 새로운 규범이 됩니다.
마스터들은 신의 장엄함에 대해
나에게 말해 줍니다.

오 관음이시여, 당신의 연금술은
기적과 함께 나를 해방합니다.
나는 용서함으로써 용서를 받으며,
더 이상 죄책감에 끌려가지 않습니다.

관음의 감미로운 선율 안에서
나는 진아의 자유를 얻고,
관음의 생명력 안에서
나는 불멸을 선언합니다.

7. 천상에서 내 위로 쏟아지는 사랑에는
아무런 조건도 없습니다.
이제 내게는 이 사랑이
모든 감정을 판단하는 기준이 됩니다.

오 관음이시여, 모든 근심이 사라지니,
행한 것도 없고 행하지 못한 것도 없습니다.
분리된 자아를 통해 행동하지 않으니,
나는 당신과 완전히 하나되어 휴식합니다.

**관음의 감미로운 선율 안에서
나는 진아의 자유를 얻고,
관음의 생명력 안에서
나는 불멸을 선언합니다.**

8. 마스터들을 가까이서 느낄 때,
두려움은 사랑으로 바뀝니다.
내가 자신의 역할을 행할 때,
모든 두려움이 가슴에서 사라집니다.

오 관음이시여, 당신의 지혜는
이제 나를 허상에서 자유롭게 합니다.
진정 이 모든 것이 나에게 무엇이리까,
나는 다 놓아버리고 당신을 따릅니다.

**관음의 감미로운 선율 안에서
나는 진아의 자유를 얻고,
관음의 생명력 안에서
나는 불멸을 선언합니다.**

9. 내가 가진 조건들을 떠나 보내니,
내 감정체는 평화에 잠깁니다.
나는 이제 근원에 모든 것을 내맡기고,
새로운 단계의 여정을 계획합니다.

오 관음이시여, 신성한 영역에서 울려 나오는
너무나 감미로운 음류여,
내가 에고의 작업을 놓아버리니,
피안의 기슭에서 나 자신을 발견합니다.

**관음의 감미로운 선율 안에서
나는 진아의 자유를 얻고,
관음의 생명력 안에서
나는 불멸을 선언합니다.**

2. 나는 내 감정이 흘러가게 둡니다

1. 내 감정들은 단지 에너지일 뿐이므로,
나는 시너지(synergy)를 추구합니다.
내가 생명의 노래와 함께 진동하면,
내 감정도 항상 공명합니다.

오 관음, 성스러운 이름이시여,
나를 자비의 불꽃으로 채워 주소서.
자비를 베풀며 나는 자유로워지고,
모두를 용서함은 마법의 열쇠입니다.

**관음의 감미로운 선율 안에서
나는 진아의 자유를 얻고,
관음의 생명력 안에서**

나는 불멸을 선언합니다.

2. 소중한 것에 대한 진실을 지킬 때,
내 감정은 모든 두려움을 초월해서 올라갑니다.
두려움은 모두 신성한 사랑으로 변형되고,
내 가슴은 성스런 비둘기처럼 날아오릅니다.

오 관음이시여, 나는 이곳 지상에서의
모든 집착을 보내버립니다.
갇혀 있던 느낌들을 모두 놓아주고,
감정의 질병에서 해방됩니다.

**관음의 감미로운 선율 안에서
나는 진아의 자유를 얻고,
관음의 생명력 안에서
나는 불멸을 선언합니다.**

3. 끝이 없는 공격심은
에고의 주된 성향입니다.
나는 생명 그 자체의 노래로 충만해지며,
더 이상 에고와 어울리길 거절합니다.

오 관음이시여, 왜 삶이 내 이상(理想)에
미치지 못한다고 느껴야 합니까?
나는 모든 기대를 던져버렸고,
이제 내 마음은 비워진 잔입니다.

**관음의 감미로운 선율 안에서
나는 진아의 자유를 얻고,
관음의 생명력 안에서**

나는 불멸을 선언합니다.

4. 모든 원한을 보내버리니,
내 감정은 자유롭게 흐르기 시작하고,
감정으로 인한 막힘이 없어지니,
이제 치유의 힘이 풀려납니다.

오 관음이시여, 과거를 초월하니,
마침내 모든 원한은 사라집니다.
나는 미래의 어느 것도 기대하지 않고,
영원한 현재를 거부하지 않습니다.

**관음의 감미로운 선율 안에서
나는 진아의 자유를 얻고,
관음의 생명력 안에서
나는 불멸을 선언합니다.**

5. 과거의 압박(stress)과 분투에서 풀려나,
내 감정체는 새로운 생명을 얻습니다.
굳어버린 감정들이 녹기 시작하니,
이는 내가 체험한 최상의 감정입니다.

오 관음이시여, 윤회의 거친 바다 위로
나를 들어올려 주소서.
당신의 반야의 배 안에선 모두가 안전하니,
이제는 피안이 멀지 않았습니다.

**관음의 감미로운 선율 안에서
나는 진아의 자유를 얻고,
관음의 생명력 안에서**

나는 불멸을 선언합니다.

6. 태양의 광선이 구름을 뚫고 나오니,
나도 위로 떠올라 크게 노래합니다.
솟아오르는 환희의 흐름 안에서
나는 완전히 새로운 삶을 즐깁니다.

오 관음이시여, 당신의 연금술은
기적과 함께 나를 해방합니다.
나는 용서함으로써 용서를 받으며,
더 이상 죄책감에 끌려가지 않습니다.

**관음의 감미로운 선율 안에서
나는 진아의 자유를 얻고,
관음의 생명력 안에서
나는 불멸을 선언합니다.**

7. 잠재의식 깊은 곳에 굳어 있던 감정들은
이제 아무것도 남지 않았습니다.
성령께서 그 공간을 정화하시니,
운명이 임박했다는 느낌은 사라졌습니다.

오 관음이시여, 모든 근심이 사라지니,
행한 것도 없고 행하지 못한 것도 없습니다.
분리된 자아를 통해 행동하지 않으니,
나는 당신과 완전히 하나되어 휴식합니다.

**관음의 감미로운 선율 안에서
나는 진아의 자유를 얻고,
관음의 생명력 안에서**

나는 불멸을 선언합니다.

8. 오래된 혼돈의 에너지는
이제 조화로움으로 바뀝니다.
새로 비워진 이 공간 안에서
은총의 느낌이 자라나기 시작합니다.

오 관음이시여, 당신의 지혜는
이제 나를 허상에서 자유롭게 합니다.
진정 이 모든 것이 나에게 무엇이리까,
나는 다 놓아버리고 당신을 따릅니다.

**관음의 감미로운 선율 안에서
나는 진아의 자유를 얻고,
관음의 생명력 안에서
나는 불멸을 선언합니다.**

9. 내가 과거의 속박들을 놓아버리니,
내면에서 깊은 감사가 올라옵니다.
베일이 걷히기 시작하니,
삶이 경이로운 선물임을 깨닫습니다.

오 관음이시여, 신성한 영역에서 울려 나오는
너무나 감미로운 음류여,
내가 에고의 작업을 놓아버리니,
피안의 기슭에서 나 자신을 발견합니다.

**관음의 감미로운 선율 안에서
나는 진아의 자유를 얻고,
관음의 생명력 안에서**

나는 불멸을 선언합니다.

3. 나는 내 감정을 통달합니다

1. 나는 자기-의식(self-awareness)을 찬양하며,
내 자아감을 높이 올립니다.
어린아이 같은 명랑함과 환희로 충만한,
완전히 새로워진 내가 다시 태어납니다.

오 관음, 성스러운 이름이시여,
나를 자비의 불꽃으로 채워 주소서.
자비를 베풀며 나는 자유로워지고,
모두를 용서함은 마법의 열쇠입니다.

**관음의 감미로운 선율 안에서
나는 진아의 자유를 얻고,
관음의 생명력 안에서
나는 불멸을 선언합니다.**

2. 어떤 감정들은 정련할 필요가 없으니,
하등한 감정은 내 것이 아닌 까닭입니다.
그 감정은 모두 영체들(spirits)로부터 왔으니,
지금 이 모든 영체들은 소멸되어야 합니다.

오 관음이시여, 나는 이곳 지상에서의
모든 집착을 보내버립니다.
갇혀 있던 느낌들을 모두 놓아주고,
감정의 질병에서 해방됩니다.

관음의 감미로운 선율 안에서

**나는 진아의 자유를 얻고,
관음의 생명력 안에서
나는 불멸을 선언합니다.**

3. 나는 내 집의 주인(master)이며,
이 사실을 나는 지지합니다.
지난 날의 선택을 되돌리기에
아직도 늦지 않았음을 압니다.

오 관음이시여, 왜 삶이 내 이상(理想)에
미치지 못한다고 느껴야 합니까?
나는 모든 기대를 던져버렸고,
이제 내 마음은 비워진 잔입니다.

**관음의 감미로운 선율 안에서
나는 진아의 자유를 얻고,
관음의 생명력 안에서
나는 불멸을 선언합니다.**

4. 내 의지의 힘을 다시 되찾아오니,
삶은 신선한 설레임으로 느껴집니다.
이제 나는 그리스도로서의 선택을 하며,
새로 발견한 자유 안에서 기쁨을 누립니다.

오 관음이시여, 과거를 초월하니,
마침내 모든 원한은 사라집니다.
나는 미래의 어느 것도 기대하지 않고,
영원한 현재를 거부하지 않습니다.

관음의 감미로운 선율 안에서

**나는 진아의 자유를 얻고,
관음의 생명력 안에서
나는 불멸을 선언합니다.**

5. 이제 공격적인 영체들은 제거되어야 하며,
그들은 더 이상 여기에 필요치 않습니다.
그 대신 나는 이제 내 축복받은 마스터이신
관음을 선택합니다.

오 관음이시여, 윤회의 거친 바다 위로
나를 들어올려 주소서.
당신의 반야의 배 안에선 모두가 안전하니,
이제는 피안이 멀지 않았습니다.

**관음의 감미로운 선율 안에서
나는 진아의 자유를 얻고,
관음의 생명력 안에서
나는 불멸을 선언합니다.**

6. 당신이 가까이 계시니 애태울 일이 없고,
이제 나는 모든 것을 내맡기고 잊어버립니다.
당신은 너무나 황홀한 음률의 날개 위에,
이렇게 나를 싣고 날아갑니다.

오 관음이시여, 당신의 연금술은
기적과 함께 나를 해방합니다.
나는 용서함으로써 용서를 받으며,
더 이상 죄책감에 끌려가지 않습니다.

관음의 감미로운 선율 안에서

**나는 진아의 자유를 얻고,
관음의 생명력 안에서
나는 불멸을 선언합니다.**

7. 이제 당신의 반야의 배에 오르며,
나는 당신의 고유한 음률(keynote)에 매혹됩니다.
모든 원한을 내려 놓고 떠나며,
새벽 광선 안에서 나는 더 이상 눈멀지 않았습니다.

오 관음이시여, 모든 근심이 사라지니,
행한 것도 없고 행하지 못한 것도 없습니다.
분리된 자아를 통해 행동하지 않으니,
나는 당신과 완전히 하나되어 휴식합니다.

**관음의 감미로운 선율 안에서
나는 진아의 자유를 얻고,
관음의 생명력 안에서
나는 불멸을 선언합니다.**

8. 어떤 영체도 나를 동요시키지 못하며,
우리는 삼사라의 바다를 항해합니다.
피안의 기슭을 일별할 때,
내 가슴은 사자후를 발합니다.

오 관음이시여, 당신의 지혜는
이제 나를 허상에서 자유롭게 합니다.
진정 이 모든 것이 나에게 무엇이리까,
나는 다 놓아버리고 당신을 따릅니다.

관음의 감미로운 선율 안에서

**나는 진아의 자유를 얻고,
관음의 생명력 안에서
나는 불멸을 선언합니다.**

9. 오 음(音)을 관하시는 존재시여, 당신께 믿음을 두며,
나는 마라의 데몬들을 통과합니다.
이 세상 아무 것도 그리워하지 않으며,
나는 붓다의 무한한 지복(Buddhic Bliss) 안으로 들어갑니다.

오 관음이시여, 신성한 영역에서 울려 나오는
너무나 감미로운 음류여,
내가 에고의 작업을 놓아버리니,
피안의 기슭에서 나 자신을 발견합니다.

**관음의 감미로운 선율 안에서
나는 진아의 자유를 얻고,
관음의 생명력 안에서
나는 불멸을 선언합니다.**

4. 내 감정들은 교향악을 연주합니다

1. 느낌의 세계에서 새로 발견한 이 지복을
나는 몸 안 모든 곳으로 펼칩니다.
더없는 기쁨이 모든 세포 안으로 흘러 들면서,
지옥의 저주를 깨끗이 씻어냅니다.

오 관음, 성스러운 이름이시여,
나를 자비의 불꽃으로 채워 주소서.
자비를 베풀며 나는 자유로워지고,
모두를 용서함은 마법의 열쇠입니다.

**관음의 감미로운 선율 안에서
나는 진아의 자유를 얻고,
관음의 생명력 안에서
나는 불멸을 선언합니다.**

2. 내 감정은 내 현존에서 흘러나오는
음악을 연주하는 악기입니다.
나는 진아(I AM Presence)의 지휘 아래
마스터의 악단에서 내 역할을 연주합니다.

오 관음이시여, 나는 이곳 지상에서의
모든 집착을 보내버립니다.
갇혀 있던 느낌들을 모두 놓아주고,
감정의 질병에서 해방됩니다.

**관음의 감미로운 선율 안에서
나는 진아의 자유를 얻고,
관음의 생명력 안에서
나는 불멸을 선언합니다.**

3. 내 감정은 교향악을 연주하며,
나를 생기로 가득 채워 줍니다.
내 감정에 더 이상 결핍이란 없고,
모든 세포와 기관이 소생합니다.

오 관음이시여, 왜 삶이 내 이상(理想)에
미치지 못한다고 느껴야 합니까?
나는 모든 기대를 던져버렸고,
이제 내 마음은 비워진 잔입니다.

**관음의 감미로운 선율 안에서
나는 진아의 자유를 얻고,
관음의 생명력 안에서
나는 불멸을 선언합니다.**

4. 신성한 교향악이 울려 퍼지니,
소리는 모든 질병을 변형시킵니다.
아이앰 현존은 나의 부(富)이며,
내 몸에 완전한 건강을 부여합니다.

오 관음이시여, 과거를 초월하니,
마침내 모든 원한은 사라집니다.
나는 미래의 어느 것도 기대하지 않고,
영원한 현재를 거부하지 않습니다.

**관음의 감미로운 선율 안에서
나는 진아의 자유를 얻고,
관음의 생명력 안에서
나는 불멸을 선언합니다.**

5. 내 감정과 몸이 맑아지고,
아이앰 현존은 경배를 받습니다.
나에게 완전한 건강이 실현되고,
나는 끝없는 흥취로 충만합니다.

오 관음이시여, 윤회의 거친 바다 위로
나를 들어올려 주소서.
당신의 반야의 배 안에선 모두가 안전하니,
이제는 피안이 멀지 않았습니다.

**관음의 감미로운 선율 안에서
나는 진아의 자유를 얻고,
관음의 생명력 안에서
나는 불멸을 선언합니다.**

6. 나는 즉각적인 치유를 받아들이며,
약속이 이루어졌음을 압니다.
우리가 무엇을 구하든, 항상 응하시겠다고
예수님은 말씀하셨습니다.

오 관음이시여, 당신의 연금술은
기적과 함께 나를 해방합니다.
나는 용서함으로써 용서를 받으며,
더 이상 죄책감에 끌려가지 않습니다.

**관음의 감미로운 선율 안에서
나는 진아의 자유를 얻고,
관음의 생명력 안에서
나는 불멸을 선언합니다.**

7. 내 몸 안에서 그리스도는 왕이시며,
내 세포와 원자들은 그와 함께 노래합니다.
관음께서 베푸시는 기적으로,
나는 완전한 건강을 성취합니다.

오 관음이시여, 모든 근심이 사라지니,
행한 것도 없고 행하지 못한 것도 없습니다.
분리된 자아를 통해 행동하지 않으니,
나는 당신과 완전히 하나되어 휴식합니다.

**관음의 감미로운 선율 안에서
나는 진아의 자유를 얻고,
관음의 생명력 안에서
나는 불멸을 선언합니다.**

8. 거침없이 흐르는 신의 힘을 느끼며,
모든 세포는 꽃처럼 피어납니다.
나는 아이앰 현존(진아)의 통솔 아래
이제 내 몸은 완전한 전체가 됩니다.

오 관음이시여, 당신의 지혜는
이제 나를 허상에서 자유롭게 합니다.
진정 이 모든 것이 나에게 무엇이리까,
나는 다 놓아버리고 당신을 따릅니다.

**관음의 감미로운 선율 안에서
나는 진아의 자유를 얻고,
관음의 생명력 안에서
나는 불멸을 선언합니다.**

9. 전체성을 향한 내 탐구가 성취되었고,
이에 나는 진실로 모든 생명을 축복합니다.
나는 치유의 광선들을 발산하며,
더 나은 세계를 공동 창조합니다.

오 관음이시여, 신성한 영역에서 울려 나오는
너무나 감미로운 음류여,
내가 에고의 작업을 놓아버리니,
피안의 기슭에서 나 자신을 발견합니다.

관음의 감미로운 선율 안에서
나는 진아의 자유를 얻고,
관음의 생명력 안에서
나는 불멸을 선언합니다.

옴 마니 파드메 훔(OM MANI PADME HUM) (9번, 33번, 혹은 그 이상)

봉인하기
신성한 어머니의 이름으로, 나는 관음과 성모 마리아께 나 자신과 내 영향력의 원 안에 있는 모든 사람들을 신성한 어머니, 생명의 강의 창조적인 흐름 안에 봉인해 달라고 요청합니다.
신성한 어머니의 모든 대리자들에 의해 나의 요청이 증폭되어, 우리가 "위에서처럼, 아래에서도" 완전한 무한 8자 형상의 흐름을 이루게 하소서.
이에 주님이자 신성한 어머니이신 아이앰(the Lord, the Divine Mother that I AM)이 이것을 직접 말씀하셨으므로, 나는 이것이 완전하게 구현됨을 받아들입니다. 아멘.

생명의 노래 4

새로운 육체 (기원)

I AM THAT I AM, 예수 그리스도의 이름으로 나는 모든 신성한 어머니의 대리자들, 특히 성모 마리아를 부르며 나의 네 하위체의 치유를, 특히 물리적 몸의 변형을 요청합니다. 나는 모든 불균형과 질병들의 치유를 요청합니다.
(여기에 개인적인 요청을 추가하세요)

하나이신 아버지-어머니 신이 존재할 때
나는 신성한 아들의 출현을 봅니다.
나의 그리스도 균형이 열쇠이며,
극단들은 나를 사로잡지 못합니다.

내가 하나이신 존재 안에 중심을 잡을 때
내적인 균형이 이루어지며,
아이앰 현존은 이제 의식하는 자아를 통해
원하는 모든 것을 할 수 있습니다.

음과 양의 균형을 이룰 때
나는 그리스도의 승리를 얻습니다.
마라(魔羅)의 데몬들을 초월할 때
나는 팔정도(八正道)의 길로 상승합니다.

내가 신성한 탐구를 완성할 때
모든 미묘한 시험이 완결됩니다.
예수님과 함께 나는 모든 허상을 놓아버리며,
고타마 붓다께서는 나에게 평화를 보여줍니다.

내가 마이트레야와 함께 자유를 얻을 때
사나트 쿠마라께서 나를 반겨줍니다.
알파와 오메가는 이제 하나이며
나는 중앙 태양 안에서 그들과 거합니다.

그들의 무한 8자 형상이
우주의 문을 열 때,
나는(I AM) 창조주와 함께
진정한 양극성 안에 거합니다.

내가 지구 행성으로 돌아올 때
새로운 자아가 탄생합니다.
이제 모두를 위한 지고선이 무엇인지를 알며
나는 신의 의지를 구현합니다.

1. 나는 즉각적인 치유를 선언합니다

1. 내 육신은 신기루에 불과하며,
고체성은 모두 위장에 불과합니다.
네 하위층의 마음들이 하는 투사에 따라

내 몸의 건강이 정해집니다.

오 은혜로우신 마리아의 생명의 노래는
모든 투쟁의 형상을 불태웁니다.
너무나 매혹적인 음류에 조율하면서
나는 모든 세포가 건강함을 선언합니다.

오 성모 마리아시여,
더 높이 가속하는 노래를 내어주소서.
내 세포들은 높은 상태로 고양되어,
완벽한 건강 안에서 빛을 냅니다.

2. 그리스도와 하나되어 디크리를 낭송하니,
내 몸은 즉시 변화할 것입니다.
나는 송과선에 완전한 이미지가
다운로드 되라고 명합니다.

생명에서 흘러나오는 노래를 항상 들으니,
모든 두려움의 감각이 불타버립니다.
신성한 어머니의 교향악과 화합을 이루니,
모든 질병이 나에게서 사라집니다.

오 성모 마리아시여,
더 높이 가속하는 노래를 내어주소서.
내 세포들은 높은 상태로 고양되어,
완벽한 건강 안에서 빛을 냅니다.

3. 나는 지금 내면의 눈에 명합니다,
그리스도 이미지를 확대하고,
그런 후 온 몸 위로 투사하라고.

내 모든 세포는 완전하게 될 것입니다.

어머니의 사랑 안에서 초월해 나갈 때,
내 모든 투쟁은 끝이 납니다.
내가 성모의 눈으로 볼 때면,
어떤 불완전함도 내게 오지 못합니다.

오 성모 마리아시여,
더 높이 가속하는 노래를 내어주소서.
내 세포들은 높은 상태로 고양되어,
완벽한 건강 안에서 빛을 냅니다.

4. 몸의 그리스도 마음 센터 안에서,
나는 노화의 바퀴를 역전시킵니다.
더 높은 그리스도 경지에 동조(synchronize)하며,
내 모든 세포가 진동합니다.

내면에 살아 계신 그리스도를 깨달음으로써,
치유가 일어나기 시작합니다.
내가 (그리스도의) 단일한 눈으로 볼 때,
각 세포의 빛이 증가되기 때문입니다.

오 성모 마리아시여,
더 높이 가속하는 노래를 내어주소서.
내 세포들은 높은 상태로 고양되어,
완벽한 건강 안에서 빛을 냅니다.

5. 영원한 젊음은 환상이 아니며,
이에 나는 자유를 선언합니다.
나는 젊음의 패턴을 펼쳐내며,

내 몸에 더 이상 노화란 없습니다.

어머니의 음악 안에서 자유로워지니,
더 작은 나에 대한 기억들은 사라졌습니다.
내 비전이 완전해지니,
내 모든 세포들이 소생합니다.

**오 성모 마리아시여,
더 높이 가속하는 노래를 내어주소서.
내 세포들은 높은 상태로 고양되어,
완벽한 건강 안에서 빛을 냅니다.**

6. 이제 내 몸의 네 엘리멘탈들은
과거의 짐을 벗어버립니다.
나는 노화의 거짓말을 거부하며,
생명의 영약(elixir)은 모든 세포를 완전하게 합니다.

오 어머니의 사랑이여, 감미로운 선율이여,
나는(I AM) 모든 불완전함에서 해방되었습니다.
오 성모 마리아시여, 소리 안의 소리여,
내 가슴은 당신의 사랑으로 충만합니다.

**오 성모 마리아시여,
더 높이 가속하는 노래를 내어주소서.
내 세포들은 높은 상태로 고양되어,
완벽한 건강 안에서 빛을 냅니다.**

7. 그리스도의 핵심 진리는
영원한 젊음이 솟아 오르는 샘입니다.
나는 생명의 물 속으로 잠겼다가,

더 젊은 내가 되어 떠오릅니다.

어머니의 숭고한 아름다움을 통해서,
시간과 공간의 속박을 초월합니다.
모든 세포들은 필멸의 무덤을 넘어서,
어머니 모태 안에서 완전체(whole)가 됩니다.

오 성모 마리아시여,
더 높이 가속하는 노래를 내어주소서.
내 세포들은 높은 상태로 고양되어,
완벽한 건강 안에서 빛을 냅니다.

8. 죽음이여, 그대 숙명의 가시는 어디에 있는가?
생명의 선율과 함께 흐르며
내 몸의 엘리멘탈들은 모두 노래하고,
나는 불멸을 선언합니다.

나는 생명의 노래와 공명하며,
생명의 화성과 조화를 이룹니다.
내 완전한 상태를 담은 신의 설계가
모든 세포를 다시 신성하게 합니다.

오 성모 마리아시여,
더 높이 가속하는 노래를 내어주소서.
내 세포들은 높은 상태로 고양되어,
완벽한 건강 안에서 빛을 냅니다.

9. 죽음이여, 그대의 승리는 어디에 있는가?
그리스도가 지금 나를 변형시키시어,
네 개의 몸이 모두 빛으로 충만하니,

나는 오직 그리스도의 눈으로만 봅니다.

모든 세포의 소리굽쇠는 이제
어머니의 종에 맞춰 조율되었습니다.
이제 나는(I AM) 죽음의 저주에서 해방되어,
내 불멸을 선언합니다.

오 성모 마리아시여,
더 높이 가속하는 노래를 내어주소서.
내 세포들은 높은 상태로 고양되어,
완벽한 건강 안에서 빛을 냅니다.

2. 어머니 마리아의 자애로운 품 안에서

1. 나는 어머니 마리아의 자애로운 품 안에서,
아름답고 젊은 용모로 다시 태어납니다.
어머니의 비전에 동화되니,
내 몸이 다시 소생합니다.

오 은혜로우신 마리아의 생명의 노래는
모든 투쟁의 형상을 불태웁니다.
너무나 매혹적인 음류에 조율하면서
나는 모든 세포가 건강함을 선언합니다.

오 성모 마리아시여,
더 높이 가속하는 노래를 내어주소서.
내 세포들은 높은 상태로 고양되어,
완벽한 건강 안에서 빛을 냅니다.

2. 나는 성모님과 함께 투사합니다,

"내 몸의 순환은 완전합니다."
어머니의 신성한 흐름 안으로 잠기니,
내 혈액은 신성한 빛을 방사합니다.

생명에서 흘러나오는 노래를 항상 들으니,
모든 두려움의 감각이 불타버립니다.
신성한 어머니의 교향악과 화합을 이루니,
모든 질병이 나에게서 사라집니다.

**오 성모 마리아시여,
더 높이 가속하는 노래를 내어주소서.
내 세포들은 높은 상태로 고양되어,
완벽한 건강 안에서 빛을 냅니다.**

3. 나는 성모님과 함께 투사합니다,
"나의 내분비선들은 이제 완전합니다."
내가 호르몬들의 조화를 되찾으니,
몸과 마음이 균형을 이룹니다.

어머니의 사랑 안에서 초월해 나갈 때,
내 모든 투쟁은 끝이 납니다.
내가 성모의 눈으로 볼 때면,
어떤 불완전함도 내게 오지 못합니다.

**오 성모 마리아시여,
더 높이 가속하는 노래를 내어주소서.
내 세포들은 높은 상태로 고양되어,
완벽한 건강 안에서 빛을 냅니다.**

4. 나는 성모님과 함께 투사합니다,

"내 소화기관은 완전합니다."
어머니의 양육을 받아들이니,
나는 충만한 힘을 얻습니다.

내면에 살아 계신 그리스도를 깨달음으로써,
치유가 일어나기 시작합니다.
내가 (그리스도의) 단일한 눈으로 볼 때,
각 세포의 빛이 증가되기 때문입니다.

오 성모 마리아시여,
더 높이 가속하는 노래를 내어주소서.
내 세포들은 높은 상태로 고양되어,
완벽한 건강 안에서 빛을 냅니다.

5. 나는 성모님과 함께 투사합니다,
"내 면역성의 방어는 완전합니다."
내 몸이 모든 독성으로부터 봉인되니,
이제 내 완전한 건강이 드러납니다.

어머니의 음악 안에서 자유로워지니,
더 작은 나에 대한 기억들은 사라졌습니다.
내 비전이 완전해지니,
내 모든 세포들이 소생합니다.

오 성모 마리아시여,
더 높이 가속하는 노래를 내어주소서.
내 세포들은 높은 상태로 고양되어,
완벽한 건강 안에서 빛을 냅니다.

6. 나는 성모님과 함께 투사합니다,

"내 림프 체계는 완전합니다."
나의 체액이 순환하고,
모든 조직이 균형을 이룹니다.

오 어머니의 사랑이여, 감미로운 선율이여,
나는(I AM) 모든 불완전함에서 해방되었습니다.
오 성모 마리아시여, 소리 안의 소리여,
내 가슴은 당신의 사랑으로 충만합니다.

오 성모 마리아시여,
더 높이 가속하는 노래를 내어주소서.
내 세포들은 높은 상태로 고양되어,
완벽한 건강 안에서 빛을 냅니다.

7. 나는 성모님과 함께 투사합니다,
"내 모든 근육은 이제 완전합니다."
내 모든 부분이 강해지니,
나는 어머니의 노래와 공명합니다.

어머니의 숭고한 아름다움을 통해서,
시간과 공간의 속박을 초월합니다.
모든 세포들은 필멸의 무덤을 넘어서,
어머니 모태 안에서 완전체(whole)가 됩니다.

오 성모 마리아시여,
더 높이 가속하는 노래를 내어주소서.
내 세포들은 높은 상태로 고양되어,
완벽한 건강 안에서 빛을 냅니다.

8. 나는 성모님과 함께 투사합니다,

"내 신경체계는 완전합니다."
내 두뇌와 신경들은 잘 제어되고,
나는 항상 승리를 거듭합니다.

나는 생명의 노래와 공명하며,
생명의 화성과 조화를 이룹니다.
내 완전한 상태를 담은 신의 설계가
모든 세포를 다시 신성하게 합니다.

오 성모 마리아시여,
더 높이 가속하는 노래를 내어주소서.
내 세포들은 높은 상태로 고양되어,
완벽한 건강 안에서 빛을 냅니다.

9. 나는 성모님과 함께 투사합니다,
"나의 재생산은 완전합니다."
나는 진보 안에서 내 역할을 발견하며,
생명을 항상 진보하게 만듭니다.

모든 세포의 소리굽쇠는 이제
어머니의 종에 맞춰 조율되었습니다.
이제 나는(I AM) 죽음의 저주에서 해방되어,
내 불멸을 선언합니다.

오 성모 마리아시여,
더 높이 가속하는 노래를 내어주소서.
내 세포들은 높은 상태로 고양되어,
완벽한 건강 안에서 빛을 냅니다.

3. 나의 순수무결한 비전

1. 나는 성모님과 함께 투사합니다,
"내 호흡은 완전합니다."
산소가 순수한 빛을 실어올 때
모든 독소는 즉시 날아가버립니다.

오 은혜로우신 마리아의 생명의 노래는
모든 투쟁의 형상을 불태웁니다.
너무나 매혹적인 음류에 조율하면서
나는 모든 세포가 건강함을 선언합니다.

오 성모 마리아시여,
더 높이 가속하는 노래를 내어주소서.
내 세포들은 높은 상태로 고양되어,
완벽한 건강 안에서 빛을 냅니다.

2. 나는 성모님과 함께 투사합니다,
"내 뼈와 골수들은 완전합니다."
내 주요 부위에 있는 골수들은
이전보다 더욱더 순수해집니다.

생명에서 흘러나오는 노래를 항상 들으니,
모든 두려움의 감각이 불타버립니다.
신성한 어머니의 교향악과 화합을 이루니,
모든 질병이 나에게서 사라집니다.

오 성모 마리아시여,
더 높이 가속하는 노래를 내어주소서.
내 세포들은 높은 상태로 고양되어,
완벽한 건강 안에서 빛을 냅니다.

3. 나는 성모님과 함께 투사합니다,
"내 비뇨기는 완전합니다."
내 몸에서 노폐물이 정화되고,
나는 이제 완전한 건강을 누립니다.

어머니의 사랑 안에서 초월해 나갈 때,
내 모든 투쟁은 끝이 납니다.
내가 성모의 눈으로 볼 때면,
어떤 불완전함도 내게 오지 못합니다.

오 성모 마리아시여,
더 높이 가속하는 노래를 내어주소서.
내 세포들은 높은 상태로 고양되어,
완벽한 건강 안에서 빛을 냅니다.

4. 나는 성모님과 함께 투사합니다,
"내 두뇌와 척추는 완전합니다."
그리스도는 항상 변함없는 손으로 지휘하며,
모든 것의 방향을 잡습니다.

내면에 살아 계신 그리스도를 깨달음으로써,
치유가 일어나기 시작합니다.
내가 (그리스도의) 단일한 눈으로 볼 때,
각 세포의 빛이 증가되기 때문입니다.

오 성모 마리아시여,
더 높이 가속하는 노래를 내어주소서.
내 세포들은 높은 상태로 고양되어,
완벽한 건강 안에서 빛을 냅니다.

5. 나는 성모님과 함께 투사합니다,
"내 심장은 항상 완전합니다."
이제 사자 같은 힘으로 포효하며
내 심장은 영원히 박동할 것입니다.

어머니의 음악 안에서 자유로워지니,
더 작은 나에 대한 기억들은 사라졌습니다.
내 비전이 완전해지니,
내 모든 세포들이 소생합니다.

오 성모 마리아시여,
더 높이 가속하는 노래를 내어주소서.
내 세포들은 높은 상태로 고양되어,
완벽한 건강 안에서 빛을 냅니다.

6. 나는 성모님과 함께 투사합니다,
"내 폐는 항상 완전합니다."
생명의 호흡은 나를 유지시키고,
나는 삶의 목적을 성취합니다.

오 어머니의 사랑이여, 감미로운 선율이여,
나는(I AM) 모든 불완전함에서 해방되었습니다.
오 성모 마리아시여, 소리 안의 소리여,
내 가슴은 당신의 사랑으로 충만합니다.

오 성모 마리아시여,
더 높이 가속하는 노래를 내어주소서.
내 세포들은 높은 상태로 고양되어,
완벽한 건강 안에서 빛을 냅니다.

7. 나는 성모님과 함께 투사합니다,
"나의 위장과 간은 완전합니다."
나는 신이 주시는 선물을 섭취하고,
신성한 본질(substance)를 소화합니다.

어머니의 숭고한 아름다움을 통해서,
시간과 공간의 속박을 초월합니다.
모든 세포들은 필멸의 무덤을 넘어서,
어머니 모태 안에서 완전체(whole)가 됩니다.

오 성모 마리아시여,
더 높이 가속하는 노래를 내어주소서.
내 세포들은 높은 상태로 고양되어,
완벽한 건강 안에서 빛을 냅니다.

8. 나는 성모님과 함께 투사합니다,
"나의 장(腸)은 가장 완전합니다."
나의 장은 가장 좋은 것만을 흡수하고,
나머지는 모두 내보냅니다.

나는 생명의 노래와 공명하며,
생명의 화성과 조화를 이룹니다.
내 완전한 상태를 담은 신의 설계가
모든 세포를 다시 신성하게 합니다.

오 성모 마리아시여,
더 높이 가속하는 노래를 내어주소서.
내 세포들은 높은 상태로 고양되어,
완벽한 건강 안에서 빛을 냅니다.

9. 나는 성모님과 함께 투사합니다,
"내 신장은 항상 완전합니다."
이 신성한 기관은 확실히 내 혈액을
영원히 순수하게 유지합니다.

모든 세포의 소리굽쇠는 이제
어머니의 종에 맞춰 조율되었습니다.
이제 나는(I AM) 죽음의 저주에서 해방되어,
내 불멸을 선언합니다.

**오 성모 마리아시여,
더 높이 가속하는 노래를 내어주소서.
내 세포들은 높은 상태로 고양되어,
완벽한 건강 안에서 빛을 냅니다.**

4. 건강한 몸을 선언합니다.

1. 나는 성모님과 함께 투사합니다,
"항상 내 피부는 가장 완전합니다."
태양의 황금 광선을 흡수하면서,
완전히 새로운 시대가 시작됩니다.

오 은혜로우신 마리아의 생명의 노래는
모든 투쟁의 형상을 불태웁니다.
너무나 매혹적인 음류에 조율하면서
나는 모든 세포가 건강함을 선언합니다.

**오 성모 마리아시여,
더 높이 가속하는 노래를 내어주소서.
내 세포들은 높은 상태로 고양되어,**

완벽한 건강 안에서 빛을 냅니다.

2. 나는 성모님과 함께 투사합니다,
"내 성적 기관들은 가장 완전합니다."
모든 과도함을 배제하면서,
나는 생명의 힘을 표현합니다.

생명에서 흘러나오는 노래를 항상 들으니,
모든 두려움의 감각이 불타버립니다.
신성한 어머니의 교향악과 화합을 이루니,
모든 질병이 나에게서 사라집니다.

**오 성모 마리아시여,
더 높이 가속하는 노래를 내어주소서.
내 세포들은 높은 상태로 고양되어,
완벽한 건강 안에서 빛을 냅니다.**

3. 나는 성모님과 함께 투사합니다,
"내 몸의 내분비샘들은 가장 완전합니다."
그리스도의 손길이
소생의 흐름을 조절합니다.

어머니의 사랑 안에서 초월해 나갈 때,
내 모든 투쟁은 끝이 납니다.
내가 성모의 눈으로 볼 때면,
어떤 불완전함도 내게 오지 못합니다.

**오 성모 마리아시여,
더 높이 가속하는 노래를 내어주소서.
내 세포들은 높은 상태로 고양되어,**

완벽한 건강 안에서 빛을 냅니다.

4. 내 몸은 통합된 전체가 되고,
나는 부활한 영혼입니다.
내 의식하는 자아는 열린 문이 되어,
더 이상의 존재를 구현합니다.

내면에 살아 계신 그리스도를 깨달음으로써,
치유가 일어나기 시작합니다.
내가 (그리스도의) 단일한 눈으로 볼 때,
각 세포의 빛이 증가되기 때문입니다.

오 성모 마리아시여,
더 높이 가속하는 노래를 내어주소서.
내 세포들은 높은 상태로 고양되어,
완벽한 건강 안에서 빛을 냅니다.

5. 내가 천상에서 내려왔음을 알며,
네 가지 나의 몸들은 악기입니다.
이들을 통해 나는 음악을 연주하며,
완전히 새로운 날을 실현합니다.

어머니의 음악 안에서 자유로워지니,
더 작은 나에 대한 기억들은 사라졌습니다.
내 비전이 완전해지니,
내 모든 세포들이 소생합니다.

오 성모 마리아시여,
더 높이 가속하는 노래를 내어주소서.
내 세포들은 높은 상태로 고양되어,

완벽한 건강 안에서 빛을 냅니다.

6. 이제 나는 더 높은 의지를 받아들이며,
이렇게 내 사명을 성취합니다.
우주 광선의 변형자로서,
나는 자신의 신성한 권리를 드러냅니다.

오 어머니의 사랑이여, 감미로운 선율이여,
나는(I AM) 모든 불완전함에서 해방되었습니다.
오 성모 마리아시여, 소리 안의 소리여,
내 가슴은 당신의 사랑으로 충만합니다.

**오 성모 마리아시여,
더 높이 가속하는 노래를 내어주소서.
내 세포들은 높은 상태로 고양되어,
완벽한 건강 안에서 빛을 냅니다.**

7. 그리스도는 나의 승리를 예언하고,
나는 자신의 신성한 계획이 펼쳐지는 것을 봅니다.
신과 인간 사이에 틈이 사라지고,
나는 최상의 재능을 실현합니다.

어머니의 숭고한 아름다움을 통해서,
시간과 공간의 속박을 초월합니다.
모든 세포들은 필멸의 무덤을 넘어서,
어머니 모태 안에서 완전체(whole)가 됩니다.

**오 성모 마리아시여,
더 높이 가속하는 노래를 내어주소서.
내 세포들은 높은 상태로 고양되어,**

완벽한 건강 안에서 빛을 냅니다.

8. "내 것"이란 소유감을 모두 내려 놓을 때,
그 어떤 것도 내 신성한 계획을 막지 못합니다.
따라서 내 하위체들은 자유를 얻고,
더 작은 "나"의 오류에서 해방됩니다.

나는 생명의 노래와 공명하며,
생명의 화성과 조화를 이룹니다.
내 완전한 상태를 담은 신의 설계가
모든 세포를 다시 신성하게 합니다.

**오 성모 마리아시여,
더 높이 가속하는 노래를 내어주소서.
내 세포들은 높은 상태로 고양되어,
완벽한 건강 안에서 빛을 냅니다.**

9. 무한 8자 형상의 연계점 안에서,
나는 완전히 열린 문입니다.
황금시대가 시작되고,
우리의 지구 행성은 변형됩니다.

모든 세포의 소리굽쇠는 이제
어머니의 종에 맞춰 조율되었습니다.
이제 나는(I AM) 죽음의 저주에서 해방되어,
내 불멸을 선언합니다.

**오 성모 마리아시여,
더 높이 가속하는 노래를 내어주소서.
내 세포들은 높은 상태로 고양되어,**

완벽한 건강 안에서 빛을 냅니다.

옴 아 훔, 마-레이 구루 파드마 싯디 훔 (9번, 33번, 혹은 그 이상)

봉인하기

신성한 어머니의 이름으로, 나는 성모 마리아께 나 자신과 내 영향력의 원 안에 있는 모든 사람들을 신성한 어머니, 생명의 강의 창조적인 흐름 안에 봉인해 달라고 요청합니다. 신성한 어머니의 모든 대리자들에 의해 나의 요청이 증폭되어, 우리가 "위에서처럼, 아래에서도" 완전한 무한 8자 형상의 흐름을 이루게 하소서. 이에 주님이자 신성한 어머니이신 아이앰(the Lord, the Divine Mother that I AM)이 이것을 직접 말씀하셨으므로, 나는 이것이 완전하게 구현됨을 받아들입니다. 아멘.

생명의 노래 5

구현 (기원)

I AM THAT I AM, 예수 그리스도의 이름으로 나는 모든 신성한 어머니의 대리자들, 특히 폴샤와 성모 마리아를 부르며 나의 네 하위체들의 치유를, 특히 내 세계관의 변형을 요청합니다. 내가 우주의 흐름에 나 자신을 완전히 맡길 수 있도록 도와주소서, 그리하여 내가 결핍의 의식을 초월하고, 모든 생명을 들어올리는 가장 위대한 봉사를 할 수 있는 장소와 환경으로 성령의 인도를 받게 하소서. 나는 모든 불균형의 치유를 요청합니다.
(여기에 개인적인 요청을 추가하세요)

하나이신 아버지-어머니 신이 존재할 때
나는 신성한 아들의 출현을 봅니다.
나의 그리스도 균형이 열쇠이며,
극단들은 나를 사로잡지 못합니다.

내가 하나이신 존재 안에 중심을 잡을 때
내적인 균형이 이루어지며,
아이앰 현존은 이제 의식하는 자아를 통해
원하는 모든 것을 할 수 있습니다.

음과 양의 균형을 이룰 때
나는 그리스도의 승리를 얻습니다.
마라(魔羅)의 데몬들을 초월할 때
나는 팔정도(八正道)의 길로 상승합니다.

내가 신성한 탐구를 완성할 때
모든 미묘한 시험이 완결됩니다.
예수님과 함께 나는 모든 허상을 놓아버리며,
고타마 붓다께서는 나에게 평화를 보여줍니다.

내가 마이트레야와 함께 자유를 얻을 때
사나트 쿠마라께서 나를 반겨줍니다.
알파와 오메가는 이제 하나이며
나는 중앙 태양 안에서 그들과 거합니다.

그들의 무한 8자 형상이
우주의 문을 열 때,
나는(I AM) 창조주와 함께
진정한 양극성 안에 거합니다.

내가 지구 행성으로 돌아올 때
새로운 자아가 탄생합니다.
이제 모두를 위한 지고선이 무엇인지를 알며
나는 신의 의지를 구현합니다.

1. 나는 신성한 어머니의 흐름 안에 있습니다

1. 나는 신성한 어머니 몸의 일부이며,
어머니 가슴에서 나온 아이입니다.
나는 아이앰 현존(진아)의 통솔 아래
이제 내 올바른 역할을 수용합니다.

오 폴셔여, 당신의 은거처에서
당신은 어머니의 사랑으로 나를 맞이합니다.
나는 이제 모든 시험을 완료했으며,
더 이상 옛 패턴을 반복하지 않습니다.

오 폴셔, 기회의 시혜자여,
나는 이원성을 초월합니다.
나는 이제 내면에 초점을 두며,
당신과 함께 영원히 성장합니다.

2. 나는 더 이상 태만하게 방관하지 않으며,
어떤 세력도 나를 제압할 수 없습니다.
나는 어머니의 흐름 안에 내 자리를 잡으며,
이제 모든 문제를 넘어서 성장합니다.

오 폴셔여, 정의는 당신의 이름이며,
우주적 영광의 불꽃을 들어올립니다.
현상 유지를 하기 위한 게임을
나는 더 이상 하지 않을 것입니다.

오 폴셔, 기회의 시혜자여,
나는 이원성을 초월합니다.
나는 이제 내면에 초점을 두며,

당신과 함께 영원히 성장합니다.

3. 나는 이제 우주의 움직임을 보며
새로운 실재를 깨닫습니다.
내가 이원성의 비전을 거부할 때,
내가 바로잡아야 할 문제도 없습니다.

오 폴셔여, 나는 우주의 흐름 안에서
당신과 하나되어 영원히 성장합니다.
나는 당신이 부여하는 우주의 정의를 담는,
이곳 지상의 성배입니다.

**오 폴셔, 기회의 시혜자여,
나는 이원성을 초월합니다.
나는 이제 내면에 초점을 두며,
당신과 함께 영원히 성장합니다.**

4. 내가 무력에 기반한 마음의 틀을 초월하니,
에고를 방어할 필요가 없습니다.
나는 영원한 적으로부터 해방되고,
이제 흐름의 방향을 바로잡습니다.

오 폴셔여, 우주적인 균형을 가져오소서,
내 가슴은 영원한 희망을 노래합니다.
어머니의 날개는 나를 보호하고,
나는 만물과 하나됨을 느낍니다.

**오 폴셔, 기회의 시혜자여,
나는 이원성을 초월합니다.
나는 이제 내면에 초점을 두며,**

당신과 함께 영원히 성장합니다.

5. 내가 우주의 소리에 조율하니,
내 영(Spirit)은 물질에 속박되지 않습니다.
이제 내 근원을 향해 회귀하도록
나는 진로의 변경을 결정합니다.

오 폴셔여, 어머니의 빛을 가져오시어
모두를 암흑의 밤에서 해방하소서.
당신 사랑의 화염은 영원토록 밝게 빛나니,
이제 성 저메인과 함께 나를 굳게 잡아주소서.

오 폴셔, 기회의 시혜자여,
나는 이원성을 초월합니다.
나는 이제 내면에 초점을 두며,
당신과 함께 영원히 성장합니다.

6. 내가 과거에 했던 결정은
더 이상 내게 힘을 미치지 못합니다.
내가 오래된 영체들을 보내버릴 때,
과거는 내 미래를 예고하지 못합니다.

오 폴셔여, 나는 변형의 연금술에
통달한 당신을 느낍니다.
당신이 발하는 실재의 빛 안에서
나는 황금의 연금술을 발견합니다.

오 폴셔, 기회의 시혜자여,
나는 이원성을 초월합니다.
나는 이제 내면에 초점을 두며,

당신과 함께 영원히 성장합니다.

7. 우주의 정의는 선언합니다,
내가 과거에서 해방될 수 있음을.
이제 나는 단일한 눈의 비전을 회복하며,
정의의 여신은 더 이상 눈멀지 않았습니다.

오 폴셔여, 우주의 흐름 안에서
나는 인간의 꿈에서 깨어납니다.
에고의 들보를 제거하며
나는 우주의 팀에 내 자리를 얻습니다.

**오 폴셔, 기회의 시혜자여,
나는 이원성을 초월합니다.
나는 이제 내면에 초점을 두며,
당신과 함께 영원히 성장합니다.**

8. 나는 균형 잡힌 눈으로 보며
이원성의 거짓말을 드러냅니다.
이에 나는 큰 소리로 오래된 영체들에게
나가버리라고 명합니다.

오 폴셔여, 당신은 아득히 먼 곳에서 온
우주의 아바타(avatar)입니다.
당신이 펼치는 은혜에는 한계가 없고,
당신은 지구를 인도하는 별입니다.

**오 폴셔, 기회의 시혜자여,
나는 이원성을 초월합니다.
나는 이제 내면에 초점을 두며,**

당신과 함께 영원히 성장합니다.

9. 나는 불균형한 선택들을 바로 잡으며
내 저울이 균형을 이룬 것을 기뻐합니다.
폴셔와 함께 내가 매트릭스를 산산조각 내니,
내 영(Spirit)은 물질의 무덤을 벗어납니다.

오 폴셔여, 나는 확신으로 충만한
우주의 악기입니다.
나는 지구의 상승을 돕기 위해
천상에서 지구로 내려왔습니다.

오 폴셔, 기회의 시혜자여,
나는 이원성을 초월합니다.
나는 이제 내면에 초점을 두며,
당신과 함께 영원히 성장합니다.

2. 우주의 춤과 함께 흘러가며

1. 신은 나를 벌할 필요가 없으며,
신의 정의가 원하는 것은 나의 자유입니다.
자유란 균형을 찾는 것이며,
그로써 나는 하나의 마음에 이릅니다.

오 폴셔여, 당신의 은거처에서
당신은 어머니의 사랑으로 나를 맞이합니다.
나는 이제 모든 시험을 완료했으며,
더 이상 옛 패턴을 반복하지 않습니다.

오 폴셔, 기회의 시혜자여,

**나는 이원성을 초월합니다.
나는 이제 내면에 초점을 두며,
당신과 함께 영원히 성장합니다.**

2. 사랑하는 안내자인 폴셔와 함께 할 때,
오래된 영체들은 숨을 곳이 없습니다.
이제 내 저울의 균형이 이루어지니,
내 돛에 성령(Holy Spirit)의 바람이 불어 옵니다.

오 폴셔여, 정의는 당신의 이름이며,
우주적 영광의 불꽃을 들어올립니다.
현상 유지를 하기 위한 게임을
나는 더 이상 하지 않을 것입니다.

**오 폴셔, 기회의 시혜자여,
나는 이원성을 초월합니다.
나는 이제 내면에 초점을 두며,
당신과 함께 영원히 성장합니다.**

3. 영(Spirit)의 바람이 부는 곳에서,
나는 단지 그 흐름에 나 자신을 맡깁니다.
이제는 영이 나를 인도하여,
내가 봉사할 수 있는 곳으로 데려갑니다.

오 폴셔여, 나는 우주의 흐름 안에서
당신과 하나되어 영원히 성장합니다.
나는 당신이 부여하는 우주의 정의를 담는,
이곳 지상의 성배입니다.

오 폴셔, 기회의 시혜자여,

나는 이원성을 초월합니다.
나는 이제 내면에 초점을 두며,
당신과 함께 영원히 성장합니다.

4. 나는 더 이상 환경에 구속되지 않으며
우주의 춤을 따라 흘러갑니다.
나는 영(Spirit)이 인도하는 대로 기쁘게 가며,
모든 이들이 성장하도록 도와줍니다.

오 폴셔여, 우주적인 균형을 가져오소서,
내 가슴은 영원한 희망을 노래합니다.
어머니의 날개는 나를 보호하고,
나는 만물과 하나됨을 느낍니다.

오 폴셔, 기회의 시혜자여,
나는 이원성을 초월합니다.
나는 이제 내면에 초점을 두며,
당신과 함께 영원히 성장합니다.

5. 나의 의식하는 자아(Conscious You)는
현존(진아)의 모든 것이 흘러 오는 열린 문입니다.
나는 영(Spirit)의 선물을 가져오며,
오직 모든 생명을 높이고자 합니다.

오 폴셔여, 어머니의 빛을 가져오시어
모두를 암흑의 밤에서 해방하소서.
당신 사랑의 화염은 영원토록 밝게 빛나니,
이제 성 저메인과 함께 나를 굳게 잡아주소서.

오 폴셔, 기회의 시혜자여,

**나는 이원성을 초월합니다.
나는 이제 내면에 초점을 두며,
당신과 함께 영원히 성장합니다.**

6. 무아의 봉사 안에서 "나"는 사라지며,
인간적인 대가를 계산하지 않습니다.
이제 나는 더 높은 목적을 발견하며,
온갖 장애를 뛰어넘습니다.

오 폴셔여, 나는 변형의 연금술에
통달한 당신을 느낍니다.
당신이 발하는 실재의 빛 안에서
나는 황금의 연금술을 발견합니다.

**오 폴셔, 기회의 시혜자여,
나는 이원성을 초월합니다.
나는 이제 내면에 초점을 두며,
당신과 함께 영원히 성장합니다.**

7. 나는 더 높은 화합으로 들어가기 위한
기회를 잡습니다.
나는 상승 호스트의 일원이며,
봉사야말로 내게 가장 중요한 일입니다.

오 폴셔여, 우주의 흐름 안에서
나는 인간의 꿈에서 깨어납니다.
에고의 들보를 제거하며
나는 우주의 팀에 내 자리를 얻습니다.

오 폴셔, 기회의 시혜자여,

나는 이원성을 초월합니다.
나는 이제 내면에 초점을 두며,
당신과 함께 영원히 성장합니다.

8. 나는 상승 마스터들과 한 팀이 되어
신성한 지구를 되찾습니다.
상승 마스터들의 힘은 상향의 물결을 이루며
사람들을 관념의 동굴에서 해방합니다.

오 폴셔여, 당신은 아득히 먼 곳에서 온
우주의 아바타(avatar)입니다.
당신이 펼치는 은혜에는 한계가 없고,
당신은 지구를 인도하는 별입니다.

**오 폴셔, 기회의 시혜자여,
나는 이원성을 초월합니다.
나는 이제 내면에 초점을 두며,
당신과 함께 영원히 성장합니다.**

9. 마스터들은 나를 통해 빛을 부어주시며,
천상의 모든 것이 지상에서도 실현됩니다.
우리는 우주의 빛을 확산시키면서
물질 우주를 상승시킵니다.

오 폴셔여, 나는 확신으로 충만한
우주의 악기입니다.
나는 지구의 상승을 돕기 위해
천상에서 지구로 내려왔습니다.

오 폴셔, 기회의 시혜자여,

나는 이원성을 초월합니다.
나는 이제 내면에 초점을 두며,
당신과 함께 영원히 성장합니다.

3. 나는 우주의 정의를 기원합니다

1. 만일 타락한 존재들이 나를 공격하면
나는 그들의 에너지를 거울처럼 반사합니다.
나는 항상 다른 뺨도 내어주는
온유한 자들의 무리에 합류합니다.

오 폴셔여, 당신의 은거처에서
당신은 어머니의 사랑으로 나를 맞이합니다.
나는 이제 모든 시험을 완료했으며,
더 이상 옛 패턴을 반복하지 않습니다.

오 폴셔, 기회의 시혜자여,
나는 이원성을 초월합니다.
나는 이제 내면에 초점을 두며,
당신과 함께 영원히 성장합니다.

2. 악에 대적하지 않는 것이 소명이니,
이는 우리를 우주적인 추락에서 구해내고,
하나됨을 벗어나 있는 존재들에게
화합의 기회를 넓혀 줍니다.

오 폴셔여, 정의는 당신의 이름이며,
우주적 영광의 불꽃을 들어올립니다.
현상 유지를 하기 위한 게임을
나는 더 이상 하지 않을 것입니다.

**오 폴셔, 기회의 시혜자여,
나는 이원성을 초월합니다.
나는 이제 내면에 초점을 두며,
당신과 함께 영원히 성장합니다.**

3. 타락한 무리의 사악한 침을 가진 이들에게
내면의 그리스도의 심판을 가져오소서.
독으로 가득 찬 이들의 하향 인력에서
지구를 해방하소서.

오 폴셔여, 나는 우주의 흐름 안에서
당신과 하나되어 영원히 성장합니다.
나는 당신이 부여하는 우주의 정의를 담는,
이곳 지상의 성배입니다.

**오 폴셔, 기회의 시혜자여,
나는 이원성을 초월합니다.
나는 이제 내면에 초점을 두며,
당신과 함께 영원히 성장합니다.**

4. 오 폴셔여, 우주의 정의를 가져오소서,
당신의 천사들이 정의의 노래를 부르게 하소서.
폴셔가 타락한 무리를 심판할 때,
지구는 악마(devil)의 음모에서 자유로워집니다.

오 폴셔여, 우주적인 균형을 가져오소서,
내 가슴은 영원한 희망을 노래합니다.
어머니의 날개는 나를 보호하고,
나는 만물과 하나됨을 느낍니다.

**오 폴셔, 기회의 시혜자여,
나는 이원성을 초월합니다.
나는 이제 내면에 초점을 두며,
당신과 함께 영원히 성장합니다.**

5. 마라(魔羅)의 데몬들이 모두 결박되니,
평화와 화합으로 충만합니다.
이제 내 가슴은 성 저메인을 맞이하며
너무나 큰 기쁨으로 넘쳐 흐릅니다.

오 폴셔여, 어머니의 빛을 가져오시어
모두를 암흑의 밤에서 해방하소서.
당신 사랑의 화염은 영원토록 밝게 빛나니,
이제 성 저메인과 함께 나를 굳게 잡아주소서.

**오 폴셔, 기회의 시혜자여,
나는 이원성을 초월합니다.
나는 이제 내면에 초점을 두며,
당신과 함께 영원히 성장합니다.**

6. 나는 위의 신과 아래의 모두를 이어주는
무한 8자 흐름의 연결점입니다.
우주의 8자 형상의 흐름 안에서
나는 마스터의 빛을 널리 반사합니다.

오 폴셔여, 나는 변형의 연금술에
통달한 당신을 느낍니다.
당신이 발하는 실재의 빛 안에서,
나는 황금의 연금술을 발견합니다.

**오 폴셔, 기회의 시혜자여,
나는 이원성을 초월합니다.
나는 이제 내면에 초점을 두며,
당신과 함께 영원히 성장합니다.**

7. 내 신성한 계획이 펼쳐지는 것을 보며
너무나 경이로운 아름다움을 느낍니다.
우주의 계획에서 내 자리를 발견하며,
나는 신과 인간 사이의 간격을 이어줍니다.

오 폴셔여, 우주의 흐름 안에서
나는 인간의 꿈에서 깨어납니다.
에고의 들보를 제거하며
나는 우주의 팀에 내 자리를 얻습니다.

**오 폴셔, 기회의 시혜자여,
나는 이원성을 초월합니다.
나는 이제 내면에 초점을 두며,
당신과 함께 영원히 성장합니다.**

8. 내 현존(Presence)과의 하나됨 안에서
나는 이제 나 자신의 빛을 발합니다.
내 빛은 언덕 위에 놓여지고,
나는 그리스도의 솜씨로 빛을 활용합니다.

오 폴셔여, 당신은 아득히 먼 곳에서 온
우주의 아바타(avatar)입니다.
당신이 펼치는 은혜에는 한계가 없고,
당신은 지구를 인도하는 별입니다.

**오 폴셔, 기회의 시혜자여,
나는 이원성을 초월합니다.
나는 이제 내면에 초점을 두며,
당신과 함께 영원히 성장합니다.**

9. 나는 이제 단일한 지혜안으로 보며,
신성한 빛의 방향을 인도합니다.
그 빛은 우리의 행성 지구를 변형시키고,
황금시대가 탄생합니다.

오 폴셔여, 나는 확신으로 충만한
우주의 악기입니다.
나는 지구의 상승을 돕기 위해
천상에서 지구로 내려왔습니다.

**오 폴셔, 기회의 시혜자여,
나는 이원성을 초월합니다.
나는 이제 내면에 초점을 두며,
당신과 함께 영원히 성장합니다.**

4. 나는 신성한 계획을 구현합니다

1. 내 신성한 계획이 내면의 시야에 펼쳐지며
이제 밝게 빛나기 시작합니다.
내가 수고로움 없이 그 흐름에 화합하니,
나는 목표를 향해 영원히 성장해갑니다.

오 폴셔여, 당신의 은거처에서
당신은 어머니의 사랑으로 나를 맞이합니다.
나는 이제 모든 시험을 완료했으며,

더 이상 옛 패턴을 반복하지 않습니다.

**오 폴셔, 기회의 시혜자여,
나는 이원성을 초월합니다.
나는 이제 내면에 초점을 두며,
당신과 함께 영원히 성장합니다.**

2. 내가 최선을 다하는 데 필요한 것을
우주는 모두 구현해 줍니다.
나는 이제 완전한 건강을 받아들입니다.
나는 이제 풍요로운 부(富)를 받아들입니다.

오 폴셔여, 정의는 당신의 이름이며,
우주적 영광의 불꽃을 들어올립니다.
현상 유지를 하기 위한 게임을
나는 더 이상 하지 않을 것입니다.

**오 폴셔, 기회의 시혜자여,
나는 이원성을 초월합니다.
나는 이제 내면에 초점을 두며,
당신과 함께 영원히 성장합니다.**

3. 결핍의 의식을 초월하니,
삶의 기쁨이 완전히 회복됩니다.
나는 이제 내면의 평화를 받아들입니다.
나는 이제 전쟁이 종결됨을 받아들입니다.

오 폴셔여, 나는 우주의 흐름 안에서
당신과 하나되어 영원히 성장합니다.
나는 당신이 부여하는 우주의 정의를 담는,

이곳 지상의 성배입니다.

**오 폴셔, 기회의 시혜자여,
나는 이원성을 초월합니다.
나는 이제 내면에 초점을 두며,
당신과 함께 영원히 성장합니다.**

4. 나는 마스터의 가르침을 공부해 왔고
우주의 흐름이 전환되었음을 압니다.
나는 이제 그리스도 마음을 받아들입니다.
나는 이제 순화된 삶을 받아들입니다.

오 폴셔여, 우주적인 균형을 가져오소서,
내 가슴은 영원한 희망을 노래합니다.
어머니의 날개는 나를 보호하고,
나는 만물과 하나됨을 느낍니다.

**오 폴셔, 기회의 시혜자여,
나는 이원성을 초월합니다.
나는 이제 내면에 초점을 두며,
당신과 함께 영원히 성장합니다.**

5. 내가 항상 위를 향해 올라가고 있다면,
내 진보는 멈추지 않을 것입니다.
나는 이제 내 완벽한 위치를 받아들입니다.
나는 이제 더 높은 우주의 은총을 받아들입니다.

오 폴셔여, 어머니의 빛을 가져오시어
모두를 암흑의 밤에서 해방하소서.
당신 사랑의 화염은 영원토록 밝게 빛나니,

이제 성 저메인과 함께 나를 굳게 잡아주소서.

**오 폴셔, 기회의 시혜자여,
나는 이원성을 초월합니다.
나는 이제 내면에 초점을 두며,
당신과 함께 영원히 성장합니다.**

6. 나는 우주의 낙관주의자이고,
에고를 몰아내는 자입니다.
나는 이제 신이 주시는 것을 받아들입니다.
나는 이제 상향의 흐름을 받아들입니다.

오 폴셔여, 나는 변형의 연금술에
통달한 당신을 느낍니다.
당신이 발하는 실재의 빛 안에서
나는 황금의 연금술을 발견합니다.

**오 폴셔, 기회의 시혜자여,
나는 이원성을 초월합니다.
나는 이제 내면에 초점을 두며,
당신과 함께 영원히 성장합니다.**

7. 내가 열린 문으로 존재할 때
나는 항상 그 이상의 것을 받습니다.
나는 이제 자신의 순수무결함을 받아들입니다.
나는 이제 신의 풍요를 받아들입니다.

오 폴셔여, 우주의 흐름 안에서
나는 인간의 꿈에서 깨어납니다.
에고의 들보를 제거하며

나는 우주의 팀에 내 자리를 얻습니다.

**오 폴셔, 기회의 시혜자여,
나는 이원성을 초월합니다.
나는 이제 내면에 초점을 두며,
당신과 함께 영원히 성장합니다.**

8. 천상의 모든 것을 거울처럼 비춰 주며,
나는 순수한 사랑을 방사합니다.
나는 이제 내 자유를 받아들입니다.
나는 이제 그리스도로서의 나를 받아들입니다.

오 폴셔여, 당신은 아득히 먼 곳에서 온
우주의 아바타(avatar)입니다.
당신이 펼치는 은혜에는 한계가 없고,
당신은 지구를 인도하는 별입니다.

**오 폴셔, 기회의 시혜자여,
나는 이원성을 초월합니다.
나는 이제 내면에 초점을 두며,
당신과 함께 영원히 성장합니다.**

9. 이제 폴셔와의 하나됨 안에서
나는 기회를 잡습니다.
나는 이제 넘쳐 흐르는 신성을 받아들입니다.
나는 이제 완전한 성취를 받아들입니다.

오 폴셔여, 나는 확신으로 충만한
우주의 악기입니다.
나는 지구의 상승을 돕기 위해

천상에서 지구로 내려왔습니다.

오 폴셔, 기회의 시혜자여,
나는 이원성을 초월합니다.
나는 이제 내면에 초점을 두며,
당신과 함께 영원히 성장합니다.

옴 아 훔, 폴셔 구루 파드마 싯디 훔 (9번, 33번, 또는 그 이상 낭송)

봉인하기
신성한 어머니의 이름으로, 나는 폴셔와 성모 마리아께 나 자신과 내 영향력의 원 안에 있는 모든 사람들을 신성한 어머니, 생명의 강의 창조적인 흐름 안에 봉인해 달라고 요청합니다. 신성한 어머니의 모든 대리자들에 의해 나의 요청이 증폭되어, 우리가 "위에서처럼, 아래에서도" 완전한 무한 8자 형상의 흐름을 이루게 하소서. 이에 주님이자 신성한 어머니이신 아이앰(the Lord, the Divine Mother that I AM)이 이것을 직접 말씀하셨으므로, 나는 이것이 완전하게 구현됨을 받아들입니다. 아멘.

생명의 노래 6

풍요 (기원)

I AM THAT I AM, 예수 그리스도의 이름으로 나는 모든 신성한 어머니의 대리자들, 특히 자유의 여신 리버티(Liberty)와 성모 마리아를 부르며 나의 네 하위체를 치유해 주시길 요청합니다, 특히 풍요로운 삶을 구현하고 창조하도록 내 자유를 변형해 주소서. 나는 모든 빈곤과 결핍의 감각을 치유해 주시길 요청합니다..
(여기에 개인적인 요청을 추가하세요)

하나이신 아버지-어머니 신이 존재할 때
나는 신성한 아들의 출현을 봅니다.
나의 그리스도 균형이 열쇠이며,
극단들은 나를 사로잡지 못합니다.

내가 하나이신 존재 안에 중심을 잡을 때
내적인 균형이 이루어지며,

아이앰 현존은 이제 의식하는 자아를 통해
원하는 모든 것을 할 수 있습니다.

음과 양의 균형을 이룰 때
나는 그리스도의 승리를 얻습니다.
마라(魔羅)의 데몬들을 초월할 때
나는 팔정도(八正道)의 길로 상승합니다.

내가 신성한 탐구를 완성할 때
모든 미묘한 시험이 완결됩니다.
예수님과 함께 나는 모든 허상을 놓아버리며,
고타마 붓다께서는 나에게 평화를 보여줍니다.

내가 마이트레야와 함께 자유를 얻을 때
사나트 쿠마라께서 나를 반겨줍니다.
알파와 오메가는 이제 하나이며
나는 중앙 태양 안에서 그들과 거합니다.

그들의 무한 8자 형상이
우주의 문을 열 때,
나는(I AM) 창조주와 함께
진정한 양극성 안에 거합니다.

내가 지구 행성으로 돌아올 때
새로운 자아가 탄생합니다.
이제 모두를 위한 지고선이 무엇인지를 알며
나는 신의 의지를 구현합니다.

1. 나는 신성한 어머니에 대한 증오를 버립니다

1. 오 우주의 어머니 리버티시여,
당신보다 더 위대한 사랑은 없습니다.
결핍과 빈곤을 초월하면서
나는 당신을 향한 헌신자가 됩니다.

오 리버티여, 가난이란 악마의 저주에서
이제 나를 자유롭게 하소서.
나는 결핍을 어머니의 탓으로 돌리지 않습니다,
오 축복받은 어머니시여, 나를 (원상태로) 되돌리소서.

오 우주의 어머니 리버티시여,
풍요의 교향악을 지휘하소서.
나는 무엇이 최상의 봉사인지 알게 되고,
이제 풍요는 나에게 현실이 됩니다.

2. 나는 하나됨을 추구하였으나,
어느 날 금지된 과일을 먹었습니다.
나는 뱀의 음모를 믿으면서,
실재를 잊어버렸습니다.

오 리버티여, 나는 머나먼 해안에서,
그 이상이 되려는 희구와 함께 왔습니다.
나는 풍요의 흐름을 보면서,
풍요의 의식을 키워나갑니다.

오 우주의 어머니 리버티시여,
풍요의 교향악을 지휘하소서.
나는 무엇이 최상의 봉사인지 알게 되고,
이제 풍요는 나에게 현실이 됩니다.

3. 그러나 갑자기 세상이 바뀌어버리고,
정말 생소하고 낯설어졌습니다.
그때는 마치 신성한 어머니께서,
나를 벌하고 계신 것처럼 느껴졌습니다.

오 리버티여, 내가 한계에 속박될 수 있다는
거짓말을 드러내소서.
마터 빛은 나의 적이 아니며,
나에게 진정한 부(富)를 가져다줍니다.

오 우주의 어머니 리버티시여,
풍요의 교향악을 지휘하소서.
나는 무엇이 최상의 봉사인지 알게 되고,
이제 풍요는 나에게 현실이 됩니다.

4. 우주 거울은 내가 투사했던 모든 것을,
그대로 반사했습니다.
모든 것이 잘못 흘러가버렸고,
나는 심한 자책감에 빠졌습니다.

오 리버티여, 타락한 무리들이 투사한
책략을 드러내 주소서.
우주의 어머니시여, 나는 어머니가
나의 적이 아니라는 진실을 봅니다.

오 우주의 어머니 리버티시여,
풍요의 교향악을 지휘하소서.
나는 무엇이 최상의 봉사인지 알게 되고,
이제 풍요는 나에게 현실이 됩니다.

5. 나는 그 상황을 보상하기 위한 시도로,
에고를 만들어냈습니다.
의식하는 자아(Conscious You)에게 에고는 지옥과도 같았지만,
나는 내 작은 깍지 안으로 도피해 버렸습니다.

오 리버티여, 나는 이제 열린 눈으로,
악마의 거짓말을 거부합니다.
나는 지고의 신성한 아버지를 보며,
이제 신성한 어머니의 영역을 포용합니다.

오 우주의 어머니 리버티시여,
풍요의 교향악을 지휘하소서.
나는 무엇이 최상의 봉사인지 알게 되고,
이제 풍요는 나에게 현실이 됩니다.

6. 에고의 쇼가 상연되면서,
나는 생명 본연의 흐름을 벗어났습니다.
내가 내보낸 것을 어머니는 계속 되돌려 보냈고,
나는 그것을 공격으로 여겼습니다.

오 리버티여, 나의 하위체들은
순수한 성배입니다.
나를 통해 당신의 교향악을 연주하소서,
당신의 선물인 우주의 자유가 흐르게 하소서.

오 우주의 어머니 리버티시여,
풍요의 교향악을 지휘하소서.
나는 무엇이 최상의 봉사인지 알게 되고,
이제 풍요는 나에게 현실이 됩니다.

7. 나는 고향을 그리워하며 세상을 방황하라는
선고를 받은 것처럼 느꼈습니다.
나는 모든 것이 너무나 늦었다고 생각하며,
어머니에 대한 증오로 가득했습니다.

오 리버티여, 나는 초월의 교향악을 위해
열린 문입니다.
내 차크라 안에서 당신이 방출하는 빛,
이 사랑의 흐름은 결코 멈추지 않을 것입니다.

오 우주의 어머니 리버티시여,
풍요의 교향악을 지휘하소서.
나는 무엇이 최상의 봉사인지 알게 되고,
이제 풍요는 나에게 현실이 됩니다.

8. 어느 날 갑자기 한 줄기 빛의 섬광이 비치며,
별의 어머니가 찬란하게 빛을 발했습니다.
그것은 내게 그리스도 신성의 빛을 보내고 있는,
나의 어머니 리버티였습니다.

오 리버티여, 당신이 베푸시는
풍요의 흐름을 방출해 주소서.
당신이 짜고 계신 황금의 담요를,
나는 받고자 합니다.

오 우주의 어머니 리버티시여,
풍요의 교향악을 지휘하소서.
나는 무엇이 최상의 봉사인지 알게 되고,
이제 풍요는 나에게 현실이 됩니다.

9. 이제 내 눈에서 비늘이 떨어져나가고,
나는 어머니의 사랑을 부인할 수 없습니다.
어머니는 나에게 보여줍니다,
에고와의 연결을 태워버릴 때 내가 돌아갈 수 있음을.

오 리버티여, 지친 이들과 가난한 이들을 해방할,
치유의 힘을 방출하소서.
리버티의 사랑의 노래는
대중의 무리들을 자유롭게 합니다.

오 우주의 어머니 리버티시여,
풍요의 교향악을 지휘하소서.
나는 무엇이 최상의 봉사인지 알게 되고,
이제 풍요는 나에게 현실이 됩니다.

2. 나는 신성한 어머니의 풍요를 받아들입니다

1. 오 우주의 어머니 리버티시여,
나는 뱀의 거짓말로부터 자유로워집니다.
어머니가 내 친구이심을 알며,
나는 어머니의 지지에 의지합니다.

오 리버티여, 가난이란 악마의 저주에서
이제 나를 자유롭게 하소서.
나는 결핍을 어머니의 탓으로 돌리지 않습니다,
오 축복받은 어머니시여, 나를 되돌리소서.

오 우주의 어머니 리버티시여,
풍요의 교향악을 지휘하소서.
나는 무엇이 최상의 봉사인지 알게 되고,

이제 풍요는 나에게 현실이 됩니다.

2. 내가 투쟁의 감각을 초월할 때,
그녀는 내게 풍요한 삶을 부여합니다.
어머니는 나를 위해 최선의 것을
구현하고자 원하시는 까닭입니다.

오 리버티여, 나는 머나먼 해안에서,
그 이상이 되려는 희구와 함께 왔습니다.
나는 풍요의 흐름을 보면서,
풍요의 의식을 키워나갑니다.

오 우주의 어머니 리버티시여,
풍요의 교향악을 지휘하소서.
나는 무엇이 최상의 봉사인지 알게 되고,
이제 풍요는 나에게 현실이 됩니다.

3. 그러나 풍요를 받아들이기 위해서,
나는 천진난만함을 회복해야 합니다.
신의 연금술과 함께 흐르기 위해서는,
어린아이 같은 마음이 열쇠입니다.

오 리버티여, 내가 한계에 속박될 수 있다는
거짓말을 드러내소서.
마터 빛은 나의 적이 아니며,
나에게 진정한 부(富)를 가져다줍니다.

오 우주의 어머니 리버티시여,
풍요의 교향악을 지휘하소서.
나는 무엇이 최상의 봉사인지 알게 되고,

이제 풍요는 나에게 현실이 됩니다.

4. 내가 기만을 시도한다면,
나는 결코 성공하지 못할 것입니다.
내가 천국을 강제로 탈취하려 한다면,
나는 근원에서 분리되어 버립니다.

오 리버티여, 타락한 무리들이 투사한
책략을 드러내 주소서.
우주의 어머니시여, 나는 어머니가
나의 적이 아니라는 진실을 봅니다.

오 우주의 어머니 리버티시여,
풍요의 교향악을 지휘하소서.
나는 무엇이 최상의 봉사인지 알게 되고,
이제 풍요는 나에게 현실이 됩니다.

5. 그러나 어린아이 같은 마음으로 즐기며 놀 때,
나는 완전히 새로운 날을 공동 창조합니다.
나는 마터 빛을 자유롭게 하고,
마터 빛은 내게 풍요를 가져다줍니다.

오 리버티여, 나는 이제 열린 눈으로,
악마의 거짓말을 거부합니다.
나는 지고의 신성한 아버지를 보며,
이제 신성한 어머니의 영역을 포용합니다.

오 우주의 어머니 리버티시여,
풍요의 교향악을 지휘하소서.
나는 무엇이 최상의 봉사인지 알게 되고,

이제 풍요는 나에게 현실이 됩니다.

6. 내 안의 그리스도가 폭풍에게 잠잠하라 이를 때,
풍요는 진실로 일상의 기준이 됩니다.
엘로힘이 지구를 설계하셨을 때,
그들이 구현한 매트릭스는 완전했습니다.

오 리버티여, 나의 하위체들은
순수한 성배입니다.
나를 통해 당신의 교향악을 연주하소서,
당신의 선물인 우주의 자유가 흐르게 하소서.

오 우주의 어머니 리버티시여,
풍요의 교향악을 지휘하소서.
나는 무엇이 최상의 봉사인지 알게 되고,
이제 풍요는 나에게 현실이 됩니다.

7. 내가 그리스도의 마음을 추구할 때,
내 정원에는 풍성한 열매가 열립니다.
내가 신의 풍요를 받을 때,
인간의 쇠망은 사라져버립니다.

오 리버티여, 나는 초월의 교향악을 위해
열린 문입니다.
내 차크라 안에서 당신이 방출하는 빛,
이 사랑의 흐름은 결코 멈추지 않을 것입니다.

오 우주의 어머니 리버티시여,
풍요의 교향악을 지휘하소서.
나는 무엇이 최상의 봉사인지 알게 되고,

이제 풍요는 나에게 현실이 됩니다.

8. 무력에 기반을 둔 마음자세를 버리고,
내 가슴은 신성한 잔이 됩니다.
내가 순수한 성배를 들어올릴 때,
그리스도의 생명은 나의 것이 됩니다.

오 리버티여, 당신이 베푸시는
풍요의 흐름을 방출해 주소서.
당신이 짜고 계신 황금의 담요를,
나는 받고자 합니다.

**오 우주의 어머니 리버티시여,
풍요의 교향악을 지휘하소서.
나는 무엇이 최상의 봉사인지 알게 되고,
이제 풍요는 나에게 현실이 됩니다.**

9. 나는 지금 내 십자가를 지며,
영체들의 죽음은 내게 손실이 아닙니다.
나는 그리스도와 함께 불에서 다시 태어나고,
내 비전은 더 높이 고양됩니다.

오 리버티여, 지친 이들과 가난한 이들을 해방할,
치유의 힘을 방출하소서.
리버티의 사랑의 노래는
대중의 무리들을 자유롭게 합니다.

**오 우주의 어머니 리버티시여,
풍요의 교향악을 지휘하소서.
나는 무엇이 최상의 봉사인지 알게 되고,**

이제 풍요는 나에게 현실이 됩니다.

3. 나는 신성한 어머니의 아이디어들을 받아들입니다

1. 오 복된 어머니 리버티시여,
우주에 봉사하며 나는 자유를 누립니다.
신성한 어머니는 지상의 모두에게,
풍요를 부어주기 원합니다.

오 리버티여, 가난이란 악마의 저주에서
이제 나를 자유롭게 하소서.
나는 결핍을 어머니의 탓으로 돌리지 않습니다,
오 축복받은 어머니시여, 나를 되돌리소서.

**오 우주의 어머니 리버티시여,
풍요의 교향악을 지휘하소서.
나는 무엇이 최상의 봉사인지 알게 되고,
이제 풍요는 나에게 현실이 됩니다.**

2. 내가 소유를 추구하지 않을 때,
나는 우주의 음에 화합하게 됩니다.
내가 열린 문이 될 때,
우리는 생명의 흐름을 복구합니다.

오 리버티여, 나는 머나먼 해안에서,
그 이상이 되려는 희구와 함께 왔습니다.
나는 풍요의 흐름을 보면서,
풍요의 의식을 키워나갑니다.

오 우주의 어머니 리버티시여,

풍요의 교향악을 지휘하소서.
나는 무엇이 최상의 봉사인지 알게 되고,
이제 풍요는 나에게 현실이 됩니다.

3. 내가 단일한 눈으로 인식할 때,
새로운 아이디어들을 받게 됩니다.
나는 모든 결핍의 감각을 초월하고,
어머니의 사랑은 모든 상처를 치유합니다.

오 리버티여, 내가 한계에 속박될 수 있다는
거짓말을 드러내소서.
마터 빛은 나의 적이 아니며,
나에게 진정한 부(富)를 가져다줍니다.

오 우주의 어머니 리버티시여,
풍요의 교향악을 지휘하소서.
나는 무엇이 최상의 봉사인지 알게 되고,
이제 풍요는 나에게 현실이 됩니다.

4. 내가 준 그대로 나는 받게 되며,
나는 이러한 자각 안에서 삽니다.
따라서 나는 모든 생명을 높이고자 하며,
자기-의식(self-awareness)을 찬양합니다.

오 리버티여, 타락한 무리들이 투사한
책략을 드러내 주소서.
우주의 어머니시여, 나는 어머니가
나의 적이 아니라는 진실을 봅니다.

오 우주의 어머니 리버티시여,

풍요의 교향악을 지휘하소서.
나는 무엇이 최상의 봉사인지 알게 되고,
이제 풍요는 나에게 현실이 됩니다.

5. 당신이 우주적인 기회를 주신 것에,
내 감사의 마음을 바칩니다.
나는 옛 것을 모두 내려놓으며,
황금빛 미래를 바라봅니다.

오 리버티여, 나는 이제 열린 눈으로,
악마의 거짓말을 거부합니다.
나는 지고의 신성한 아버지를 보며,
이제 신성한 어머니의 영역을 포용합니다.

오 우주의 어머니 리버티시여,
풍요의 교향악을 지휘하소서.
나는 무엇이 최상의 봉사인지 알게 되고,
이제 풍요는 나에게 현실이 됩니다.

6. 나는 그리스도 신성의 기사(knight)가 되어,
마음을 다해 어머니 빛을 사랑합니다.
나는 이제 신성한 어린 양처럼 순수해져서,
어머니의 일부가 되었습니다.

오 리버티여, 나의 하위체들은
순수한 성배입니다.
나를 통해 당신의 교향악을 연주하소서,
당신의 선물인 우주의 자유가 흐르게 하소서.

오 우주의 어머니 리버티시여,

풍요의 교향악을 지휘하소서.
나는 무엇이 최상의 봉사인지 알게 되고,
이제 풍요는 나에게 현실이 됩니다.

7. 우리는 신성한 흐름을 복원하고,
지구의 모든 것에 초월성을 부여합니다.
우리는 어머니의 옛 부름을 따르며,
만물을 양육시킵니다.

오 리버티여, 나는 초월의 교향악을 위해
열린 문입니다.
내 차크라 안에서 당신이 방출하는 빛,
이 사랑의 흐름은 결코 멈추지 않을 것입니다.

오 우주의 어머니 리버티시여,
풍요의 교향악을 지휘하소서.
나는 무엇이 최상의 봉사인지 알게 되고,
이제 풍요는 나에게 현실이 됩니다.

8. 내가 올바른 자리에 있으니,
이제 어머니의 은총은 나를 통해 흘러갑니다.
모두가 어머니의 선물로 채워질 때,
그들은 두려움에서 사랑으로 옮겨가기 시작합니다.

오 리버티여, 당신이 베푸시는
풍요의 흐름을 방출해 주소서.
당신이 짜고 계신 황금의 담요를,
나는 받고자 합니다.

오 우주의 어머니 리버티시여,

풍요의 교향악을 지휘하소서.
나는 무엇이 최상의 봉사인지 알게 되고,
이제 풍요는 나에게 현실이 됩니다.

9. 모든 것 가운데 가장 위대한 선물은,
우리가 추락(the fall)을 넘어서게 된 것입니다.
우리가 하나임을 받아들일 때,
신성한 어머니의 시대가 시작됩니다.

오 리버티여, 지친 이들과 가난한 이들을 해방할,
치유의 힘을 방출하소서.
리버티의 사랑의 노래는
대중의 무리들을 자유롭게 합니다.

오 우주의 어머니 리버티시여,
풍요의 교향악을 지휘하소서.
나는 무엇이 최상의 봉사인지 알게 되고,
이제 풍요는 나에게 현실이 됩니다.

4. 나는 어머니의 부(富)를 받아들입니다

1. 오 복된 어머니 리버티시여,
부(富)를 방출하시어 모두를 자유롭게 하소서.
자연의 영들이 치유되게 하시고,
자연의 풍요함이 드러나게 하소서.

오 리버티여, 가난이란 악마의 저주에서
이제 나를 자유롭게 하소서.
나는 결핍을 어머니의 탓으로 돌리지 않습니다,
오 축복받은 어머니시여, 나를 되돌리소서.

**오 우주의 어머니 리버티시여,
풍요의 교향악을 지휘하소서.
나는 무엇이 최상의 봉사인지 알게 되고,
이제 풍요는 나에게 현실이 됩니다.**

2. 어머니 지구는 풍요가 넘치는 그릇이 되어,
전 우주에 부(富)를 나누어 줍니다.
대지에서는 풍부한 수확이 솟아나고,
사람들은 노고에서 해방됩니다.

오 리버티여, 나는 머나먼 해안에서,
그 이상이 되려는 희구와 함께 왔습니다.
나는 풍요의 흐름을 보면서,
풍요의 의식을 키워나갑니다.

**오 우주의 어머니 리버티시여,
풍요의 교향악을 지휘하소서.
나는 무엇이 최상의 봉사인지 알게 되고,
이제 풍요는 나에게 현실이 됩니다.**

3. 어떤 아이도 이곳에서 굶주리지 않고,
어떤 어머니도 두려움 속에서 살지 않습니다.
우리는 이기주의를 넘어서 올라가며,
이제 풍요로운 삶이 구현됩니다.

오 리버티여, 내가 한계에 속박될 수 있다는
거짓말을 드러내소서.
마터 빛은 나의 적이 아니며,
나에게 진정한 부(富)를 가져다줍니다.

**오 우주의 어머니 리버티시여,
풍요의 교향악을 지휘하소서.
나는 무엇이 최상의 봉사인지 알게 되고,
이제 풍요는 나에게 현실이 됩니다.**

4. 불의한 배분을 추구하던 자들은,
그리스도의 심판에 유의해야 합니다.
이제 때가 되었음을 알고,
모든 이기주의를 멈춰야 합니다.

오 리버티여, 타락한 무리들이 투사한
책략을 드러내 주소서.
우주의 어머니시여, 나는 어머니가
나의 적이 아니라는 진실을 봅니다.

**오 우주의 어머니 리버티시여,
풍요의 교향악을 지휘하소서.
나는 무엇이 최상의 봉사인지 알게 되고,
이제 풍요는 나에게 현실이 됩니다.**

5. 지구는 온유한 이들, 진실로 하나됨을 구하는
모든 이들에게 주어집니다.
우리는 그리스도 안에서 하나되어 일어나,
이제 평등을 요구합니다.

오 리버티여, 나는 이제 열린 눈으로,
악마의 거짓말을 거부합니다.
나는 지고의 신성한 아버지를 보며,
이제 신성한 어머니의 영역을 포용합니다.

**오 우주의 어머니 리버티시여,
풍요의 교향악을 지휘하소서.
나는 무엇이 최상의 봉사인지 알게 되고,
이제 풍요는 나에게 현실이 됩니다.**

6. 신의 법이야말로 가장 심원하며,
마터 빛은 그 법을 따릅니다.
우리가 사랑으로 요청하는 무엇이든,
어머니는 구현하도록 되어 있습니다.

오 리버티여, 나의 하위체들은
순수한 성배입니다.
나를 통해 당신의 교향악을 연주하소서,
당신의 선물인 우주의 자유가 흐르게 하소서.

**오 우주의 어머니 리버티시여,
풍요의 교향악을 지휘하소서.
나는 무엇이 최상의 봉사인지 알게 되고,
이제 풍요는 나에게 현실이 됩니다.**

7. 어머니의 빛은 풍요의 선물을 가져다 주고,
모든 가슴을 노래하게 합니다.
이에 우리는 그리스도와 함께 요청합니다,
모두를 위한 신의 왕국이 구현되기를.

오 리버티여, 나는 초월의 교향악을 위해
열린 문입니다.
내 차크라 안에서 당신이 방출하는 빛,
이 사랑의 흐름은 결코 멈추지 않을 것입니다.

**오 우주의 어머니 리버티시여,
풍요의 교향악을 지휘하소서.
나는 무엇이 최상의 봉사인지 알게 되고,
이제 풍요는 나에게 현실이 됩니다.**

8. 우리가 우주의 법을 활용할 때,
모든 가슴은 환희의 송가를 부릅니다.
이 행성은 마침내, 신이 보기 원하시는,
그런 낙원이 될 것입니다.

오 리버티여, 당신이 베푸시는
풍요의 흐름을 방출해 주소서.
당신이 짜고 계신 황금의 담요를,
나는 받고자 합니다.

**오 우주의 어머니 리버티시여,
풍요의 교향악을 지휘하소서.
나는 무엇이 최상의 봉사인지 알게 되고,
이제 풍요는 나에게 현실이 됩니다.**

9. 오 복된 어머니 리버티시여,
우리는 당신의 우주적인 선율을 노래합니다.
당신과 우리가 하나임을 알므로,
우리는 진실로 모든 근심에서 해방됩니다.

오 리버티여, 지친 이들과 가난한 이들을 해방할,
치유의 힘을 방출하소서.
리버티의 사랑의 노래는
대중의 무리들을 자유롭게 합니다.

오 우주의 어머니 리버티시여,
풍요의 교향악을 지휘하소서.
나는 무엇이 최상의 봉사인지 알게 되고,
이제 풍요는 나에게 현실이 됩니다.

옴 아 훔, 리버티 구루 파드마 싯디 훔 (9번, 33번, 또는 그 이상 낭송)

봉인하기

신성한 어머니의 이름으로, 나는 자유의 여신 리버티와 성모 마리아께 나 자신과 내 영향력의 원 안에 있는 모든 사람들을 신성한 어머니, 생명의 강의 창조적인 흐름 안에 봉인해 달라고 요청합니다. 신성한 어머니의 모든 대리자들에 의해 나의 요청이 증폭되어, 우리가 "위에서처럼, 아래에서도" 완전한 무한 8자 형상의 흐름을 이루게 하소서. 이에 주님이자 신성한 어머니이신 아이앰(the Lord, the Divine Mother that I AM)이 이것을 직접 말씀하셨으므로, 나는 이것이 완전하게 구현됨을 받아들입니다. 아멘.

생명의 노래 7

사랑하며 흐르기 (기원)

I AM THAT I AM, 예수 그리스도의 이름으로 나는 모든 신성한 어머니의 대리자들, 특히 마스터 비너스와 성모 마리아를 부르며 나의 네 하위체를 치유해 주시길 요청합니다, 특히 조건 없는 사랑을 받아들여 그 사랑이 나를 통해 흐르게 할 수 있는 능력을 변형해 주소서. 나는 모든 형태의 조건적인 사랑을 치유해 주시길 요청합니다...
(여기에 개인적인 요청을 추가하세요)

하나이신 아버지-어머니 신이 존재할 때
나는 신성한 아들의 출현을 봅니다.
나의 그리스도 균형이 열쇠이며,
극단들은 나를 사로잡지 못합니다.

내가 하나이신 존재 안에 중심을 잡을 때
내적인 균형이 이루어지며,
아이앰 현존은 이제 의식하는 자아를 통해
원하는 모든 것을 할 수 있습니다.

음과 양의 균형을 이룰 때
나는 그리스도의 승리를 얻습니다.
마라(魔羅)의 데몬들을 초월할 때
나는 팔정도(八正道)의 길로 상승합니다.

내가 신성한 탐구를 완성할 때
모든 미묘한 시험이 완결됩니다.
예수님과 함께 나는 모든 허상을 놓아버리며,
고타마 붓다께서는 나에게 평화를 보여줍니다.

내가 마이트레야와 함께 자유를 얻을 때
사나트 쿠마라께서 나를 반겨줍니다.
알파와 오메가는 이제 하나이며
나는 중앙 태양 안에서 그들과 거합니다.

그들의 무한 8자 형상이
우주의 문을 열 때,
나는(I AM) 창조주와 함께
진정한 양극성 안에 거합니다.

내가 지구 행성으로 돌아올 때
새로운 자아가 탄생합니다.
이제 모두를 위한 지고선이 무엇인지를 알며
나는 신의 의지를 구현합니다.

1. 우리는 왜 지구에 왔을까요

1. 사랑이여, 당신은 신을 느끼게 해 주며,
사랑이여, 당신은 창조주의 홀(Rod)입니다.
사랑이여, 당신은 신성한 음류(sound)이며,
사랑이여, 당신은 모든 곳에서 발견됩니다.

오 비너스여, 나에게 봉사하는 법을 알려주소서,
나는 우주를 채우는 당신의 아름다움을 바라봅니다.
당신이 금성에서 가져오는 사랑을
우리 행성들은 줄지어 함께 노래합니다.

**오 비너스여, 지고의 신성한 봉사여,
당신은 지구를 인도하는 우주의 안내자입니다.
나는 이제 당신의 무아(無我)의 봉사를 따르며,
봉사하는 삶을 살기로 결정합니다.**

2. 사랑 안에서 사나트 쿠마라는 지구로 왔습니다,
지구가 암흑으로 떨어지고.
우주위원회(cosmic councils)가 대처를 포기했을 때,
그는 여전히 희망을 놓지 않겠노라고 말했습니다.

오 비너스여, 당신의 사랑은 열쇠가 되어,
지구의 굳어버린 가슴들을 해방합니다.
힘차게 빛나는 미래를 포용하며,
우리 행성의 이야기를 다시 전개합니다.

**오 비너스여, 지고의 신성한 봉사여,
당신은 지구를 인도하는 우주의 안내자입니다.
나는 이제 당신의 무아의 봉사를 따르며,**

봉사하는 삶을 살기로 결정합니다.

3. 그는 사랑으로 지구를 자유롭게 해 주고,
원래의 예정대로 만들기 위해 왔습니다.
그와 함께 많은 이들이 지구로 왔으며,
그들은 출생지인 금성을 잊었습니다.

오 비너스여, 사랑하는 내 어머니시여,
당신의 사랑은 내 가슴을 순수하게 합니다.
나는 신성한 비둘기처럼 내려오는,
사랑을 위해 열린 문입니다.

**오 비너스여, 지고의 신성한 봉사여,
당신은 지구를 인도하는 우주의 안내자입니다.
나는 이제 당신의 무아의 봉사를 따르며,
봉사하는 삶을 살기로 결정합니다.**

4. 그들은 이 행성으로 내려와
무아의 봉사를 행하겠다 서원하면서,
천상의 새벽 별(Morning Star)로부터
사랑이 결여된 어둠의 별로 하강했습니다.

오 비너스여, 비밀의 선율을 연주하시어,
증오의 해독제가 되게 하소서.
독으로 오염된 가슴들을 부드럽게 치유하면서,
당신은 진실한 사랑의 면모를 드러냅니다.

**오 비너스여, 지고의 신성한 봉사여,
당신은 지구를 인도하는 우주의 안내자입니다.
나는 이제 당신의 무아의 봉사를 따르며,**

봉사하는 삶을 살기로 결정합니다.

5. 그들이 처음 왔을 때, 사랑을 조롱하는 사람들을
보는 것은 충격이었습니다.
그러나 시간이 흐르면서 많은 이들이
뱀의 음모에 넘어갔습니다.

오 비너스여, 사랑은 모든 결핍을 채워 주니,
진실로 사랑은 신의 첫 번째 씨앗입니다.
오 사랑이 꽃피게 하시고, 자라나게 하소서,
당신 사랑의 흐름으로 지구를 정화해 주소서.

**오 비너스여, 지고의 신성한 봉사여,
당신은 지구를 인도하는 우주의 안내자입니다.
나는 이제 당신의 무아의 봉사를 따르며,
봉사하는 삶을 살기로 결정합니다.**

6. 그러나 비너스께서 내 잔에 사랑을 부으며,
나에게 일어나라 깨우십니다.
나는 환영의 동굴에 갇혀 있는 사람들의
노예가 되기 위해 여기 오지 않았습니다.

오 비너스여, 신을 경애하는 사람에게 들리는,
신성한 구체들의 음악이여.
이제 우리는 하나로 목소리를 높이며,
경배와 찬양의 노래를 부릅니다.

**오 비너스여, 지고의 신성한 봉사여,
당신은 지구를 인도하는 우주의 안내자입니다.
나는 이제 당신의 무아의 봉사를 따르며,**

봉사하는 삶을 살기로 결정합니다.

7. 나는 분명 흙에서 오지 않았으며,
내 운명을 충족시켜야 합니다.
사랑의 화염이 모든 찌꺼기를 불태우니,
나는 결코 흙으로 돌아가지 않습니다.

오 비너스여, 우리는 대열에 합류하며,
사나트 쿠마라께 감사를 드립니다.
우리의 행성에 새로운 삶을 주셨으며,
전쟁과 투쟁 너머로 높여 주셨습니다.

**오 비너스여, 지고의 신성한 봉사여,
당신은 지구를 인도하는 우주의 안내자입니다.
나는 이제 당신의 무아의 봉사를 따르며,
봉사하는 삶을 살기로 결정합니다.**

8. 나는 창공을 올려다 보며,
신이 보내신 사랑의 별을 바라봅니다.
지구를 자유롭게 할 사랑의 메신저가 되라는
소명을 나는 받아들입니다.

오 비너스여, 당신의 감미로운 선율은
이원성의 베일을 불태워 버립니다.
우주적인 사랑의 음조에 흡수되어,
우리는 모든 갈등 너머로 올라갑니다.

**오 비너스여, 지고의 신성한 봉사여,
당신은 지구를 인도하는 우주의 안내자입니다.
나는 이제 당신의 무아의 봉사를 따르며,**

봉사하는 삶을 살기로 결정합니다.

9. 오 비너스여, 은혜로우신 존재시여,
이제 오셔서 나를 입문시켜 주소서.
이전에 사나트 쿠마라가 그러셨듯이,
내가 열린 문이 되게 하소서.

오 비너스여, 빛나는 새벽 별이여,
당신은 우주의 전령입니다.
신성한 음류가 지구를 자유롭게 하니,
우리 행성은 이제 천상과 결합되었습니다.

**오 비너스여, 지고의 신성한 봉사여,
당신은 지구를 인도하는 우주의 안내자입니다.
나는 이제 당신의 무아의 봉사를 따르며,
봉사하는 삶을 살기로 결정합니다.**

2. 사랑을 알고 싶습니다

1. 내가 지금 몇 걸음 물러나,
생명의 책에 적힌 기록을 읽어보니,
타락한 마음의 무리는, 내가 영원히
사랑을 알지 못하길 바랍니다.

오 비너스여, 나에게 봉사하는 법을 알려주소서,
나는 우주를 채우는 당신의 아름다움을 바라봅니다.
당신이 금성에서 가져오는 사랑을
우리 행성들은 줄지어 함께 노래합니다.

오 비너스여, 지고의 신성한 봉사여,

**당신은 지구를 인도하는 우주의 안내자입니다.
나는 이제 당신의 무아의 봉사를 따르며,
봉사하는 삶을 살기로 결정합니다.**

2. 그들은 사랑을 너무나 왜곡시켜 버려서,
사람들은 진정한 사랑에 이를 수가 없습니다.
그들의 사랑에는 결함이 너무 심해서,
그들은 진정한 사랑에 연결되지 못합니다.

오 비너스여, 당신의 사랑은 열쇠가 되어,
지구의 굳어버린 가슴들을 해방합니다.
힘차게 빛나는 미래를 포용하며,
우리 행성의 이야기를 다시 전개합니다.

**오 비너스여, 지고의 신성한 봉사여,
당신은 지구를 인도하는 우주의 안내자입니다.
나는 이제 당신의 무아의 봉사를 따르며,
봉사하는 삶을 살기로 결정합니다.**

3. 오 비너스여, 사랑을 가르쳐 주소서,
지금 내 위로 신성한 사랑이 부어집니다.
오 사랑의 사절이여, 가르침을 주소서,
나는 언제나 더 이상을 원합니다.

오 비너스여, 사랑하는 내 어머니시여,
당신의 사랑은 내 가슴을 순수하게 합니다.
나는 신성한 비둘기처럼 내려오는,
사랑을 위해 열린 문입니다.

오 비너스여, 지고의 신성한 봉사여,

당신은 지구를 인도하는 우주의 안내자입니다.
나는 이제 당신의 무아의 봉사를 따르며,
봉사하는 삶을 살기로 결정합니다.

4. 진정한 사랑이 잊혀지도록
타락한 존재들은 음모를 꾸몄습니다.
이원성의 기준을 통해
사랑을 조건부로 만들었습니다.

오 비너스여, 비밀의 선율을 연주하시어,
증오의 해독제가 되게 하소서.
독으로 오염된 가슴들을 부드럽게 치유하면서,
당신은 진실한 사랑의 면모를 드러냅니다.

오 비너스여, 지고의 신성한 봉사여,
당신은 지구를 인도하는 우주의 안내자입니다.
나는 이제 당신의 무아의 봉사를 따르며,
봉사하는 삶을 살기로 결정합니다.

5. 우리가 조건들을 규정하며,
"나"와 "내 것"이란 거짓을 만들 때,
우리는 신성한 선(line) 아래로 침몰하며,
사랑의 영원한 흐름을 막아버립니다.

오 비너스여, 사랑은 모든 결핍을 채워 주니,
진실로 사랑은 신의 첫 번째 씨앗입니다.
오 사랑이 꽃피게 하시고, 자라나게 하소서,
당신 사랑의 흐름으로 지구를 정화해 주소서.

오 비너스여, 지고의 신성한 봉사여,

**당신은 지구를 인도하는 우주의 안내자입니다.
나는 이제 당신의 무아의 봉사를 따르며,
봉사하는 삶을 살기로 결정합니다.**

6. 사랑은 우주의 추진력이며,
결코 후진하는 법이 없습니다.
진정한 사랑을 선택하는지 아닌지에 따라,
우리는 더 이상, 혹은 더 이하가 됩니다.

오 비너스여, 신을 경애하는 사람에게 들리는,
신성한 구체들의 음악이여.
이제 우리는 하나로 목소리를 높이며,
경배와 찬양의 노래를 부릅니다.

**오 비너스여, 지고의 신성한 봉사여,
당신은 지구를 인도하는 우주의 안내자입니다.
나는 이제 당신의 무아의 봉사를 따르며,
봉사하는 삶을 살기로 결정합니다.**

7. 우리가 사랑 자체의 흐름을 벗어날 때,
소유권을 꿈꾸게 됩니다.
칼리(Kali)의 힘은 필연코,
바벨탑을 무너뜨리게 될 것입니다.

오 비너스여, 우리는 대열에 합류하며,
사나트 쿠마라께 감사를 드립니다.
우리의 행성에 새로운 삶을 주셨으며,
전쟁과 투쟁 너머로 높여 주셨습니다.

오 비너스여, 지고의 신성한 봉사여,

당신은 지구를 인도하는 우주의 안내자입니다.
나는 이제 당신의 무아의 봉사를 따르며,
봉사하는 삶을 살기로 결정합니다.

8. 조건으로 이루어진 마음은,
진정한 사랑을 부당한 위협으로 봅니다.
우리를 어둠 속에 잡아두는 덫을,
사랑의 루비 광선은 곧 불태울 것입니다.

오 비너스여, 당신의 감미로운 선율은
이원성의 베일을 불태워 버립니다.
우주적인 사랑의 음조에 흡수되어,
우리는 모든 갈등 너머로 올라갑니다.

오 비너스여, 지고의 신성한 봉사여,
당신은 지구를 인도하는 우주의 안내자입니다.
나는 이제 당신의 무아의 봉사를 따르며,
봉사하는 삶을 살기로 결정합니다.

9. 진정한 사랑은 삶을 자유롭게 해방하고,
영원히 사랑과 함께 흘러가게 합니다.
지금 내 가슴의 소망은,
사랑이 나를 더 높이 데리고 가는 것입니다.

오 비너스여, 빛나는 새벽 별이여,
당신은 우주의 전령입니다.
신성한 음류가 지구를 자유롭게 하니,
우리 행성은 이제 천상과 결합되었습니다.

오 비너스여, 지고의 신성한 봉사여,

당신은 지구를 인도하는 우주의 안내자입니다.
나는 이제 당신의 무아의 봉사를 따르며,
봉사하는 삶을 살기로 결정합니다.

3. 나는 모든 조건을 놓아 버립니다

1. 나는 모든 조건을 거부하고,
더 위대한 사랑을 보호합니다.
오 비너스여, 우리는 사랑에 참여하며,
당신과 함께 환희의 송가를 부릅니다.

오 비너스여, 나에게 봉사하는 법을 알려주소서,
나는 우주를 채우는 당신의 아름다움을 바라봅니다.
당신이 금성에서 가져오는 사랑을
우리 행성들은 줄지어 함께 노래합니다.

**오 비너스여, 지고의 신성한 봉사여,
당신은 지구를 인도하는 우주의 안내자입니다.
나는 이제 당신의 무아의 봉사를 따르며,
봉사하는 삶을 살기로 결정합니다.**

2. 나는 모든 조건을 놓아버리고,
비너스와 함께 사랑의 흐름 안으로 들어갑니다.
사랑은 세찬 강물처럼 흐르며,
나를 인간의 꿈에서 깨어나게 합니다.

오 비너스여, 당신의 사랑은 열쇠가 되어,
지구의 굳어버린 가슴들을 해방합니다.
힘차게 빛나는 미래를 포용하며,
우리 행성의 이야기를 다시 전개합니다.

**오 비너스여, 지고의 신성한 봉사여,
당신은 지구를 인도하는 우주의 안내자입니다.
나는 이제 당신의 무아의 봉사를 따르며,
봉사하는 삶을 살기로 결정합니다.**

3. 내가 세상을 단지 무대로 바라보니,
나는 현 배역에 더 이상 갇혀 있지 않습니다.
내 배역은 조건들을 설정해놓았지만,
나는 자유로이 내 마음을 바꿉니다.

오 비너스여, 사랑하는 내 어머니시여,
당신의 사랑은 내 가슴을 순수하게 합니다.
나는 신성한 비둘기처럼 내려오는,
사랑을 위해 열린 문입니다.

**오 비너스여, 지고의 신성한 봉사여,
당신은 지구를 인도하는 우주의 안내자입니다.
나는 이제 당신의 무아의 봉사를 따르며,
봉사하는 삶을 살기로 결정합니다.**

4. 과거가 어떠했건 상관없이,
나는 이제 초월(More)을 선택합니다.
조건들을 간단히 다 놓아버리고,
나는 의식적으로 사랑을 선택합니다.

오 비너스여, 비밀의 선율을 연주하시어,
증오의 해독제가 되게 하소서.
독으로 오염된 가슴들을 부드럽게 치유하면서,
당신은 진실한 사랑의 면모를 드러냅니다.

**오 비너스여, 지고의 신성한 봉사여,
당신은 지구를 인도하는 우주의 안내자입니다.
나는 이제 당신의 무아의 봉사를 따르며,
봉사하는 삶을 살기로 결정합니다.**

5. 나는 깨어나 내 사명을 깨닫고,
우주의 계획 안에서 내 자리를 잡습니다.
사나트 쿠마라시여, 나는 당신을 섬기리니,
승리는 마땅히 당신의 것입니다.

오 비너스여, 사랑은 모든 결핍을 채워 주니,
진실로 사랑은 신의 첫 번째 씨앗입니다.
오 사랑이 꽃피게 하시고, 자라나게 하소서,
당신 사랑의 흐름으로 지구를 정화해 주소서.

**오 비너스여, 지고의 신성한 봉사여,
당신은 지구를 인도하는 우주의 안내자입니다.
나는 이제 당신의 무아의 봉사를 따르며,
봉사하는 삶을 살기로 결정합니다.**

6. 오 비너스여, 사랑하는 내 어머니시여,
우리는 더 숭고한 봉사가 무엇인지 밝혀 줍니다.
나는 사랑으로 충만한 당신의 노래에 합류하며,
내가 본래 속했던 고향으로 돌아옵니다.

오 비너스여, 신을 경애하는 사람에게 들리는,
신성한 구체들의 음악이여.
이제 우리는 하나로 목소리를 높이며,
경배와 찬양의 노래를 부릅니다.

**오 비너스여, 지고의 신성한 봉사여,
당신은 지구를 인도하는 우주의 안내자입니다.
나는 이제 당신의 무아의 봉사를 따르며,
봉사하는 삶을 살기로 결정합니다.**

7. 나는 지구에서 내 과제를 성취해가고,
사랑의 힘은 내게 금강석 같은 의지를 줍니다.
사랑이 모든 장애물을 불태워주니,
나는 자신의 올바른 역할을 되찾습니다.

오 비너스여, 우리는 대열에 합류하며,
사나트 쿠마라께 감사를 드립니다.
우리의 행성에 새로운 삶을 주셨으며,
전쟁과 투쟁 너머로 높여 주셨습니다.

**오 비너스여, 지고의 신성한 봉사여,
당신은 지구를 인도하는 우주의 안내자입니다.
나는 이제 당신의 무아의 봉사를 따르며,
봉사하는 삶을 살기로 결정합니다.**

8. 사나트 쿠마라와 함께 하는 구원의 무리,
이야말로 진정 내가 속한 곳입니다.
사랑이 주는 선물을 자유롭게 공유하며,
우리는 이제 지구를 들어올릴 것입니다.

오 비너스여, 당신의 감미로운 선율은
이원성의 베일을 불태워 버립니다.
우주적인 사랑의 음조에 흡수되어,
우리는 모든 갈등 너머로 올라갑니다.

오 비너스여, 지고의 신성한 봉사여,
당신은 지구를 인도하는 우주의 안내자입니다.
나는 이제 당신의 무아의 봉사를 따르며,
봉사하는 삶을 살기로 결정합니다.

9. 내가 아무런 조건도 주장하지 않을 때,
내가 하는 어떤 일도 헛되지 않습니다.
모두가 신성한 사랑을 공유하며,
이루 말할 수 없는 천상의 축복을 가져옵니다.

오 비너스여, 빛나는 새벽 별이여,
당신은 우주의 전령입니다.
신성한 음류가 지구를 자유롭게 하니,
우리 행성은 이제 천상과 결합되었습니다.

**오 비너스여, 지고의 신성한 봉사여,
당신은 지구를 인도하는 우주의 안내자입니다.
나는 이제 당신의 무아의 봉사를 따르며,
봉사하는 삶을 살기로 결정합니다.**

4. 나는 신성한 사랑 안에서 자유롭습니다

1. 사랑이여, 그대 눈의 아름다움이여,
사랑이여, 당신은 조건을 허용하지 않습니다.
사랑이여, 내가 항상 더 이상이 되기 위해 노력하니,
사랑이여, 당신은 모든 생명을 배가해 줍니다.

오 비너스여, 나에게 봉사하는 법을 알려주소서,
나는 우주를 채우는 당신의 아름다움을 바라봅니다.
당신이 금성에서 가져오는 사랑을

우리 행성들은 줄지어 함께 노래합니다.

**오 비너스여, 지고의 신성한 봉사여,
당신은 지구를 인도하는 우주의 안내자입니다.
나는 이제 당신의 무아의 봉사를 따르며,
봉사하는 삶을 살기로 결정합니다.**

2. 사랑이여, 당신은 꿈 이상의 존재입니다,
사랑이여, 모든 것을 불태우는 흐름이여.
사랑이여, 나는 진정한 자존감을 찾고,
사랑이여, 내 천진무구함을 회복합니다.

오 비너스여, 당신의 사랑은 열쇠가 되어,
지구의 굳어버린 가슴들을 해방합니다.
힘차게 빛나는 미래를 포용하며,
우리 행성의 이야기를 다시 전개합니다.

**오 비너스여, 지고의 신성한 봉사여,
당신은 지구를 인도하는 우주의 안내자입니다.
나는 이제 당신의 무아의 봉사를 따르며,
봉사하는 삶을 살기로 결정합니다.**

3. 사랑이여, 당신은 가장 어두운 밤을 흩어버리며,
사랑이여, 당신은 내면의 시력을 줍니다.
사랑이여, 당신은 영원히 밝게 타오르니,
사랑이여, 당신은 내 신성한 권리입니다.

오 비너스여, 사랑하는 내 어머니시여,
당신의 사랑은 내 가슴을 순수하게 합니다.
나는 신성한 비둘기처럼 내려오는,

사랑을 위해 열린 문입니다.

오 비너스여, 지고의 신성한 봉사여,
당신은 지구를 인도하는 우주의 안내자입니다.
나는 이제 당신의 무아의 봉사를 따르며,
봉사하는 삶을 살기로 결정합니다.

4. 사랑이여, 당신은 소리 없는 소리입니다,
사랑이여, 당신은 에고를 좌절시킵니다.
사랑이여, 내 가슴은 당신과 공명합니다,
사랑이여, 당신은 모든 사람을 놀라게 합니다.

오 비너스여, 비밀의 선율을 연주하시어,
증오의 해독제가 되게 하소서.
독으로 오염된 가슴들을 부드럽게 치유하면서,
당신은 진실한 사랑의 면모를 드러냅니다.

오 비너스여, 지고의 신성한 봉사여,
당신은 지구를 인도하는 우주의 안내자입니다.
나는 이제 당신의 무아의 봉사를 따르며,
봉사하는 삶을 살기로 결정합니다.

5. 사랑이여, 내 가슴은 이제 프리즘이 되어,
사랑이여, 모든 분열을 치유합니다.
사랑이여, 당신은 내게 낙천성을 선물하고,
사랑이여, 당신은 진정한 현실주의입니다.

오 비너스여, 사랑은 모든 결핍을 채워 주니,
진실로 사랑은 신의 첫 번째 씨앗입니다.
오 사랑이 꽃피게 하시고, 자라나게 하소서,

당신 사랑의 흐름으로 지구를 정화해 주소서.

**오 비너스여, 지고의 신성한 봉사여,
당신은 지구를 인도하는 우주의 안내자입니다.
나는 이제 당신의 무아의 봉사를 따르며,
봉사하는 삶을 살기로 결정합니다.**

6. 사랑이여, 완전히 새로운 패러다임이여,
사랑이여, 나는 당신의 계단을 올라갑니다.
사랑이여, 당신의 숭고한 아름다움이여,
사랑이여, 당신은 나의 위대한 놀이입니다.

오 비너스여, 신을 경애하는 사람에게 들리는,
신성한 구체들의 음악이여.
이제 우리는 하나로 목소리를 높이며,
경배와 찬양의 노래를 부릅니다.

**오 비너스여, 지고의 신성한 봉사여,
당신은 지구를 인도하는 우주의 안내자입니다.
나는 이제 당신의 무아의 봉사를 따르며,
봉사하는 삶을 살기로 결정합니다.**

7. 사랑이여, 당신은 영원한 흐름입니다,
사랑이여, 성령이 불어오게 하소서.
사랑이여, 지금 내 가슴은 불타오르고,
사랑이여, 모두에게 새 삶이 주어집니다.

오 비너스여, 우리는 대열에 합류하며,
사나트 쿠마라께 감사를 드립니다.
우리의 행성에 새로운 삶을 주셨으며,

전쟁과 투쟁 너머로 높여 주셨습니다.

**오 비너스여, 지고의 신성한 봉사여,
당신은 지구를 인도하는 우주의 안내자입니다.
나는 이제 당신의 무아의 봉사를 따르며,
봉사하는 삶을 살기로 결정합니다.**

8. 사랑이여, 당신은 윤회의 바다를 잠잠하게 하며,
사랑이여, 당신은 세계의 평화를 확언합니다.
사랑이여, 나는 당신과 뜻을 같이 하며,
사랑이여, 당신 안에서 모든 근심은 사라집니다.

오 비너스여, 당신의 감미로운 선율은
이원성의 베일을 불태워 버립니다.
우주적인 사랑의 음조에 흡수되어,
우리는 모든 갈등 너머로 올라갑니다.

**오 비너스여, 지고의 신성한 봉사여,
당신은 지구를 인도하는 우주의 안내자입니다.
나는 이제 당신의 무아의 봉사를 따르며,
봉사하는 삶을 살기로 결정합니다.**

9. 사랑이여, 치유의 소나기를 내려주소서,
사랑이여, 모두에게 그들 내면의 힘을 보여주소서.
사랑이여, 이제 우주의 시간이 이르렀으니,
사랑이여, 당신은 우리에게 힘을 불어넣습니다.

오 비너스여, 빛나는 새벽 별이여,
당신은 우주의 전령입니다.
신성한 음류가 지구를 자유롭게 하니,

우리 행성은 이제 천상과 결합되었습니다.

오 비너스여, 지고의 신성한 봉사여,
당신은 지구를 인도하는 우주의 안내자입니다.
나는 이제 당신의 무아의 봉사를 따르며,
봉사하는 삶을 살기로 결정합니다.

옴 아 훔, 비너스 구루 파드마 싯디 훔 (9번, 33번, 혹은 그 이상 낭송합니다)

봉인하기
신성한 어머니의 이름으로, 나는 마스터 비너스와 성모 마리아께 나 자신과 내 영향력의 원 안에 있는 모든 사람들을 신성한 어머니, 생명의 강의 창조적인 흐름 안에 봉인해 달라고 요청합니다. 신성한 어머니의 모든 대리자들에 의해 나의 요청이 증폭되어, 우리가 "위에서처럼, 아래에서도" 완전한 무한 8자 형상의 흐름을 이루게 하소서. 이에 주님이자 신성한 어머니이신 아이앰(the Lord, the Divine Mother that I AM)이 이것을 직접 말씀하셨으므로, 나는 이것이 완전하게 구현됨을 받아들입니다. 아멘.

생명의 노래 8

오메가의 흐름 (기원)

I AM THAT I AM, 예수 그리스도의 이름으로 나는 모든 신성한 어머니의 대리자들, 특히 오메가와 성모 마리아를 부르며 나의 네 하위체의 치유를, 특히 내 정체감의 변형을 요청합니다, 그럼으로써 나 자신을 신성한 어머니의 일부로 받아들일 수 있게 해 주시고, 남성성과 여성성 사이에 완벽한 균형이 이뤄지게 해 주소서. 나는 모든 불균형의 치유를 요청합니다...
(여기에 개인적인 요청을 추가하세요)

하나이신 아버지-어머니 신이 존재할 때,
나는 신성한 아들의 출현을 봅니다.
나의 그리스도 균형이 열쇠이며,
극단들은 나를 사로잡지 못합니다.

내가 하나이신 존재 안에 중심을 잡을 때,

내적인 균형이 이루어지며.
아이엠 현존은 이제 의식하는 자아를 통해,
원하는 모든 것을 할 수 있습니다.

음과 양의 균형을 이룰 때,
나는 그리스도의 승리를 얻습니다.
마라(魔羅)의 데몬들을 초월할 때,
나는 팔정도(八正道)의 길로 상승합니다.

내가 신성한 탐구를 완성할 때,
모든 미묘한 시험이 완결됩니다.
예수님과 함께 나는 모든 허상을 놓아버리며,
고타마 붓다께서는 나에게 평화를 보여줍니다.

내가 마이트레야와 함께 자유를 얻을 때,
사나트 쿠마라께서 나를 반겨줍니다.
알파와 오메가는 이제 하나이며,
나는 중앙 태양 안에서 그들과 거합니다.

그들의 무한 8자 형상이,
우주의 문을 열 때.
나는(I AM) 창조주와 함께,
진정한 양극성 안에 거합니다.

내가 지구 행성으로 돌아올 때,
새로운 자아가 탄생합니다.
이제 모두를 위한 지고선이 무엇인지를 알며,
나는 신의 의지를 구현합니다.

1. 나는 중앙태양 안에 거합니다

1. 나는 중앙태양의 의사당에서,
눈을 들어 높은 기둥들을 봅니다.
경이를 자아내는 그 광경은,
나에게 모든 것이 빛임을 알려줍니다.

오메가여, 나는 우주의 문 안에 있는,
당신의 보좌를 명상합니다.
나는 알파와 오메가가 공동-창조한,
무한 8자의 형상에서 탄생합니다.

**오 생명의 노래여, 당신은 생명을 부어주며,
모든 가슴에 진정한 동조를 일으킵니다.
오 신성한 음류여, 당신의 연금술은
지구를 낙원으로 변형합니다.**

2. 저 높이 확장되는 둥근 천정은,
이곳이 나의 집임을 알려줍니다.
바로 이곳에서 모든 생명의 흐름이,
신에게서 인간으로 흘러가기 시작했습니다.

오메가여, 당신의 신성한 공간 안에서,
나는 우주의 부모를 포옹합니다.
우주적 인종에 합류하는 일은
무한한 은총임을 나는 압니다.

**오 생명의 노래여, 당신은 생명을 부어주며,
모든 가슴에 진정한 동조를 일으킵니다.
오 신성한 음류여, 당신의 연금술은
지구를 낙원으로 변형합니다.**

3. 알파와 오메가는 그들의 보좌에서,
가장 신성한 생명의 음을 발산합니다.
그 음은 생명의 선율을 노래하는
모든 존재의 조화를 유지시켜줍니다.

중앙태양의 오메가여, 당신은 나에게
삶이 우주적인 즐거움임을 보여줍니다.
이제 나는 승리를 얻고,
집으로 향하는 여정을 시작합니다.

**오 생명의 노래여, 당신은 생명을 부어주며,
모든 가슴에 진정한 동조를 일으킵니다.
오 신성한 음류여, 당신의 연금술은
지구를 낙원으로 변형합니다.**

4. 알파와 오메가 사이에 무한 8 형상의 흐름이 있고,
그 연계점은 우주의 문입니다.
그 너머에 내 창조주가 거하시니,
그는 자기-의식을 부여해 주는 존재입니다.

오메가여, 여성성이야말로
무한으로 인도하는 문입니다.
나는 당신과 동화되며,
나 자신의 신성을 깨닫습니다.

**오 생명의 노래여, 당신은 생명을 부어주며,
모든 가슴에 진정한 동조를 일으킵니다.
오 신성한 음류여, 당신의 연금술은
지구를 낙원으로 변형합니다.**

5. 내가 시간을 초월한 무한 공간을 응시할 때,
내 가슴에는 감사의 찬양이 울려 퍼집니다.
우주의 큐브(Cosmic Cube)위에 앉아서,
자유로운 내 진아(Self)는 빛을 발산합니다.

오메가여, 당신의 우주적 흐름 안에서,
내 신성한 계획을 명확히 깨닫습니다.
이제 내 가슴은 등불처럼 밝게 타오르고,
나는 모두에게 사랑을 비춰줍니다.

오 생명의 노래여, 당신은 생명을 부어주며,
모든 가슴에 진정한 동조를 일으킵니다.
오 신성한 음류여, 당신의 연금술은
지구를 낙원으로 변형합니다.

6. 내 진아는 신의 작품을 우러러보며,
구체들에서 흘러 나오는 음악을 듣습니다.
내가 내보내는 소리에 맞춰서,
빛이 진동하는 것을 봅니다.

오메가여, 우주 어머니의 화염이여,
나는 바로 이 빛에서 나왔습니다.
나는 우주의 게임에 참여하며,
그리스도의 승리를 선언합니다.

오 생명의 노래여, 당신은 생명을 부어주며,
모든 가슴에 진정한 동조를 일으킵니다.
오 신성한 음류여, 당신의 연금술은
지구를 낙원으로 변형합니다.

7. 내 가슴은 용솟음치며,
우주적인 춤의 일부가 되라고 재촉합니다.
나는 자아감이 성장하길 기원하며,
신의 날숨과 합류하여 흘러갑니다.

오메가여, 내가 왜 지구에 내려왔는지,
이제 나는 깨닫습니다.
그러므로 나는 이 행성의 상승을 돕겠다는
의지로 충만합니다.

**오 생명의 노래여, 당신은 생명을 부어주며,
모든 가슴에 진정한 동조를 일으킵니다.
오 신성한 음류여, 당신의 연금술은
지구를 낙원으로 변형합니다.**

8. 내 앞에는 형상 세계가 펼쳐져 있었고,
나는 장엄한 천국들 아래를 바라보았습니다.
내 시선이 지구 행성에 멈췄고, 그곳이
내가 새롭게 태어나야 할 곳이었습니다.

오메가여, 나는 지금 열망합니다,
우주적인 합창단의 대열에 합류하기를.
이 행성을 성화(聖化)하는 그리스도의 불꽃과 함께,
내 가슴은 불타오르고 있습니다.

**오 생명의 노래여, 당신은 생명을 부어주며,
모든 가슴에 진정한 동조를 일으킵니다.
오 신성한 음류여, 당신의 연금술은
지구를 낙원으로 변형합니다.**

9. 아직은 너무나 어두운 이 행성에,
나는 영(Spirit)의 섬광을 가져오길 원했습니다.
나는 내 영을 확장하여 (생명흐름을 내려 보내),
이 행성의 상승을 돕길 희망했습니다.

오메가여, 내 가슴은 찬란히 타오르고,
내 삶은 상향의 단계로 들어왔습니다.
이제 내게 비밀의 어구(phrase)를 가르치시어,
내가 이 행성을 들어올릴 수 있게 하소서.

**오 생명의 노래여, 당신은 생명을 부어주며,
모든 가슴에 진정한 동조를 일으킵니다.
오 신성한 음류여, 당신의 연금술은
지구를 낙원으로 변형합니다.**

2. 나는 지구에 존재할 권리를 주장합니다

1. 내가 조밀한 육신을 입고 태어났을 때,
그 대비는 너무나 극심했습니다.
그러나 나는 신의 빛을 증폭하기 위해,
내 최선을 다할 뜻을 가졌습니다.

오메가여, 나는 우주의 문 안에 있는,
당신의 보좌를 명상합니다.
나는 알파와 오메가가 공동-창조한
무한 8자의 형상에서 탄생합니다.

**오 생명의 노래여, 당신은 생명을 부어주며,
모든 가슴에 진정한 동조를 일으킵니다.
오 신성한 음류여, 당신의 연금술은**

지구를 낙원으로 변형합니다.

2. 그러나 나는 곧, 사람들이
빛을 거부하는 사실을 알게 되었습니다.
이는 진실로 큰 충격이었습니다,
왜 그들은 신의 빛과 나를 비웃을까요?

오메가여, 당신의 신성한 공간 안에서,
나는 우주의 부모를 포옹합니다.
우주적 인종에 합류하는 일은
무한한 은총임을 나는 압니다.

**오 생명의 노래여, 당신은 생명을 부어주며,
모든 가슴에 진정한 동조를 일으킵니다.
오 신성한 음류여, 당신의 연금술은
지구를 낙원으로 변형합니다.**

3. 그들은, 내가 지구에 존재하며
신의 빛을 가져올 권리가 없다고 말했습니다.
이것은 분리된 세계이니, 내가 신의 일부일 수
없다고 말했습니다.

중앙태양의 오메가여, 당신은 나에게
삶이 우주적인 즐거움임을 보여줍니다.
이제 나는 승리를 얻고,
집으로 향하는 여정을 시작합니다.

**오 생명의 노래여, 당신은 생명을 부어주며,
모든 가슴에 진정한 동조를 일으킵니다.
오 신성한 음류여, 당신의 연금술은**

지구를 낙원으로 변형합니다.

4. 그들은 지구가 악마의 거처라고 했고,
나는 깊은 절망에 잠겼습니다.
그들은, 내가 갇히게 된 이 행성에,
내 영(Spirit)이 적응해야 한다고 말했습니다.

오메가여, 여성성이야말로
무한으로 인도하는 문입니다.
나는 당신과 동화되며,
나 자신의 신성을 깨닫습니다.

**오 생명의 노래여, 당신은 생명을 부어주며,
모든 가슴에 진정한 동조를 일으킵니다.
오 신성한 음류여, 당신의 연금술은
지구를 낙원으로 변형합니다.**

5. 너무나 강하게 단정짓는 그들의 말은,
내 확신을 뒤흔들어 놓았습니다.
나는 그들이 옳을지도 모른다고 생각하며,
이원성의 눈으로 보기를 시작했습니다.

오메가여, 당신의 우주적 흐름 안에서,
내 신성한 계획을 명확히 깨닫습니다.
이제 내 가슴은 등불처럼 밝게 타오르고,
나는 모두에게 사랑을 비춰줍니다.

**오 생명의 노래여, 당신은 생명을 부어주며,
모든 가슴에 진정한 동조를 일으킵니다.
오 신성한 음류여, 당신의 연금술은**

지구를 낙원으로 변형합니다.

6. 나는 계속 그들의 공격에 노출되어 있다가,
어느 날 그들에게 반격을 하기 시작했습니다.
그것은 뱀의 거짓말에 반응해 버렸던,
슬픈 과거의 경험이었습니다.

오메가여, 우주 어머니의 화염이여,
나는 바로 이 빛에서 나왔습니다.
나는 우주의 게임에 참여하며,
그리스도의 승리를 선언합니다.

**오 생명의 노래여, 당신은 생명을 부어주며,
모든 가슴에 진정한 동조를 일으킵니다.
오 신성한 음류여, 당신의 연금술은
지구를 낙원으로 변형합니다.**

7. 나는 어둠을 유지하는 세력과 싸우기 위해서,
여기에 왔다는 생각을 하기 시작했습니다.
나는 선과 악을 규정하면서,
나의 승리를 확신했습니다.

오메가여, 내가 왜 지구에 내려왔는지,
이제 나는 깨닫습니다.
그러므로 나는 이 행성의 상승을 돕겠다는
의지로 충만합니다.

**오 생명의 노래여, 당신은 생명을 부어주며,
모든 가슴에 진정한 동조를 일으킵니다.
오 신성한 음류여, 당신의 연금술은**

지구를 낙원으로 변형합니다.

8. 그러나 고되고 오랜 전쟁 후에,
나는 호전적인 정신을 내던져버렸습니다.
내 마음은 온갖 일에 지쳐버렸고, 내 가슴은
분명 더 나은 것이 있을 거라고 울부짖었습니다.

오메가여, 나는 지금 열망합니다,
우주적인 합창단의 대열에 합류하기를.
이 행성을 성화(聖化)하는 그리스도의 불꽃과 함께,
내 가슴은 불타오르고 있습니다.

**오 생명의 노래여, 당신은 생명을 부어주며,
모든 가슴에 진정한 동조를 일으킵니다.
오 신성한 음류여, 당신의 연금술은
지구를 낙원으로 변형합니다.**

9. 내 울음 속에서 나는 그리스도를 보았습니다,
그는 새로운 생명을 내 안에 불어넣고 있었습니다.
나는 모든 속박을 놓아버리고 떠났으며,
내 마음은 더 높은 목표를 향하고 있었습니다.

오메가여, 내 가슴은 찬란히 타오르고,
내 삶은 상향의 단계로 들어왔습니다.
이제 내게 비밀의 어구를 가르치시어,
내가 이 행성을 들어올릴 수 있게 하소서.

**오 생명의 노래여, 당신은 생명을 부어주며,
모든 가슴에 진정한 동조를 일으킵니다.
오 신성한 음류여, 당신의 연금술은**

지구를 낙원으로 변형합니다.

3. 나의 신성한 정체성을 선언합니다

1. 그리스도는 뱀의 거짓말을 드러내고,
나는 타락한 기준을 물리칩니다.
내 영은 더 이상 타락한 존재들과
그들의 규범을 따르지 않습니다.

오메가여, 나는 우주의 문 안에 있는,
당신의 보좌를 명상합니다.
나는 알파와 오메가가 공동-창조한,
무한 8자의 형상에서 탄생합니다.

**오 생명의 노래여, 당신은 생명을 부어주며,
모든 가슴에 진정한 동조를 일으킵니다.
오 신성한 음류여, 당신의 연금술은
지구를 낙원으로 변형합니다.**

2. 그들의 어둠은 단지 신기루에 불과하고,
그들의 태도는 모두 위장입니다.
내 안에서 그리스도가 탄생할 때,
나는 지구에 존재할 권리를 주장합니다.

오메가여, 당신의 신성한 공간 안에서,
나는 우주의 부모를 포옹합니다.
우주적 인종에 합류하는 일은
무한한 은총임을 나는 압니다.

오 생명의 노래여, 당신은 생명을 부어주며,

모든 가슴에 진정한 동조를 일으킵니다.
오 신성한 음류여, 당신의 연금술은
지구를 낙원으로 변형합니다.

3. 그리스도와 함께 나는,
어머니가 나의 적이 아니라는 진실을 봅니다.
나는 이제 어머니와 함께 평화를 누리며,
오래된 영체들을 놓아버립니다.

중앙태양의 오메가여, 당신은 나에게
삶이 우주적인 즐거움임을 보여줍니다.
이제 나는 승리를 얻고,
집으로 향하는 여정을 시작합니다.

**오 생명의 노래여, 당신은 생명을 부어주며,
모든 가슴에 진정한 동조를 일으킵니다.
오 신성한 음류여, 당신의 연금술은
지구를 낙원으로 변형합니다.**

4. 나는 이제 내 완전한 권리를 받아들이며,
지구를 빛 안으로 들어올립니다.
어머니가 바로 열쇠임을 알게 되고,
나는 자신의 여성성을 수용합니다.

오메가여, 여성성이야말로
무한으로 인도하는 문입니다.
나는 당신과 동화되며,
나 자신의 신성을 깨닫습니다.

오 생명의 노래여, 당신은 생명을 부어주며,

**모든 가슴에 진정한 동조를 일으킵니다.
오 신성한 음류여, 당신의 연금술은
지구를 낙원으로 변형합니다.**

5. 어머니의 가슴에 가까이 다가가,
나는 이제 어머니의 일부가 됩니다.
날숨에서 나는 아버지와 함께 흘러가고,
들숨에서 나는 어머니 안에서 성장합니다.

오메가여, 당신의 우주적 흐름 안에서,
내 신성한 계획을 명확히 깨닫습니다.
이제 내 가슴은 등불처럼 밝게 타오르고,
나는 모두에게 사랑을 비춰줍니다.

**오 생명의 노래여, 당신은 생명을 부어주며,
모든 가슴에 진정한 동조를 일으킵니다.
오 신성한 음류여, 당신의 연금술은
지구를 낙원으로 변형합니다.**

6. 나는 어머니 빛을 높이고자 하며,
모두를 위한 길을 밝게 비춥니다.
신성한 어머니를 높이는 일이야말로
영의 신성한 연금술로 가는 열쇠입니다.

오메가여, 우주 어머니의 화염이여,
나는 바로 이 빛에서 나왔습니다.
나는 우주의 게임에 참여하며,
그리스도의 승리를 선언합니다.

오 생명의 노래여, 당신은 생명을 부어주며,

모든 가슴에 진정한 동조를 일으킵니다.
오 신성한 음류여, 당신의 연금술은
지구를 낙원으로 변형합니다.

7. 내 마음은 티 없이 맑은 금강석이며,
투명함 안에서 나는 진리를 발견합니다,
내가 이곳 지상의 신성한 어머니이고,
신의 마음이 나를 통해 흐를 수 있음을.

오메가여, 내가 왜 지구에 내려왔는지,
이제 나는 깨닫습니다.
그러므로 나는 이 행성의 상승을 돕겠다는
의지로 충만합니다.

**오 생명의 노래여, 당신은 생명을 부어주며,
모든 가슴에 진정한 동조를 일으킵니다.
오 신성한 음류여, 당신의 연금술은
지구를 낙원으로 변형합니다.**

8. 내가 어머니의 역할을 받아들일 때,
지상의 어느 누구도 나를 지배하지 못합니다.
내 아이앰 현존은 내 삶을 상향의 길로
이끌어 주는 힘입니다.

오메가여, 나는 지금 열망합니다,
우주적인 합창단의 대열에 합류하기를.
이 행성을 성화(聖化)하는 그리스도의 불꽃과 함께,
내 가슴은 불타오르고 있습니다.

오 생명의 노래여, 당신은 생명을 부어주며,

모든 가슴에 진정한 동조를 일으킵니다.
오 신성한 음류여, 당신의 연금술은
지구를 낙원으로 변형합니다.

9. 여성성을 받아들이는 것이,
남성성으로 가는 열쇠입니다.
중앙태양의 오메가여,
나는 아버지-어머니와 하나입니다.

오메가여, 내 가슴은 찬란히 타오르고,
내 삶은 상향의 단계로 들어왔습니다.
이제 내게 비밀의 어구를 가르치시어,
내가 이 행성을 들어올릴 수 있게 하소서.

오 생명의 노래여, 당신은 생명을 부어주며,
모든 가슴에 진정한 동조를 일으킵니다.
오 신성한 음류여, 당신의 연금술은
지구를 낙원으로 변형합니다.

4. 나는 신성한 어머니입니다

1. 나는 이곳 지상의 오메가이며,
모두에게 신의 힘을 부여합니다.
나는 내 창조주와 영원히 하나이며,
이미 그리스도 승리를 얻었습니다.

오메가여, 나는 우주의 문 안에 있는,
당신의 보좌를 명상합니다.
나는 알파와 오메가가 공동-창조한,
무한 8자의 형상에서 탄생합니다.

**오 생명의 노래여, 당신은 생명을 부어주며,
모든 가슴에 진정한 동조를 일으킵니다.
오 신성한 음류여, 당신의 연금술은
지구를 낙원으로 변형합니다.**

2. 나는 이곳 지상의 오메가이며,
모두에게 신의 지혜를 부여합니다.
알파와 오메가로서 둘이 이루어지니,
나는 항상 균형을 추구합니다.

오메가여, 당신의 신성한 공간 안에서,
나는 우주의 부모를 포옹합니다.
우주적 인종에 합류하는 일은
무한한 은총임을 나는 압니다.

**오 생명의 노래여, 당신은 생명을 부어주며,
모든 가슴에 진정한 동조를 일으킵니다.
오 신성한 음류여, 당신의 연금술은
지구를 낙원으로 변형합니다.**

3. 나는 이곳 지상의 오메가이며,
모두에게 신의 사랑을 부여합니다.
이제 첫 아들이 태어나 셋으로 되니,
내 안에서 그리스도가 탄생합니다.

중앙태양의 오메가여, 당신은 나에게
삶이 우주적인 즐거움임을 보여줍니다.
이제 나는 승리를 얻고,
집으로 향하는 여정을 시작합니다.

**오 생명의 노래여, 당신은 생명을 부어주며,
모든 가슴에 진정한 동조를 일으킵니다.
오 신성한 음류여, 당신의 연금술은
지구를 낙원으로 변형합니다.**

4. 나는 이곳 지상의 오메가이며,
모두에게 신의 순수성을 부여합니다.
성령과 더불어 이제 넷이 이루어지니,
이제 나는 더 이상의 존재가 되어갑니다.

오메가여, 여성성이야말로
무한으로 인도하는 문입니다.
나는 당신과 동화되며,
나 자신의 신성을 깨닫습니다.

**오 생명의 노래여, 당신은 생명을 부어주며,
모든 가슴에 진정한 동조를 일으킵니다.
오 신성한 음류여, 당신의 연금술은
지구를 낙원으로 변형합니다.**

5. 나는 이곳 지상의 오메가이며,
모두에게 신의 비전을 부여합니다.
신성한 여성성은 다섯을 이루고,
나는 살아 있음에 기쁨을 느낍니다.

오메가여, 당신의 우주적 흐름 안에서,
내 신성한 계획을 명확히 깨닫습니다.
이제 내 가슴은 등불처럼 밝게 타오르고,
나는 모두에게 사랑을 비춰줍니다.

**오 생명의 노래여, 당신은 생명을 부어주며,
모든 가슴에 진정한 동조를 일으킵니다.
오 신성한 음류여, 당신의 연금술은
지구를 낙원으로 변형합니다.**

6. 나는 이곳 지상의 오메가이며,
모두에게 신의 평화를 부여합니다.
균형 안에서 이제 여섯이 존재하고,
나는 이제 십자가를 초월합니다.

오메가여, 우주 어머니의 화염이여,
나는 바로 이 빛에서 나왔습니다.
나는 우주의 게임에 참여하며,
그리스도의 승리를 선언합니다.

**오 생명의 노래여, 당신은 생명을 부어주며,
모든 가슴에 진정한 동조를 일으킵니다.
오 신성한 음류여, 당신의 연금술은
지구를 낙원으로 변형합니다.**

7. 나는 이곳 지상의 오메가이며,
모두에게 신의 자유를 부여합니다.
신성한 일곱의 화합 안에서,
나는 천국으로 상승하고 있습니다.

오메가여, 내가 왜 지구에 내려왔는지,
이제 나는 깨닫습니다.
그러므로 나는 이 행성의 상승을 돕겠다는
의지로 충만합니다.

**오 생명의 노래여, 당신은 생명을 부어주며,
모든 가슴에 진정한 동조를 일으킵니다.
오 신성한 음류여, 당신의 연금술은
지구를 낙원으로 변형합니다.**

8. 나는 이곳 지상의 오메가이며,
모두에게 중도(中道)를 부여합니다.
붓다와 팔정도(八正道)와 함께,
우리는 모든 사람들을 일깨웁니다.

오메가여, 나는 지금 열망합니다,
우주적인 합창단의 대열에 합류하기를.
이 행성을 성화(聖化)하는 그리스도의 불꽃과 함께,
내 가슴은 불타오르고 있습니다.

**오 생명의 노래여, 당신은 생명을 부어주며,
모든 가슴에 진정한 동조를 일으킵니다.
오 신성한 음류여, 당신의 연금술은
지구를 낙원으로 변형합니다.**

9. 나는 이곳 지상의 오메가이며,
모두에게 가속을 부여합니다.
아홉에 아홉을 곱하며 가속하니,
이제 우리 행성은 진실로 신성합니다.

오메가여, 내 가슴은 찬란히 타오르고,
내 삶은 상향의 단계로 들어왔습니다.
이제 내게 비밀의 어구를 가르치시어,
내가 이 행성을 들어올릴 수 있게 하소서.

오 생명의 노래여, 당신은 생명을 부어주며,
모든 가슴에 진정한 동조를 일으킵니다.
오 신성한 음류여, 당신의 연금술은
지구를 낙원으로 변형합니다.

나는 실재하는 무한 8자의 형상 안에서, 알파와 오메가입니다 (9번, 33번, 혹은 그 이상)

봉인하기

신성한 어머니의 이름으로, 나는 오메가와 성모 마리아께 나 자신과 내 영향력의 원 안에 있는 모든 사람들을 신성한 어머니, 생명의 강의 창조적인 흐름 안에 봉인해 달라고 요청합니다. 신성한 어머니의 모든 대리자들에 의해 나의 요청이 증폭되어, 우리가 "위에서처럼, 아래에서도" 완전한 무한 8자 형상의 흐름을 이루게 하소서. 이에 주님이자 신성한 어머니이신 아이앰(the Lord, the Divine Mother that I AM)이 이것을 직접 말씀하셨으므로, 나는 이것이 완전하게 구현됨을 받아들입니다. 아멘.

전체 봉인하기

신성한 어머니의 이름으로, 나는 마레이타이와 나다, 관음, 성모 마리아, 폴셔, 리버티, 비너스, 오메가께, 나 자신과 내 영향력의 원 안에 있는 모든 사람들을 신성한 어머니, 생명의 강의 창조적인 흐름 안에 봉인해 달라고 요청합니다. 신성한 어머니의 모든 대리자들에 의해 나의 요청이 증폭되어, 우리가 "위에서처럼, 아래에서도" 완전한 무한 8자 형상의 흐름을 이루게 하소서. 이에 주님이자 신성한 어머니이신 아이앰(the Lord, the Divine Mother that I AM)이 이것을 직접 말씀하셨으므로, 나는 이것이 완전하게 구현됨을 받아들입니다. 아멘.

마레이타이 디크리

I AM THAT I AM, 예수 그리스도의 이름으로 나는 모든 신성한 어머니의 대리자들, 특히 마레이타이(Maraytaii)와 성모 마리아를 부르며 나의 네 하위체의 치유를, 특히 나의 자아감인 정체성체의 변형을 요청합니다. 나는 분리된 자아에 대한 모든 환영을 초월하게 해 달라고 요청합니다...
(여기에 개인적인 요청을 추가하세요)

1. 오 우주의 어머니여, 나를 본향으로 부르는,
공(gong) 소리를 울려주소서.
당신이 내게 부어주시는 온화한 사랑을 깨달으며,
그 안에서 나는 자유를 얻습니다.

**마레이타이여, 우주의 문을 열어 주는 노래가
내 안에 울려 퍼집니다.
당신의 선율이 내 존재를 진동시키면
내 자아감은 새로이 창조됩니다.**

2. 오 우주의 어머니여, 나를 굳게 잡아주소서,
당신의 빛이 내 안에 울려 퍼집니다.
당신의 음악은 내 가슴을 정화하고,
나는 모두에게 당신의 사랑을 전해 줍니다.

**마레이타이여, 우주의 문을 열어 주는 노래가
내 안에 울려 퍼집니다.
당신의 선율이 내 존재를 진동시키면
내 자아감은 새로이 창조됩니다.**

3. 오 우주의 어머니여, 우리는 하나이며,
당신의 가슴은 불타오르는 태양입니다.
당신에게서 크게 울려 나오는 신성한 음류는,
내 존재를 통해 더욱더 증폭됩니다.

**마레이타이여, 우주의 문을 열어 주는 노래가
내 안에 울려 퍼집니다.
당신의 선율이 내 존재를 진동시키면
내 자아감은 새로이 창조됩니다.**

4. 오 우주의 어머니여, 나는 이제,
신성한 구체의 미묘한 소리를 듣습니다.
우주의 훔(Hum) 소리에 나를 조율하며,
더 작은 자아를 넘어섭니다.

**마레이타이여, 우주의 문을 열어 주는 노래가
내 안에 울려 퍼집니다.
당신의 선율이 내 존재를 진동시키면
내 자아감은 새로이 창조됩니다.**

5. 오 우주의 어머니여, 나를 집으로 데려가소서,
내가 신성한 옴(OM) 소리와 공명하니,
소리 안의 소리는 나를 위로 들어올리고,
내 잔에는 오직 빛만이 존재합니다.

**마레이타이여, 우주의 문을 열어 주는 노래가
내 안에 울려 퍼집니다.
당신의 선율이 내 존재를 진동시키면
내 자아감은 새로이 창조됩니다.**

6. 오 우주의 어머니여, 나는 우주 교향악의,
일부가 되리니.
나의 전 현존은(All that I AM),
천상에서 오는 소리를 연주하는 악기입니다.

**마레이타이여, 우주의 문을 열어 주는 노래가
내 안에 울려 퍼집니다.
당신의 선율이 내 존재를 진동시키면
내 자아감은 새로이 창조됩니다.**

7. 오 우주의 어머니여, 이제 요청드리니,
나를 신성한 음악의 전당으로 들어가게 하소서.
별들이 빛나는 창공을 향해 가며,
나는 생명의 상승에 참여합니다.

**마레이타이여, 우주의 문을 열어 주는 노래가
내 안에 울려 퍼집니다.
당신의 선율이 내 존재를 진동시키면
내 자아감은 새로이 창조됩니다.**

8. 오 우주의 어머니여, 내 현들을 조율하시어,
내 전 존재가 당신과 함께 노래하게 하소서.
이제 당신의 노래를 울려 퍼지게 하며,
나는 우주적인 사랑을 찬양합니다.

**마레이타이여, 우주의 문을 열어 주는 노래가
내 안에 울려 퍼집니다.
당신의 선율이 내 존재를 진동시키면
내 자아감은 새로이 창조됩니다.**

9. 오 우주의 어머니여, 당신을 사랑합니다,
당신의 사랑 노래는 나를 영원히 진실되게 합니다.
당신이 신성한 음조로 나를 가득 채워 주시니,
이제 내 외로움은 완전히 사라졌습니다.

**마레이타이여, 우주의 문을 열어 주는 노래가
내 안에 울려 퍼집니다.
당신의 선율이 내 존재를 진동시키면
내 자아감은 새로이 창조됩니다.**

봉인하기

신성한 어머니의 이름으로, 나는 마레이타이와 성모 마리아께 나 자신과 내 영향력의 원 안에 있는 모든 사람을 신성한 어머니, 생명의 강의 창조적인 흐름 안에 봉인해 달라고 요청합니다. 신성한 어머니의 모든 대리자들에 의해 나의 요청이 증폭되어, 우리가 "위에서처럼, 아래에서도" 완전한 무한 8자 형상의 흐름을 이루게 하소서. 이에 주님이자 신성한 어머니이신 아이앰(the Lord, the Divine Mother that I AM)이 이것을 직접 말씀하셨으므로, 나는 이것이 완전하게 구현됨을 받아들입니다. 아멘.

나다 디크리

I AM THAT I AM, 예수 그리스도의 이름으로 나는 모든 신성한 어머니의 대리자들, 특히 나다와 성모 마리아를 부르며, 나의 네 하위체의 치유를, 특히 나의 멘탈체의 변형을 요청합니다. 나는 모든 이원적인 환영에서 자유로워지기를 요청합니다..
(여기에 개인적인 요청을 추가하세요)

1. 오 나다, 복된 우주의 은총이시여,
나의 내적인 공간을 충만하게 하시니.
당신의 노래는 신성한 향유와도 같고,
내 마음은 완전한 고요의 바다가 됩니다.

**나다의 신비로운 선율과 함께,
내 마음은 영원한 자유를 누립니다.
나다의 교향악을 지휘하며,
나는 영원한 평화를 선언합니다.**

2. 나다여, 당신의 붓다 마음 안에서,
나는 진실로 내면의 평화를 발견합니다.
당신의 노래를 울려 퍼지게 하며,
나는 당신의 사랑과 동화됩니다.

나다의 신비로운 선율과 함께,
내 마음은 영원한 자유를 누립니다.
나다의 교향악을 지휘하며,
나는 영원한 평화를 선언합니다.

3. 오 나다, 너무나 숭고한 아름다움이시여,
나는 모든 시간을 넘어 당신을 따릅니다.
우리는 소리 없는 소리 안에 잠기며,
우주를 재창조합니다.

나다의 신비로운 선율과 함께,
내 마음은 영원한 자유를 누립니다.
나다의 교향악을 지휘하며,
나는 영원한 평화를 선언합니다.

4. 오 나다여, 우리는 예견합니다
그리스도 신성이 제한 받지 않는 미래를.
우리는 붓다의 마음으로 인식하고,
더 나은 미래를 마음에 품습니다.

나다의 신비로운 선율과 함께,
내 마음은 영원한 자유를 누립니다.
나다의 교향악을 지휘하며,
나는 영원한 평화를 선언합니다.

5. 오 나다여, 우리는 미래를 다시 씁니다,
그곳에선 결코 무력이 의(義)가 아니고.
그리스도 마음이 왕이며,
우리는 모든 것 안에서 그리스도를 봅니다.

나다의 신비로운 선율과 함께,
내 마음은 영원한 자유를 누립니다.
나다의 교향악을 지휘하며,
나는 영원한 평화를 선언합니다.

6. 오 나다여, 이제 평화는 일상의 기준이 되고,
내 영(Spirit)은 모든 형상을 초월합니다.
나는 더 이상 형상에 순응하지 않으며,
미개발의 잠재력을 활용합니다.

나다의 신비로운 선율과 함께,
내 마음은 영원한 자유를 누립니다.
나다의 교향악을 지휘하며,
나는 영원한 평화를 선언합니다.

7. 오 나다, 눈부시게 빛나는 기쁨이시여,
나는 진정으로 내 삶을 즐깁니다.
나에게 즐거움이 허락되니,
내 태양신경총은 태양처럼 빛납니다.

나다의 신비로운 선율과 함께,
내 마음은 영원한 자유를 누립니다.
나다의 교향악을 지휘하며,
나는 영원한 평화를 선언합니다.

8. 오 나다여, 봉사는,
실재 안에서 살기 위한 열쇠입니다.
이제 내가 생명의 하나됨을 깨달으니,
내 지고의 봉사가 시작되었습니다.

**나다의 신비로운 선율과 함께,
내 마음은 영원한 자유를 누립니다.
나다의 교향악을 지휘하며,
나는 영원한 평화를 선언합니다.**

9. 오 나다여, 우리는 이제 명합니다,
지상의 생명은 근심 없이 존재하라.
예수님과 함께 우리가 탐구를 완성하니,
이제 신의 왕국이 구현됩니다.

**나다의 신비로운 선율과 함께,
내 마음은 영원한 자유를 누립니다.
나다의 교향악을 지휘하며,
나는 영원한 평화를 선언합니다.**

봉인하기
신성한 어머니의 이름으로, 나는 나다와 성모 마리아께 나 자신과 내 영향력의 원 안에 있는 모든 사람들을 신성한 어머니, 생명의 강의 창조적인 흐름 안에 봉인해 달라고 요청합니다. 신성한 어머니의 모든 대리자들에 의해 나의 요청이 증폭되어, 우리가 "위에서처럼, 아래에서도" 완전한 무한 8자 형상의 흐름을 이루게 하소서. 이에 주님이자 신성한 어머니이신 아이앰(the Lord, the Divine Mother that I AM)이 이것을 직접 말씀하셨으므로, 나는 이것이 완전하게 구현됨을 받아들입니다. 아멘.

관음 디크리

I AM THAT I AM, 예수 그리스도의 이름으로 나는 모든 신성한 어머니의 대리자들, 특히 관음과 성모 마리아를 부르며, 나의 네 하위체의 치유를, 특히 내 감정체와 감정들(feelings)의 변형을 요청합니다. 나는 모든 감정적인 상처들을 치유해 주시기를 요청합니다…
(여기에 개인적인 요청을 추가하세요)

1. 오 관음, 성스러운 이름이시여,
나를 자비의 불꽃으로 채워 주소서.
자비를 베풀며 나는 자유로워지고,
모두를 용서함은 마법의 열쇠입니다.

관음의 감미로운 선율 안에서,
나는 진아의 자유를 얻고,
관음의 생명력 안에서
나는 불멸을 선언합니다.

2. 오 관음이시여, 나는 이곳 지상에서의
모든 집착을 보내버립니다.
갇혀 있던 느낌들을 모두 놓아주고,
감정의 질병에서 해방됩니다.

**관음의 감미로운 선율 안에서,
나는 진아의 자유를 얻고,
관음의 생명력 안에서
나는 불멸을 선언합니다.**

3. 오 관음이시여, 왜 삶이 내 이상(理想)에,
미치지 못한다고 느껴야 합니까?
나는 모든 기대를 던져버렸고,
이제 내 마음은 비워진 잔입니다

**관음의 감미로운 선율 안에서,
나는 진아의 자유를 얻고,
관음의 생명력 안에서
나는 불멸을 선언합니다.**

4. 오 관음이시여, 과거를 초월하니,
마침내 모든 원한은 사라집니다.
나는 미래의 어느 것도 기대하지 않고,
영원한 현재를 거부하지 않습니다.

**관음의 감미로운 선율 안에서,
나는 진아의 자유를 얻고,
관음의 생명력 안에서
나는 불멸을 선언합니다.**

5. 오 관음이시여, 윤회의 거친 바다 위로,
나를 들어올려 주소서.
당신의 반야의 배 안에선 모두가 안전하니,
이제는 피안이 멀지 않았습니다.

관음의 감미로운 선율 안에서,
나는 진아의 자유를 얻고,
관음의 생명력 안에서
나는 불멸을 선언합니다.

6. 오 관음이시여, 당신의 연금술은,
기적과 함께 나를 해방합니다.
나는 용서함으로써 용서를 받으며,
더 이상 죄책감에 끌려가지 않습니다.

관음의 감미로운 선율 안에서,
나는 진아의 자유를 얻고,
관음의 생명력 안에서
나는 불멸을 선언합니다.

7. 오 관음이시여, 모든 근심이 사라지니,
행한 것도 없고 행하지 못한 것도 없습니다.
분리된 자아를 통해 행동하지 않으니,
나는 당신과 완전히 하나되어 휴식합니다.

관음의 감미로운 선율 안에서,
나는 진아의 자유를 얻고,
관음의 생명력 안에서
나는 불멸을 선언합니다.

8. 오 관음이시여, 당신의 지혜는,
이제 나를 허상에서 자유롭게 합니다.
진정 이 모든 것이 나에게 무엇이리까;
나는 다 놓아버리고 당신을 따릅니다.

**관음의 감미로운 선율 안에서,
나는 진아의 자유를 얻고,
관음의 생명력 안에서
나는 불멸을 선언합니다.**

9. 오 관음이시여, 신성한 영역에서 울려 나오는,
너무나 감미로운 음류여.
내가 에고의 작업을 놓아버리니,
피안의 기슭에서 나 자신을 발견합니다.

**관음의 감미로운 선율 안에서,
나는 진아의 자유를 얻고,
관음의 생명력 안에서
나는 불멸을 선언합니다.**

봉인하기

신성한 어머니의 이름으로, 나는 관음과 성모 마리아께 나 자신과 내 영향력의 원 안에 있는 모든 사람들을 신성한 어머니, 생명의 강의 창조적인 흐름 안에 봉인해 달라고 요청합니다. 신성한 어머니의 모든 대리자들에 의해 나의 요청이 증폭되어, 우리가 "위에서처럼, 아래에서도" 완전한 무한 8자 형상의 흐름을 이루게 하소서. 이에 주님이자 신성한 어머니이신 아이앰(the Lord, the Divine Mother that I AM)이 이것을 직접 말씀하셨으므로, 나는 이것이 완전하게 구현됨을 받아들입니다. 아멘.

성모 마리아 디크리

I AM THAT I AM, 예수 그리스도의 이름으로 나는 모든 신성한 어머니의 대리자들, 특히 성모 마리아를 부르며 나의 네 하위체의 치유를, 특히 물리적 몸의 변형을 요청합니다. 나는 모든 불균형과 질병들의 치유를 요청합니다…
(여기에 개인적인 요청을 추가하세요)

1. 오 은혜로우신 마리아의 생명의 노래는,
모든 투쟁의 형상을 불태웁니다.
너무나 매혹적인 음류에 조율하면서,
나는 모든 세포가 건강함을 선언합니다.

오 성모 마리아시여,
더 높이 가속하는 노래를 내려 주소서,
내 세포들은 높은 상태로 고양되어,
완벽한 건강 안에서 빛을 냅니다.

2. 생명에서 흘러나오는 노래를 항상 들으니,
모든 두려움의 감각이 불타버립니다.
신성한 어머니의 교향악과 화합을 이루니,
모든 질병이 나에게서 사라집니다.

오 성모 마리아시여,
더 높이 가속하는 노래를 내려 주소서,
내 세포들은 높은 상태로 고양되어,
완벽한 건강 안에서 빛을 냅니다.

3. 어머니의 사랑 안에서 초월해 나갈 때,
내 모든 투쟁은 끝이 납니다.
내가 성모의 눈으로 볼 때면,
어떤 불완전함도 내게 오지 못합니다.

오 성모 마리아시여,
더 높이 가속하는 노래를 내려 주소서,
내 세포들은 높은 상태로 고양되어,
완벽한 건강 안에서 빛을 냅니다.

4. 내면에 살아 계신 그리스도를 깨달음으로써
치유가 일어나기 시작합니다.
내가 (그리스도의) 단일한 눈으로 볼 때,
각 세포의 빛이 증가되기 때문입니다.

오 성모 마리아시여,
더 높이 가속하는 노래를 내려 주소서,
내 세포들은 높은 상태로 고양되어,
완벽한 건강 안에서 빛을 냅니다.

5. 어머니의 음악 안에서 자유로워지니,
더 작은 나에 대한 기억들은 사라졌습니다.
내 비전이 완전해지니,
내 모든 세포들이 소생합니다.

**오 성모 마리아시여,
더 높이 가속하는 노래를 내려 주소서,
내 세포들은 높은 상태로 고양되어,
완벽한 건강 안에서 빛을 냅니다.**

6. 오 어머니의 사랑이여, 감미로운 선율이여,
나는(I AM) 모든 불완전함에서 해방되었습니다.
오 성모 마리아시여, 소리 안의 소리여,
내 가슴은 당신의 사랑으로 충만합니다.

**오 성모 마리아시여,
더 높이 가속하는 노래를 내려 주소서,
내 세포들은 높은 상태로 고양되어,
완벽한 건강 안에서 빛을 냅니다.**

7. 어머니의 숭고한 아름다움을 통해서,
시간과 공간의 속박을 초월합니다.
모든 세포들은 필멸의 무덤을 넘어서,
어머니 모태 안에서 완전체(whole)가 됩니다.

**오 성모 마리아시여,
더 높이 가속하는 노래를 내려 주소서,
내 세포들은 높은 상태로 고양되어,
완벽한 건강 안에서 빛을 냅니다.**

8. 나는 생명의 노래와 공명하며,
생명의 화성과 조화를 이룹니다.
내 완전한 상태를 담은 신의 설계가
모든 세포를 다시 신성하게 합니다.

**오 성모 마리아시여,
더 높이 가속하는 노래를 내려 주소서,
내 세포들은 높은 상태로 고양되어,
완벽한 건강 안에서 빛을 냅니다.**

9. 모든 세포의 소리굽쇠는 이제
어머니의 종에 맞춰 조율되었습니다.
이제 나는(I AM) 죽음의 저주에서 해방되어,
내 불멸을 선언합니다.

**오 성모 마리아시여,
더 높이 가속하는 노래를 내려 주소서,
내 세포들은 높은 상태로 고양되어,
완벽한 건강 안에서 빛을 냅니다.**

봉인하기

신성한 어머니의 이름으로, 나는 성모 마리아께 나 자신과 내 영향력의 원 안에 있는 모든 사람들을 신성한 어머니, 생명의 강의 창조적인 흐름 안에 봉인해 달라고 요청합니다. 신성한 어머니의 모든 대리자들에 의해 나의 요청이 증폭되어, 우리가 "위에서처럼, 아래에서도" 완전한 무한 8자 형상의 흐름을 이루게 하소서. 이에 주님이자 신성한 어머니이신 아이앰(the Lord, the Divine Mother that I AM)이 이것을 직접 말씀하셨으므로, 나는 이것이 완전하게 구현됨을 받아들입니다. 아멘.

폴셔 디크리

I AM THAT I AM, 예수 그리스도의 이름으로 나는 모든 신성한 어머니의 대리자들, 특히 폴셔와 성모 마리아를 부르며 나의 네 하위체들의 치유를, 특히 내 세계관의 변형을 요청합니다. 내가 우주의 흐름에 나 자신을 완전히 맡길 수 있도록 도와주소서, 그리하여 내가 결핍의 의식을 초월하고, 모든 생명을 들어올리는 가장 위대한 봉사를 할 수 있는 장소와 환경으로 성령의 인도를 받게 하소서. 나는 모든 불균형의 치유를 요청합니다..
(여기에 개인적인 요청을 추가하세요)

1. 오 폴셔여, 당신의 은거처에서,
당신은 어머니의 사랑으로 나를 맞이합니다.
나는 이제 모든 시험을 완료했으며,
더 이상 옛 패턴을 반복하지 않습니다.

**오 폴셔, 기회의 시혜자여,
나는 이원성을 초월합니다.
나는 이제 내면에 초점을 두며,
당신과 함께 영원히 성장합니다.**

2. 오 폴셔여, 정의는 당신의 이름이며,
우주적 영광의 불꽃을 들어올립니다,
현상 유지를 하기 위한 게임을,
나는 더 이상 하지 않을 것입니다.

**오 폴셔, 기회의 시혜자여,
나는 이원성을 초월합니다.
나는 이제 내면에 초점을 두며,
당신과 함께 영원히 성장합니다.**

3. 오 폴셔여, 나는 우주의 흐름 안에서,
당신과 하나되어 영원히 성장합니다.
나는 당신이 부여하는 우주의 정의를 담는,
이곳 지상의 성배입니다.

**오 폴셔, 기회의 시혜자여,
나는 이원성을 초월합니다.
나는 이제 내면에 초점을 두며,
당신과 함께 영원히 성장합니다.**

4. 오 폴셔여, 우주적인 균형을 가져오소서,
내 가슴은 영원한 희망을 노래합니다.
어머니의 날개는 나를 보호하고,
나는 만물과 하나됨을 느낍니다.

**오 폴셔, 기회의 시혜자여,
나는 이원성을 초월합니다.
나는 이제 내면에 초점을 두며,
당신과 함께 영원히 성장합니다.**

5. 오 폴셔여, 어머니의 빛을 가져오시어,
모두를 암흑의 밤에서 해방하소서.
당신 사랑의 화염은 영원토록 밝게 빛나니,
이제 성 저메인과 함께 나를 굳게 잡아주소서.

**오 폴셔, 기회의 시혜자여,
나는 이원성을 초월합니다.
나는 이제 내면에 초점을 두며,
당신과 함께 영원히 성장합니다.**

6. 오 폴셔여, 나는 변형의 연금술에,
통달한 당신을 느낍니다.
당신이 발하는 실재의 빛 안에서,
나는 황금의 연금술을 발견합니다.

**오 폴셔, 기회의 시혜자여,
나는 이원성을 초월합니다.
나는 이제 내면에 초점을 두며,
당신과 함께 영원히 성장합니다.**

7. 오 폴셔여, 우주의 흐름 안에서,
나는 인간의 꿈에서 깨어납니다.
에고의 들보를 제거하며,
나는 우주의 팀에 내 자리를 얻습니다.

**오 폴셔, 기회의 시혜자여,
나는 이원성을 초월합니다.
나는 이제 내면에 초점을 두며,
당신과 함께 영원히 성장합니다.**

8. 오 폴셔여, 당신은 아득히 먼 곳에서 온,
우주의 아바타(avatar)입니다,
당신이 펼치는 은혜에는 한계가 없고,
당신은 지구를 인도하는 별입니다.

**오 폴셔, 기회의 시혜자여,
나는 이원성을 초월합니다.
나는 이제 내면에 초점을 두며,
당신과 함께 영원히 성장합니다.**

9. 오 폴셔여, 나는 확신으로 충만한,
우주의 악기입니다.
나는 지구의 상승을 돕기 위해,
천상에서 지구로 내려왔습니다.

**오 폴셔, 기회의 시혜자여,
나는 이원성을 초월합니다.
나는 이제 내면에 초점을 두며,
당신과 함께 영원히 성장합니다.**

봉인하기
신성한 어머니의 이름으로, 나는 폴셔와 성모 마리아께 나 자신과 내 영향력의 원 안에 있는 모든 사람들을 신성한 어머니, 생명의 강의 창조적인 흐름 안에 봉인해 달라고 요청합니다. 신성한 어머니의 모든 대리자들에 의해 나의 요청이 증폭되어, 우리가 "위에서처럼, 아래에서도" 완전한 무한 8자 형상의 흐름을 이루게 하소서. 이에 주님이자 신성한 어머니이신 아이엠(the Lord, the Divine Mother that I AM)이 이것을 직접 말씀하셨으므로, 나는 이것이 완전하게 구현됨을 받아들입니다. 아멘.

리버티 디크리

I AM THAT I AM, 예수 그리스도의 이름으로 나는 모든 신성한 어머니의 대리자들, 특히 자유의 여신 리버티(Liberty)와 성모 마리아를 부르며 나의 네 하위체를 치유해 주시길 요청합니다, 특히 풍요로운 삶을 구현하고 창조하도록 내 자유를 변형해 주소서. 나는 모든 빈곤과 결핍의 감각을 치유해 주시길 요청합니다..
(여기에 개인적인 요청을 추가하세요)

1. 오 리버티여, 가난이란 악마의 저주에서
이제 나를 자유롭게 하소서.
나는 결핍을 어머니의 탓으로 돌리지 않습니다,
오 축복받은 어머니시여, 나를 되돌리소서.

오 우주의 어머니 리버티시여,
풍요의 교향악을 지휘하소서.
나는 무엇이 최상의 봉사인지 알게 되고,
이제 풍요는 나에게 현실이 됩니다.

2. 오 리버티여, 나는 머나먼 해안에서,
그 이상이 되려는 희구와 함께 왔습니다.
나는 풍요의 흐름을 보면서,
풍요의 의식을 키워나갑니다.

오 우주의 어머니 리버티시여,
풍요의 교향악을 지휘하소서.
나는 무엇이 최상의 봉사인지 알게 되고,
이제 풍요는 나에게 현실이 됩니다.

3. 오 리버티여, 내가 한계에 속박될 수 있다는,
거짓말을 드러내소서.
마터 빛은 나의 적이 아니며,
나에게 진정한 부(富)를 가져다줍니다.

오 우주의 어머니 리버티시여,
풍요의 교향악을 지휘하소서.
나는 무엇이 최상의 봉사인지 알게 되고,
이제 풍요는 나에게 현실이 됩니다.

4. 오 리버티여, 타락한 무리들이 투사한,
책략을 드러내 주소서.
우주의 어머니시여, 나는 어머니가,
나의 적이 아니라는 진실을 봅니다.

오 우주의 어머니 리버티시여,
풍요의 교향악을 지휘하소서.
나는 무엇이 최상의 봉사인지 알게 되고,
이제 풍요는 나에게 현실이 됩니다.

5. 오 리버티여, 나는 이제 열린 눈으로,
악마의 거짓말을 거부합니다.
나는 지고의 신성한 아버지를 보며,
이제 신성한 어머니의 영역을 포용합니다.

**오 우주의 어머니 리버티시여,
풍요의 교향악을 지휘하소서.
나는 무엇이 최상의 봉사인지 알게 되고,
이제 풍요는 나에게 현실이 됩니다.**

6. 오 리버티여, 나의 하위체들은,
순수한 성배입니다.
나를 통해 당신의 교향악을 연주하소서,
당신의 선물인 우주의 자유가 흐르게 하소서.

**오 우주의 어머니 리버티시여,
풍요의 교향악을 지휘하소서.
나는 무엇이 최상의 봉사인지 알게 되고,
이제 풍요는 나에게 현실이 됩니다.**

7. 오 리버티여, 나는 초월의 교향악을 위해,
열린 문입니다.
내 차크라 안에서 당신이 방출하는 빛,
이 사랑의 흐름은 결코 멈추지 않을 것입니다.

**오 우주의 어머니 리버티시여,
풍요의 교향악을 지휘하소서.
나는 무엇이 최상의 봉사인지 알게 되고,
이제 풍요는 나에게 현실이 됩니다.**

8. 오 리버티여, 당신이 베푸시는,
풍요의 흐름을 방출해 주소서.
당신이 짜고 계신 황금의 담요를,
나는 받고자 합니다.

오 우주의 어머니 리버티시여,
풍요의 교향악을 지휘하소서.
나는 무엇이 최상의 봉사인지 알게 되고,
이제 풍요는 나에게 현실이 됩니다.

9. 오 리버티여, 지친 이들과 가난한 이들을 해방할,
치유의 힘을 방출하소서.
리버티의 사랑의 노래는,
대중의 무리들을 자유롭게 합니다.

오 우주의 어머니 리버티시여,
풍요의 교향악을 지휘하소서.
나는 무엇이 최상의 봉사인지 알게 되고,
이제 풍요는 나에게 현실이 됩니다.

봉인하기
신성한 어머니의 이름으로, 나는 자유의 여신 리버티와 성모 마리아께 나 자신과 내 영향력의 원 안에 있는 모든 사람들을 신성한 어머니, 생명의 강의 창조적인 흐름 안에 봉인해 달라고 요청합니다. 신성한 어머니의 모든 대리자들에 의해 나의 요청이 증폭되어, 우리가 "위에서처럼, 아래에서도" 완전한 무한 8자 형상의 흐름을 이루게 하소서. 이에 주님이자 신성한 어머니이신 아이앰(the Lord, the Divine Mother that I AM)이 이것을 직접 말씀하셨으므로, 나는 이것이 완전하게 구현됨을 받아들입니다. 아멘.

비너스 디크리

I AM THAT I AM, 예수 그리스도의 이름으로 나는 모든 신성한 어머니의 대리자들, 특히 마스터 비너스와 성모 마리아를 부르며 나의 네 하위체를 치유해 주시길 요청합니다, 특히 조건 없는 사랑을 받아들여 그 사랑이 나를 통해 흐르게 할 수 있는 능력을 변형해 주소서. 나는 모든 형태의 조건적인 사랑을 치유해 주시길 요청합니다...
(여기에 개인적인 요청을 추가하세요)

1. 오 비너스여, 나에게 봉사하는 법을 알려주소서,
나는 우주를 채우는 당신의 아름다움을 바라봅니다.
당신이 금성에서 가져오는 사랑을,
우리 행성들은 줄지어 함께 노래합니다.

**오 비너스여, 지고의 신성한 봉사여,
당신은 지구를 인도하는 우주의 안내자입니다.
나는 이제 당신의 무아(無我)의 봉사를 따르며,
봉사하는 삶을 살기로 결정합니다.**

2. 오 비너스여, 당신의 사랑은 열쇠가 되어,
지구의 굳어버린 가슴들을 해방합니다.
힘차게 빛나는 미래를 포용하며,
우리 행성의 이야기를 다시 전개합니다.

**오 비너스여, 지고의 신성한 봉사여,
당신은 지구를 인도하는 우주의 안내자입니다.
나는 이제 당신의 무아의 봉사를 따르며,
봉사하는 삶을 살기로 결정합니다.**

3. 오 비너스여, 사랑하는 내 어머니시여,
당신의 사랑은 내 가슴을 순수하게 합니다.
나는 신성한 비둘기처럼 내려오는,
사랑을 위해 열린 문입니다.

**오 비너스여, 지고의 신성한 봉사여,
당신은 지구를 인도하는 우주의 안내자입니다.
나는 이제 당신의 무아의 봉사를 따르며,
봉사하는 삶을 살기로 결정합니다.**

4. 오 비너스여, 비밀의 선율을 연주하시어,
증오의 해독제가 되게 하소서.
독으로 오염된 가슴들을 부드럽게 치유하면서,
당신은 진실한 사랑의 면모를 드러냅니다.

**오 비너스여, 지고의 신성한 봉사여,
당신은 지구를 인도하는 우주의 안내자입니다.
나는 이제 당신의 무아의 봉사를 따르며,
봉사하는 삶을 살기로 결정합니다.**

5. 오 비너스여, 사랑은 모든 결핍을 채워 주니,
진실로 사랑은 신의 첫 번째 씨앗입니다.
오 사랑이 꽃피게 하시고, 자라나게 하소서,
당신 사랑의 흐름으로 지구를 정화해 주소서.

**오 비너스여, 지고의 신성한 봉사여,
당신은 지구를 인도하는 우주의 안내자입니다.
나는 이제 당신의 무아의 봉사를 따르며,
봉사하는 삶을 살기로 결정합니다.**

6. 오 비너스여, 신을 경애하는 사람에게 들리는,
신성한 구체들의 음악이여.
이제 우리는 하나로 목소리를 높이며,
경배와 찬양의 노래를 부릅니다.

**오 비너스여, 지고의 신성한 봉사여,
당신은 지구를 인도하는 우주의 안내자입니다.
나는 이제 당신의 무아의 봉사를 따르며,
봉사하는 삶을 살기로 결정합니다.**

7. 오 비너스여, 우리는 대열에 합류하며,
사나트 쿠마라께 감사를 드립니다.
우리의 행성에 새로운 삶을 주셨으며,
전쟁과 투쟁 너머로 높여 주셨습니다.

**오 비너스여, 지고의 신성한 봉사여,
당신은 지구를 인도하는 우주의 안내자입니다.
나는 이제 당신의 무아의 봉사를 따르며,
봉사하는 삶을 살기로 결정합니다.**

8. 오 비너스여, 당신의 감미로운 선율은,
이원성의 베일을 불태워 버립니다.
우주적인 사랑의 음조에 흡수되어,
우리는 모든 갈등 너머로 올라갑니다.

**오 비너스여, 지고의 신성한 봉사여,
당신은 지구를 인도하는 우주의 안내자입니다.
나는 이제 당신의 무아의 봉사를 따르며,
봉사하는 삶을 살기로 결정합니다.**

9. 오 비너스여, 빛나는 새벽 별이여,
당신은 우주의 전령입니다.
신성한 음류가 지구를 자유롭게 하니,
우리 행성은 이제 천상과 결합되었습니다.

**오 비너스여, 지고의 신성한 봉사여,
당신은 지구를 인도하는 우주의 안내자입니다.
나는 이제 당신의 무아의 봉사를 따르며,
봉사하는 삶을 살기로 결정합니다.**

봉인하기

신성한 어머니의 이름으로, 나는 마스터 비너스와 성모 마리아께 나 자신과 내 영향력의 원 안에 있는 모든 사람들을 신성한 어머니, 생명의 강의 창조적인 흐름 안에 봉인해 달라고 요청합니다. 신성한 어머니의 모든 대리자들에 의해 나의 요청이 증폭되어, 우리가 "위에서처럼, 아래에서도" 완전한 무한 8자 형상의 흐름을 이루게 하소서. 이에 주님이자 신성한 어머니이신 아이앰(the Lord, the Divine Mother that I AM)이 이것을 직접 말씀하셨으므로, 나는 이것이 완전하게 구현됨을 받아들입니다. 아멘.

오메가 디크리

I AM THAT I AM, 예수 그리스도의 이름으로 나는 모든 신성한 어머니의 대리자들, 특히 오메가와 성모 마리아를 부르며 나의 네 하위체의 치유를, 특히 내 정체감의 변형을 요청합니다, 그럼으로써 나 자신을 신성한 어머니의 일부로 받아들일 수 있게 해 주시고, 남성성과 여성성 사이에 완벽한 균형이 이뤄지게 해 주소서. 나는 모든 불균형의 치유를 요청합니다..
(여기에 개인적인 요청을 추가하세요)

1. 오메가여, 나는 우주의 문 안에 있는,
당신의 보좌를 명상합니다.
나는 알파와 오메가가 공동-창조한,
무한 8자의 형상에서 탄생합니다.

오 생명의 노래여, 당신은 생명을 부어주며,

모든 가슴에 진정한 동조를 일으킵니다.
오 신성한 음류여, 당신의 연금술은,
지구를 낙원으로 변형합니다.

2. 오메가여, 당신의 신성한 공간 안에서,
나는 우주의 부모를 포옹합니다.
우주적 인종에 합류하는 일은,
무한한 은총임을 나는 압니다.

오 생명의 노래여, 당신은 생명을 부어주며,
모든 가슴에 진정한 동조를 일으킵니다.
오 신성한 음류여, 당신의 연금술은,
지구를 낙원으로 변형합니다.

3. 중앙태양의 오메가여, 당신은 나에게,
삶이 우주적인 즐거움임을 보여줍니다.
이제 나는 승리를 얻고,
집으로 향하는 여정을 시작합니다.

오 생명의 노래여, 당신은 생명을 부어주며,
모든 가슴에 진정한 동조를 일으킵니다.
오 신성한 음류여, 당신의 연금술은,
지구를 낙원으로 변형합니다.

4. 오메가여, 여성성이야말로
무한으로 인도하는 문입니다.
나는 당신과 동화되며,
나 자신의 신성을 깨닫습니다.

오 생명의 노래여, 당신은 생명을 부어주며,

모든 가슴에 진정한 동조를 일으킵니다.
오 신성한 음류여, 당신의 연금술은,
지구를 낙원으로 변형합니다.

5. 오메가여, 당신의 우주적 흐름 안에서,
내 신성한 계획을 명확히 깨닫습니다.
이제 내 가슴은 등불처럼 밝게 타오르고,
나는 모두에게 사랑을 비춰줍니다.

오 생명의 노래여, 당신은 생명을 부어주며,
모든 가슴에 진정한 동조를 일으킵니다.
오 신성한 음류여, 당신의 연금술은,
지구를 낙원으로 변형합니다.

6. 오메가여, 우주 어머니의 화염이여,
나는 바로 이 빛에서 나왔습니다.
나는 우주의 게임에 참여하며,
그리스도의 승리를 선언합니다.

오 생명의 노래여, 당신은 생명을 부어주며,
모든 가슴에 진정한 동조를 일으킵니다.
오 신성한 음류여, 당신의 연금술은,
지구를 낙원으로 변형합니다.

7. 오메가여, 내가 왜 지구에 내려왔는지,
이제 나는 깨닫습니다.
그러므로 나는 이 행성의 상승을 돕겠다는,
의지로 충만합니다.

오 생명의 노래여, 당신은 생명을 부어주며,

모든 가슴에 진정한 동조를 일으킵니다.
오 신성한 음류여, 당신의 연금술은,
지구를 낙원으로 변형합니다.

8. 오메가여, 나는 지금 열망합니다,
우주적인 합창단의 대열에 합류하기를.
이 행성을 성화(聖化)하는 그리스도의 불꽃과 함께,
내 가슴은 불타오르고 있습니다.

**오 생명의 노래여, 당신은 생명을 부어주며,
모든 가슴에 진정한 동조를 일으킵니다.
오 신성한 음류여, 당신의 연금술은,
지구를 낙원으로 변형합니다.**

9. 오메가여, 내 가슴은 찬란히 타오르고,
내 삶은 상향의 단계로 들어왔습니다.
이제 내게 비밀의 어구(phrase)를 가르치시어,
내가 이 행성을 들어올릴 수 있게 하소서.

**오 생명의 노래여, 당신은 생명을 부어주며,
모든 가슴에 진정한 동조를 일으킵니다.
오 신성한 음류여, 당신의 연금술은,
지구를 낙원으로 변형합니다.**

봉인하기
신성한 어머니의 이름으로, 나는 오메가와 성모 마리아께 나 자신과 내 영향력의 원 안에 있는 모든 사람들을 신성한 어머니, 생명의 강의 창조적인 흐름 안에 봉인해 달라고 요청합니다. 신성한 어머니의 모든 대리자들에 의해 나의 요청이 증폭되어, 우리가 "위에서처럼, 아래에서도" 완전한 무한 8자 형상의 흐름을 이루게 하소서. 이에 주님이자 신성한 어머니이신 아이앰(the Lord, the Divine Mother that I AM)이 이것을 직접 말씀하셨으므로, 나는 이것이 완전하게 구현됨을 받아들입니다. 아멘.

주요 용어집

감정체(Emotional Body)
우리의 감정 에너지를 저장하고 있는 우리의 오라/마음의 한 측면.

광선(Rays), 영적인 광선(Spiritual Rays)
모든 것은 에너지로 만들어집니다. 아인슈타인의 유명한 방정식인 $E = mc^2$에도, 물질이 매우 높은 형태의 에너지에서 창조되었으며 그것이 빛의 속도의 제곱이라는 인자에 의해 진동이 감소된다는 의미가 담겨 있습니다. 마스터들은, 아인슈타인의 이론이 기본적으로는 옳지만, 거기에는 일곱 가지의 감소 인자들이 있다고 가르칩니다. 다시 말해서, 물질우주는 7가지의 영적인 에너지로 이루어지며, 이 에너지들이 결합되어 물질계의 모든 현상을 만들어냅니다. 이러한 유형의 에너지를 광선 또는 영적인 광선이라고 부릅니다. 전체 형상 세계를 창조하는 데 모두 15 광선들이 사용되었습니다. 각 광선의 주요 특질은 다음과 같습니다:
- 제1광선: 창조성, 창조적인 추진력, 의지와 힘으로 표현됩니다
- 제2광선: 지혜, 신비적 직관, 이원적 의식의 환영을 꿰뚫어 보는 능력

- 제3광선: 사랑, 단 모든 조건을 초월한 사랑의 형태입니다
- 제4광선: 순수, 단련법과 가속력
- 제5광선: 진리, 순수한 비전, 치유
- 제6광선: 평화와 봉사, 특히 모든 생명을 높이기 위한 봉사
- 제7광선: 자유, 창조적인 결정을 하려는 자발성
- 제8광선: 이전 일곱 광선의 통합
- 제9광선: 평정
- 제10광선: 투명성
- 제11광선: 초월
- 제12광선: 부활
- 제13광선: 창조적인 흐름
- 제14광선: 당신의 현존을 공유하기
- 제15광선: 무조건성

구루(Guru)
스승이나 마스터를 뜻하는 산스크리트어.

구체들(Spheres)
일반적으로 창조주가 창조한 대 우주를 의미합니다.

형상을 가진 우주의 창조는, 처음에 창조주가 구체의 경계를 정한 다음, 거대한 허공(void)의 중심에 있는 하나의 특이점으로 자신을 응축시킴으로써 시작되었습니다. 그 다음 창조주는 마터 빛을 사용하여 허공 안에 구체를 창조했습니다. 창조주는 그 구체 속에 구조들을 만들었고 그 속으로 자의식을 가진 자신의 확장체들을 보냈습니다.

그 이후에 이 확장체들이 자신들의 의식을 높이며 성장함에 따라 이 구체의 진동도 높아졌고, 마침내는 영적 영역으로 상승시켰습니다. 이로써 형상을 초월한 영적인 영역에서 첫 번째 구체가 형성되었습니다. 그 다음에 창조주가 두 번째 구체를 창조하자, 첫 번째 구체에서 내려 온 상승 마스터들은 두 번째 구체의 구조들을 만들었으며, 이 구체에 자신들의 확장체들을 내려 보냈습니다.

하나의 구체가 상승하고 새로운 구체가 창조되는 이러한 과정이 계속되

었으며, 지금 우리는 그런 방식으로 창조된 일곱 번째 구체에 존재하고 있습니다.

처음 세 구체에서, 모든 존재는 분리와 이원성 의식으로 들어가지 않고 상승했습니다. 네 번째 구체에서 상승을 거부하는 일부 존재들이 생겼으며, 그들은 최초의 타락한(혹은 추락한) 존재들이 되었습니다. 네 번째 구체가 상승했을 때 타락한 존재들은 상승할 수가 없었고, 그들은 여섯 번째 구체로 추락했습니다. 새로 창조된 구체는 일반적으로 낮은 진동을 지니고 있으므로, 타락한 존재들이 여전히 그곳에 거주할 수 있었기 때문입니다. 이 사실은, 우리 세계에 악이 존재하는 이유에 대한 기본적인 설명입니다.

그리스도(Christ)

넓은 의미에서, 그리스도라는 기본 의식으로부터 형상 세계의 모든 것이 창조되었다고 말할 수 있습니다. 그리스도의 목적은 창조주와 창조물 사이의 하나됨을 유지하는 것입니다. 특히 그리스도는 자유의지를 통해 분리의 환영 속으로 자발적으로 내려오는 선택을 하는 존재들과 관련이 있습니다. 이 분리의 환영으로 인해 사람들은 자신들이 근원으로부터 분리되었다고 믿게 되지만 그리스도 의식은, 분리 안으로 아무리 깊이 내려가더라도 언제든 창조주와의 하나됨으로 돌아갈 수 있는 선택권을 보장해 줍니다. 창조된 모든 것 안에 그리스도 의식이 있기 때문에, 우리가 그리스도 의식에 도달할 수 없는 곳이란 없습니다.

보다 구체적인 의미에서, 그리스도란 분리의 환영을 극복하고 그리스도 의식을 성취한 존재를 의미합니다. 그리스도 의식의 성취에는 여러 수준이 있습니다.

그리스도 분별력(Christ Discernment)

그리스도 분별력은 분리와 이원성의 의식을 통해 형성된 수많은 환영을 꿰뚫어 볼 수 있는 능력입니다. 또한 눈에 보이는 모든 현상 배후에 있는 근본적인 하나됨을 볼 수 있는 능력이기도 합니다.

그리스도 신성(Christhood)
한 존재가 그리스도 의식을 성취하면, 그 존재는 그리스도 신성에 이르렀다고 말합니다.

그리스도 자아(Christ Self)
분리와 이원성에 갇힌 존재들을 돕기 위해 상승 마스터들이 보내 주는 중개자. 대부분의 사람은 직관으로서, 또는 내면의 고요하고 작은 목소리로서의 그리스도 자아를 알고 있습니다. 그리스도 자아가 실제로 우리에게 어떤 선택을 해야 한다고 말해 주는 것은 아닙니다. 단지 우리에게 더 나은 선택들을 위한 참조틀을 제시해 줍니다. 그리스도 자아가 우리에게 반드시 궁극적이고 절대적인 진리를 가져다 주지는 않습니다. 대신 현재 우리의 의식 상태보다는 한 단계 높은 통찰력을 제공할 것입니다.

네 하위체, 마음의 네 층(Four Lower Bodies, Four Levels Of The Mind)
마스터들은, 우리 인간들이 물질우주의 네 층에 대응하여 정체성체, 멘탈체, 감정체, 육체란 네 하위체를 가지고 있다고 말합니다.
마스터들은 또한 마음의 네 층에 대해서 설명합니다, 정체성 마음에는 우리의 가장 깊은 정체성이 저장되어 있습니다(우리는 누구인가, 우리는 무엇을 할 수 있는가), 멘탈 마음에는 우리의 사념들이 저장되어 있습니다(우리는 어떤 방식으로 일하는가), 감정 마음에는 우리의 감정들이 저장되어 있습니다(왜 우리가 그것을 하길 원하고 해야만 하는가), 그리고 물질적 마음은 육체의 요구와 연관되어 있습니다.

다르마(Dharma)
불교 전통에서 다르마란, 우리가 이곳에 와서 수행해야 하는 신성한 일을 의미합니다. 또한 다르마는 우리의 신성한 계획을 의미하며, 우리가 지구에 육화하기 전에 여기 가져오고자 결정했던 긍정적인 특성들입니다.

대 백색 형제단(Great White Brotherhood)
상승한 존재들의 또 다른 이름. "백색"은 인종을 의미하는 것이 아니며, 상승 마스터들이 방사하는 백색광을 의미합니다.

대중의식(Mass Consciousness)

모든 인간은 개인 에너지 장인 오라를 가집니다. 그러나 행성도 자체적인 오라를 가지는데, 그 안에서 우리는 이 땅에 육화한 모든 사람의 개별적인 에너지 장의 조합을 발견합니다. 이 집단의식 또는 대중의식 안에 특정한 구분들이 있지만, 모든 사람은 커다란 전체에 의해 어느 정도 영향을 받습니다. 영적인 여정에는 단계가 있는데, 우리의 주요 임무는 대중의식의 자기적인 인력 위로 자신을 끌어올리고, 우리 자신의 개체성을 표현하는 일입니다.

대천사(Archangel), 여성 대천사(Archeia)

천사들은 집단으로 구성되며, 각 집단은 대천사에 의해 주도됩니다. 각 대천사는 여성 대천사로 불리는 여성성의 짝을 가지고 있습니다. 각각의 일곱 광선마다 한 쌍의 대천사들이 존재하며, 다른 집단의 천사들에도 마찬가지입니다.

디크리(Decree)

영적인 영역으로부터 높은 진동수의 에너지를 불러내어 개인 또는 행성적 수준의 특정한 조건 속으로 향하도록 만드는 영적인 기법. 디크리는 일반적으로 운율이 실린 문구들로 구성되어 있으며, 큰 권능과 권한을 가지고 소리 내어 낭송합니다.

딜레마(Catch-22)

"이곳을 나와 저곳으로 갈 수 없다"는 속담처럼, 진퇴양난, 곤경의 딜레마를 묘사하는 말입니다. 빠져 나오는 것이 불가능해 보이는 상황입니다. 상승 마스터는 이 말을 분리와 이원성의 환영을 통해 만들어진 메커니즘을 가리키는 데 사용합니다. 반-그리스도 마음은 우리의 영적 성장을 저지하거나 지연시키기 위해 수많은 딜레마(catch-22) 상태들을 만듭니다. 그것들은 항상 환영에 기반을 두고 있으며, 따라서 우리는 관점을 바꿈으로써 이를 초월할 수 있습니다. 딜레마 상태는 종종 우리가 해결해야 할 문제로서 등장합니다. 그러나 그 문제에는 해결책이 없으며, 따라서 진정한 해결책은 그 투쟁에서 떠나 버리는 것입니다.

레무리아(Lemuria)

태평양에 있었던 대륙으로, 높은 문명을 이룩했지만 12,000년 전에 파괴되었습니다. 신성한 어머니에 대해 매우 높은 영적 초점을 유지하고 있었으므로 종종 어머니의 땅이라고 불려졌습니다. 타락한 존재들의 그룹이 신성한 어머니의 육화한 대리자를 살해했을 때부터 레무리아의 쇠퇴가 시작되었습니다.

루시퍼(Lucifer)

이전의 구체에서 신에 대적하면서 반란을 일으킨 존재. 따라서 루시퍼는 이원성 의식으로 추락한 최초의 존재로 간주되고 있습니다.

마이트레야(Maitreya)

에덴 동산으로 불리던 신비 학교의 지도자인 상승 마스터. 그는 입문을 주는 위대한 존재로 간주되는데, 그에 의해 주어지는 입문들은 뚜렷하게 구분될 수 없는 까닭에 우리는 종종 시험 받고 있음을 인식하지 못합니다. 주 마이트레야는 우주적 그리스도의 권한과 사무국을 유지하고 있습니다.

마-터 빛(Ma-ter Light)

형상을 가진 만물이 창조되어 나오는, 우주의 바탕 에너지. 마-터 빛 자체는 어떤 형상도 띠고 있지 않지만, 어떤 형상이든지 취할 수 있는 능력이 있습니다. 또한 그것은 어떤 기본적 형태의 의식을 가지고 있으며, 이 의식은 자신의 근원인 창조주를 향한 고유한 추동력을 가지고 있습니다. 마-터 빛은 단계적으로 진동수를 낮추면서, 연속적으로 구체(spheres)들을 창조하고 있습니다. 우리는 창조된 구체들 중에서 일곱 번째의 구체에 살고 있으며, 이전의 여섯 구체들은 모두 상승하여 영적인 영역의 일부가 되었습니다.

마하 초한(Maha Chohan)

초한들의 사무국을 담당하는 지도자. 또한 그는 성령과 통합을 나타내는 제8광선과 일곱 광선의 통합을 감독하는 존재입니다.

무결한 관념 또는 비전(Immaculate Concept Or Vision)

이원성에 의해 오염되지 않은 순수한 비전이나 최상의 잠재력에 대한 비전을 나타냅니다. 예를 들어, 성모 마리아는 예수가 자신의 임무를 완수할 것이라는 무결한 비전을 유지하고 있었습니다.

무조건성(Unconditionality), 조건 없는 사랑(Unconditional love)

이원성 의식은 대립하는 양극을 만듦으로써 작동합니다. 원래의 신성한 양극성인 확장과 수축은 대립하는 것이 아니라 상호 보완하는 힘이라는 사실에 주목하세요.

하지만 이러한 개념들이 이원성 의식에 의해 물들면, 그들은 대립하는 양극으로 보일 것입니다. 여기에 가치 판단이 결합되면 한쪽은 선, 다른 쪽은 악이라는 명칭이 붙습니다. 이런 식으로 지구에서는 모든 판단과 차별이 생겨납니다.

그리스도 의식을 성취하면 이 모든 것이 환영임을 알게 됩니다. 모든 생명은 하나이며 동일한 근원에서 왔다는 근본적인 실재를 깨닫게 되기 때문입니다. 따라서 신의 실재는, 이원성 의식에 의해 정의된 모든 조건과 가치 판단을 초월해 있음을 보게 됩니다. 비이원적인 실재를 언어로 묘사하기는 어렵지만, 가장 일반적으로, 신의 특질은 이원적인 조건들을 초월하며 무조건적이라는 말로 묘사됩니다.

예를 들어, 인간의 사랑은 항상 조건적입니다. 사랑을 받을 가치가 있으려면, 잘못된 행동을 하지 말고 옳은 행동을 해야만 합니다. 그러나 신의 눈에는, 단지 우리가 창조주의 확장체로 창조되었다는 사실만으로도 우리는 신의 사랑을 받을 가치가 있습니다. 따라서 우리가 신의 사랑을 받기 위해 무엇을 해야 할 필요는 없습니다. 그 어느 것도 우리를 사랑 받을 가치가 없도록 만들 수는 없습니다. 신의 사랑은 무조건적이며, 모든 조건을 넘어서 있습니다..

무한 8자 형상의 흐름(infinite eight -figure flow)

신의 화염의 빛이 신의 순수한 존재(Pure Being of God)와 우리 형상 세계 사이를 8자의 형상으로 순환하는 원리를 말합니다. 이때 위의 원은 신의 전체 현존을, 아래의 원은 우리가 사는 세계를 의미합니다.

또한 신의 화염의 빛이 상위 존재인 아이앰 현존과 우리의 하위 존재 사이를 8자의 형상으로 순환하는 원리나 혹은, 상승 영역의 마스터들과 지상의 제자들 사이를 8자의 형상으로 순환하는 원리를 의미할 수도 있습니다.

우리가 위에서 오는 흐름을 받아 태양처럼 이 세계에 빛을 방사하고 다시 올려 보냄으로써 8자 흐름을 완결할 때, 신과 상위 영역에서는 우리가 증식해서 보낸 것을 더 배가해서 내려 보냅니다.

이런 증식의 순환 과정을 통해, 우리는 위에서와 같이 아래에서도 동일한 현존을 성취하고, 그 이상의 존재로 계속 초월해 갈 수 있습니다.

물병자리 시대(Aquarian Age)

물병자리 시대는 점성학적 주기 상의 세차 운동으로, 약 2150년간 지속됩니다. 이전 시대는 물고기자리 시대였으며, 예수님이 그 영적인 마스터였습니다. 물병자리 시대의 마스터는 상승 마스터 성 저메인입니다. 성 저메인에 따르면, 물병자리 시대는 공식적으로 2010년 3월 22일에 시작되었습니다.

물질(Matter), 물질우주(Material Universe)

모든 것은 에너지로 이루어지며, 따라서 전체 형상 세계는 다양한 진동수의 에너지들로 이루어졌습니다. 창조주의 수준인 최상의 수준으로부터 가장 낮은 수준에 이르는 진동들의 연속체가 이루어져 있습니다. 이 연속체는 몇 개의 구분으로 나누거나, 진동수로 구분하여 정의할 수 있습니다. 예를 들어, 하나의 주요한 구분은 영적 영역과 물질영역 사이에 있습니다. 영적인 세계 안에도 여러 구분이 있고, 물질 영역은 네 층으로 구분합니다. 높은 진동에서 낮은 진동 순입니다:

- 정체성층 또는 에테르층
- 멘탈층
- 감정층
- 물질층

물질 영역의 네 층(Four Levels Of The Material Realm)

모든 것은 에너지로 만들어지며, 따라서 전체 형상 세계는 다양한 진동수의 에너지들로 이루어졌습니다. 창조주의 수준인 최상층부터 최하층에까지 이르는 진동들의 연속체가 있습니다. 연속체는 몇 개의 구획으로 나누거나, 진동수의 수준으로 구분하여 정의할 수 있습니다. 예를 들어, 하나의 주요한 구분은 영적인 세계와 물질계 사이에 있습니다.

영적인 세계 안에도 여러 구분이 있고, 물질 영역은 네 층으로 구분합니다. 높은 진동에서 낮은 진동 순입니다.
- 정체성층 또는 에테르 층
- 멘탈층
- 감정층
- 물질층

메신저(Messenger)

성령의 매개를 통해서 상승한 영역의 가르침과 구술문들을 받을 수 있도록 훈련된 사람.

멘탈체(Mental Body)

우리의 사념과 정신적 에너지를 저장하고 있는 우리 오라/마음의 한 측면.

발언된 말(Spoken Word), 신성한 말씀(Sacred Word)

발언된 말은, 영적인 빛이나 에너지를 기원하기 위해 사람의 음성을 사용하는 기법입니다.

뱀(Serpent)

우리의 마음속에 의심을 일으키는 어떤 의식 상태를 상징합니다. 구체적인 목적은 우리 존재 안에 분열을 만드는 것이고, 따라서 우리의 신성한 방향과 직관과 내면의 앎과 우리의 영적인 스승들에 대한 불신이 시작되게 만듭니다. 또한 타락한 존재들의 그룹을 지칭하는 말이기도 합니다.

뱀의 거짓말(Serpentine Lie), 음모(Plot)

뱀(타락한 존재들)의 주된 거짓말은, 우리에게는 그리스도의 의식이 없고 그리스도 의식을 성취할 수도 없다는 것입니다. 그 대신 이원성 의식을 궁극적인 실재로 여기며, 그 의식 안에서 스스로를 선악을 정의하는 능력과 권한을 가진 신(gods)으로 믿습니다. 이 결과 자신의 신념과 욕망을 따르는 것은 선이고 그에 반하는 것은 악으로 분류하면서, 선악을 상대적으로 규정하게 됩니다.

뱀의 음모는, 우리를 의심으로 마비시켜 맹목적으로 타락한 존재들을 따르게 만들거나, 영적인 자만에 눈이 멀어 자신이 항상 옳다고 믿게 만드는 것입니다. 후자의 경우, 타락한 의식의 지도를 따르게 되는데, 이것은 그리스도 의식과는 정 반대입니다. 즉, 모든 생명을 높이는 수단으로 그리스도 의식을 추구하는 대신, 에고를 신의 위치에 올려 놓습니다.

뱀의 음모가 가진 한 측면은, 심지어 신조차도 이원론적 세계관에 끼워 넣을 수 있다고 믿게 만듭니다. 신은 악의 반대편, 또는 악마의 반대편으로 묘사됩니다. 따라서 우리는 신의 대의를 펼치기 위해서 살인과 같은 악도 용인될 수 있다는 믿음으로 이끌리게 됩니다. 역사를 살펴보면, 사람들이 이런 논리에 기만 당해서, 스스로 정의한 악에 대항하는 서사적 전투에 빠져버린 예들이 많이 있습니다. 최종적으로 선이 승리하기 위해서는 적을 파괴하는 행위가 필요하며, 정당화된다는 것입니다.

사실상 그러한 서사적 투쟁들은 단지 더 많은 에너지를 오용하는 데 기여하여, 어둠의 세력에게 먹이를 공급해 줄 뿐입니다. 이로써 그들은 투쟁을 끝없이 계속하도록 사람들을 속일 수 있는 힘을 얻게 됩니다. 여기서 벗어날 수 있는 유일한 길은, 모든 생명의 하나됨을 아는 그리스도 의식입니다.

보라색 화염(Violet Flame)

카르마 또는 오용된 에너지를 변형하는데 특별히 효과적인 영적 에너지입니다. 성 저메인은 1930년대에 보라색 화염을 드러내라는 우주적인 시혜를 받았습니다. 그 이후로 상승 마스터 학생들은 디크리와 기원문과 확언들을 통해 보라색 화염을 기원하고 있습니다.

그러나 이 보라색 화염이 오용될 수 있다는 사실을 깨닫는 것이 중요합니다. 제한된 신념은 에너지를 부적절하게 변질시킵니다. 이 에너지는 점차적으로 우리의 오라에 축적되어 부담을 느끼게 만듭니다. 우리는 제한된 신념을 바꾸지 않은 채로 보라색 불꽃을 기원할 수 있는데, 이것이 단기적으로는 더 기분 좋게 느껴질 수도 있습니다. 그러나 우리가 신념을 바꾸지 않는다면, 계속해서 에너지는 오용되고 변질될 것입니다. 그리고 우리가 그 에너지를 변형하기 위해 보라색 불꽃을 계속 사용한다면 장기적으로 영적 성장을 이루지 못하게 되며, 이는 성 저메인의 시혜를 오용하는 것입니다.

비상승 존재(Unascended Being)

아직 상승을 위한 자격을 갖추지 못한 존재로, 영적인 세계에 거주할 수 없습니다. 비상승 존재는 육화 중인 인간들만 해당되는 것이 아닙니다. 물질계의 네 영역들 모두에 비상승 존재들이 있습니다. 예를 들어, 아스트랄계와 연관된 많은 영혼들이 육화로 하강하는 일을 거듭하고 있거나, 혹은 아스트랄계에 영구적으로 고착되어 재육화가 불가능한 상태로 있습니다.
우리 인간들은, 모든 비상승 존재들과 연결을 끊고 자유롭게 되기 위해 요청을 할 수 있으며, 그럼으로써 여정의 다음 단계로 이동할 수 있습니다.

붓다의 8 정도(正道)(Eightfold path of the Buddha)

불교 전통에서는 모든 고(苦)를 극복한 고타마 붓다에 의해 정의된, 8가지 올바른 수행의 방법을 전하고 있습니다. 그러나 더 깊은 신비주의적 이해에서 8정도란, 처음의 일곱 영적인 광선과 통합의 여덟 번째 광선을 통달하는 방법을 나타냅니다.

변형(Transfiguration)

그리스도 신성으로 가는 여정에서의 영적인 입문. 우리가 물리적 몸과의 동일시를 초월하고 그 한계를 초월해가는 과정을 나타냅니다.

붓다의 승가(Sangha)
그리스도 신성과 불성을 향한 길을 걷는데 전념하고 있는 사람들의 공동체. 단일한 조직에 한정되지 않습니다.

빛(Light)
일반적으로 영적인 빛을 나타내며, 물질계를 구성하는 에너지보다 더 높은 수준에서 진동하는 에너지를 의미합니다.

사나트 쿠마라(Sanat Kumara)
고도의 성취를 이룬 상승 마스터 (불교 전통에서는 과거불로, 석가모니의 전생에 수기를 주신 붓다이신 연등불로도 알려져 있습니다). 이전 시대에, 지구에서는 수많은 사람이 이원성 의식 속으로 깊이 추락해 버렸습니다, 그러자 카르마 위원회와 우주 영단은, 더 이상 성장을 위한 무대로서 존속할 수 없게 된 지구가 자멸의 길을 가도록 허용하기로 결정했습니다. 그때 지구의 영적인 균형을 잡기 위해 금성에서 사나트 쿠마라가 144,000 생명흐름과 함께 지구로 왔습니다. 지구에서 충분한 수의 사람들의 의식을 높여줌으로써, 그들이 행성의 균형을 유지하도록 해 주기 위해서였습니다.

사나트 쿠마라와 함께 온 144,000 생명흐름 중 다수가 여전히 육화 중이며, 그들은 세상을 개선하고 인류를 도우려는 큰 열망을 가진, 매우 영적인 사람들입니다. 그러나 그들이 타인들을 변화시키고 돕고자 하는 욕구를 내려 놓지 않는다면, 자신의 상승이 저지되어 버리는 그런 시점이 올 것입니다.

사탄(Satan)
가장 구체적인 의미에서, 사탄은 이전의 구체에서 루시퍼와 함께 타락했던 존재 중 하나였습니다. 그러나 더 일반적인 의미에서 사탄은, 우리가 물질계의 현재 조건에 순응하도록 적극적으로 유혹하거나 강요하는 세력입니다.

우리는 지구에 대해 지배권을 가지고 신과 함께 하는 공동-창조자가 되도록 창조되었습니다. 예수님의 말씀대로 "신과 함께한다면 모든 것이 가능합니다." 사탄은, 현재의 환경이 변경될 수 없거나 변경되어서는 안 된다고 받아들임으로써 우리가 스스로 창조적인 능력을 제한해버리고 최상의 잠재력을 표현하지 못하게 하는 의식입니다.

살아 있는 그리스도의 역할은, 사람들이 사탄의 의식을 초월할 수 있도록 직접 시범을 보이는 일입니다. 그러므로 베드로가, 예수님이 자신의 기대에 따르기를 바랬을 때 예수님이 그를 꾸짖었던 것입니다. 예수님은 말했습니다. "사탄아, 내 뒤로 물러가라."

살아 있는 그리스도(Living Christ)
육화 중에 그리스도 의식의 어떤 수준을 성취한 사람을 말합니다.

살아 있는 말씀(Living Word)
더 높은 근원에서 온 영감이나 영적인 빛을 기록하거나 음성으로 말한 것을 나타냅니다. 말은 영적인 빛을 전달하는 잔이나 성배가 될 수 있습니다. 이것은 fohat이라고도 불립니다.

삼중 불꽃(Threefold Flame), 칠중 불꽃(Sevenfold Flame)
모든 것은 에너지입니다. 이 말은, 우리 육체와 의식하는 마음은 아이앰 현존으로부터 영적인 빛을 받아야만 살아갈 수 있다는 의미입니다.

이 빛은 우리의 오라 안으로 내려와, 가슴 차크라 뒤에 있는 비밀스런 가슴의 방(secret chamber of the heart)으로 들어옵니다. 처음에 이 빛은 작은 백색의 구체로 구현된 다음에 세 갈래의 불꽃으로 나눠집니다. 푸른색 불꽃은 의지와 힘을, 노란 색 불꽃은 지혜를, 핑크색 불꽃은 사랑을 나타냅니다.

이 세 가지 불꽃들은, 영적인 광선 중 첫 세 광선에 해당하며, 백색의 구체는 제4광선에 해당됩니다. 우리가 이원성 안으로 들어가면, 불균형한 방식으로 기본적인 창조력을 표현하게 되고, 이로 인해 우리의 삼중 불꽃은 균형을 잃습니다. 그러면 우리의 창조적인 힘은 제한을 받게 되어, 그리스도 신성에 이르는 여정에서 일정 단계를 넘어서 성장할 수 없습니다. 3중 불꽃의 균형을 되찾고 제4광선의 순수한 동기에 이르러야만, 그 지점에서 우리는 제5광선, 제6광선, 제7광선의 입문을 시작할 수 있으며, 이

입문을 거치면서 7중 불꽃을 점진적으로 개발하게 됩니다.

쌍둥이 불꽃(Twin Flame)

창조주는 형태를 초월해서 존재합니다. 그러면서도 창조주는 첫 번째 창조의 행위로 자신을 두 극성으로 자신을 표현합니다. 남성성과 여성성, 혹은 확장과 수축입니다.

이 두 가지 기본 극성은 알파와 오메가라는 두 우주적 존재에 의해 대표됩니다. 영적인 세계에는 남성-여성의 극성을 이루고 있는 많은 존재들이 있습니다. 예를 들어, 엘로힘과 대천사 모두가 남성-여성의 극성을 가지고 있습니다.

우리 영혼도 그런 극성 안에서 창조되었기에 우리 각자는 자신을 완전하게 해 주고 완벽한 동반자가 될 수 있는 쌍둥이 불꽃을 가진다는 대중적인 믿음이 있습니다. 불행하게도, 이런 믿음은 완벽한 사랑을 찾는 많은 낭만적인 통념으로 이어집니다. 그러나 이런 통념을 균형 잡을 필요가 있는데, 사실 우리는 쌍둥이 불꽃과 함께 상승하는 것이 아니라, 한 개별적인 존재로서 상승하게 되기 때문입니다.

따라서 상승의 여정은, 영적으로 완전하고 자급자족하는 존재가 됨으로써 우리 내면의 힘으로 완전히 상승할 수 있게 되는 과정입니다.

상승 마스터(Ascended Master)

일반적으로 인간으로서 지구상에 육화하여, 종종 많은 육화 후에 상승의 과정에 대한 자격을 갖추게 되었던 존재를 가리킵니다. 또한 이 단어는 (네 층의 물질계를 초월한) 영적인 세계에 있는 모든 존재를 가리키는 것으로 더 광범위하게 사용될 수 있으며, 여기에는 물리적 세계에 육화하지 않은 존재도 포함됩니다.

상승(Ascension)

한 존재가 그리스도 의식으로 충만한 자기-의식(self-awareness)에 도달하는 과정을 말합니다. 이 의식 상태에서는, 분리와 이원성의 환영에 의해 만들어진 모든 거짓을 꿰뚫어 볼 수 있습니다. 따라서 그는 아무것도 창조주로부터 분리될 수 없으며, 자기-의식을 가진 존재는 모두 창조주의 확장체라는 배후의 진실을 봅니다. 그런 까닭에 그는 분리된 존재로서의 자신을 높이려고 하는 대신, 모든 생명을 높이고자 추구합니다. 상승하고 난 후에 그 존재는 영적인 세계에 영구적으로 거주하게 되며, 다시 육화할 필요가 없습니다.

생명흐름(Lifestream)
자기-의식을 지닌 개별 존재를 지칭하는 용어. 종종 "영혼(soul)"으로 표현되기도 합니다. 그러나 생명흐름은 영혼을 넘어서는 우리 존재의 부분들을 가리키며, 여기에는 아이앰 현존과, 창조주에 이르는 모든 영적 존재들의 계보가 포함되어 있습니다.

성모 마리아(Mother Mary)
예수의 어머니로 육화했던 상승 마스터입니다. 그녀는 지구를 위한 신성한 어머니라는 영적인 직위와 사무국을 유지하고 있습니다.

성 저메인(Saint Germain)
물병자리 시대의 지도자인 상승 마스터입니다. 또한 성 저메인은 일곱 번째 영적 광선인 자유의 광선을 대표합니다. 따라서 그는 때때로 "지구를 위한 자유의 신"이라 불립니다. 성 저메인은 지구에서 황금시대를 구현하기 위한 계획을 가지고 있으며, 오는 2,000년 동안 중요한 역할을 담당할 것입니다.

세속적인 마음(Carnal Mind)
세속적인 마음 또는 물질적인 마음은, 가끔 상승 마스터들이 에고를 포함한 전체 하위 의식을 나타낼 때 사용됩니다. 더 구체적으로는 육체의 기능을 다루기 위해 설계된 잠재의식 마음의 일부를 가리키는 데에도 사용됩니다. 여기에는 육체의 보호, 음식 섭취, 번식과 같은 기본적인 본능이 포함됩니다. 세속적인 마음은 장기적인 이익에 상관없이 이러한 욕구를 충족시키려 하며, 따라서 의식하는 마음의 통제를 받을 필요가 있습니다.

쉬바(Shiva)

전통적으로 힌두교의 삼위 일체 신성 중의 하나. 그러나 더 깊은 의미에서 쉬바는 우리를 어둠의 세력과 아스트랄계로부터 단절하여 자유롭게 해 주는데 특별히 도움이 되는 우주적 존재입니다. 우리는 쉬바란 이름을 9번, 33번, 144번 반복해서 낭송함으로써 대단히 효과적인 요청을 할 수 있습니다.

신, 신의 네 측면들(Four Aspects Of God)

신비주의 가르침에서 세계는 에테르라 불리는 근본 원소로 만들어진 것으로 보며, 에테르는 불, 공기, 물, 흙이란 네 가지 근본 원소로 발현됩니다. 마찬가지로 신의 다섯 가지 측면들을 살펴볼 수 있습니다. 에테르 요소는 근원의 미분화된 창조주에 대응하며, 이는 아직 형상 세계에서 그 자신을 표현하지 않았습니다. 창조주가 자신을 표현하기 시작하면, 네 가지 측면으로 구현됩니다:

첫째는 아버지로서, 방출하는 힘, 창조의 의지를 의미합니다. 상승 마스터는 우리에게 있어 아버지 요소를 대표하며, 우리는 또한 지구에서 아버지 요소를 대표합니다.

둘째는 어머니로서, 수축하는 힘 또는 균형 잡는 힘을 의미합니다. 창조주와 비교해서, 형상 세계의 모든 것은 어머니입니다. 따라서 우리 인간들은 신성한 어머니의 일부입니다. 우리가 정신 이미지를 마-터 빛 위에 중첩시켜 공동-창조를 할 때, 이 어머니 빛은 우리를 위한 어머니를 나타냅니다.

아들 또는 그리스도, 형상을 가진 모든 것과 창조주를 통합하는 의식을 의미합니다. 또한 모든 이원성 환영을 꿰뚫고 비실재에서 실재를 분리시키는 요소입니다.

성령은, 자신의 근원으로 돌아가려는 모든 자기-의식을 가진 존재들의 추진력을 의미합니다. 형상 세계의 시초부터, 무수한 존재들이 상승의 과정을 통해 갔으며, 이것은 성령을 구성하는 힘, 또는 가속력을 형성했습니다.

신비 학교(Mystery School)
자기-의식을 가진 존재들에게 의식을 높이기 위한 입문들을 제공해 주기 위해 설계된 환경을 의미합니다.. 일반적으로 신비 학교는 높은 성취를 이룬 상승 마스터에 의해 감독됩니다.

신성한 계획(Divine Plan)
이번 육화 중에 우리가 수행하고자 세웠던 계획을 말합니다. 이것은, 우리가 지구에 가져오려는 영적인 선물과, 하고자 원하는 경험과, 배우고자 하는 교훈과 균형 잡아야 할 카르마를 포함합니다. 흔히 이것은, 우리가 만나고 싶은 어떤 사람들이 있고, 그들과 다양한 유형의 관계 속으로 들어가기를 원한다는 의미입니다.

신성한 안내(Divine Direction)
더 높은 근원으로부터 오는 안내이며, 우리는 그리스도 자아를 통해 신성한 인도를 받게 됩니다. 그 인도는 당신의 아이앰 현존이나, 우주적 존재이자 상승 마스터인 위대한 신성 안내자(Great Divine Director)로부터 올 수 있습니다, 그는 신성한 안내를 대표하는 존재입니다.

신성한 어머니(Divine Mother)
지구 행성에서 신의 여성적인 측면을 대표하는 영적인 직위이자 사무국을 의미합니다. 현재 지구에서 이 직위는 상승 마스터 성모 마리아께서 맡고 계십니다.

신의 불꽃(God Flame)
우리의 진정한 개체성은 우리가 일반적으로 개성이라 부르는 게 아닙니다. 그것은 우리의 아이앰 현존에 뿌리내리고 있습니다. 우리의 아이앰 현존은 물질우주의 어떤 것보다 높은 진동수의 에너지로 만들어졌고, 그것은 화염으로 나타납니다. 따라서 우리의 진정한 개체성은 때로 우리 안에 있는 신의 불꽃이라고 불립니다.

심판(Judgment)

대 카르마 위원회는 상승 마스터들로 이루어져 있으며, 전체 행성의 성장을 감독합니다. 그들의 업무들 중 하나는, 어느 생명흐름들을 지구에 얼마 동안 육화하게 할 것인지 결정하는 일입니다. 한 존재가 이원성 안으로 떨어질 때, 그 존재에게는 방향을 돌려 신에게 돌아오는 여정을 시작하도록 일정한 시간이 할당됩니다. 그러나 그 존재가 다른 존재의 자유의지를 침해하는 경우 이 시간은 단축될 수 있습니다. 그때 그는 자신의 행동들에 대한 심판을 받습니다. 또한 상승 마스터들은, 육화한 사람들이 타락한 존재들의 심판을 요청하는 것이 적법하다고 가르치고 있습니다. 타락한 존재들이 스스로 변화하지 않을 경우, 카르마 위원회는 육화에서 그들을 제거할 권한을 가지고 있습니다.

심판의 개념은 이원성 의식에 갇힌 존재들에 의해 행해지는 유형의 가치 판단과는 다르다는 점에 유의하세요. 그러한 존재들은 자신의 의식 상태에 근거해서 판단을 내리는데, 흔히 자신들이 이해하지 못하거나 동의하지 않는 것을 악으로 분류합니다. 이것이 바로 예수님께서 "겉모습(외식)으로 판단하는 것"이라고 했던 말입니다.

아스트랄계(Astral Plane)

모든 것은 에너지로 이루어졌고, 에너지는 진동의 연속체입니다. 이 에너지 연속체에는 어떤 구획들이 있는데, 예를 들면 물질우주는 일정 스펙트럼 안에서의 진동수로 만들어졌습니다. 물질우주는 네 구획으로 나눠집니다: 정체성(에테르)층, 멘탈층, 감정층, 물질층.

감정층 안에는 더 많은 구획들이 있으며, 가장 낮은 곳은 사람들의 부정적 감정으로 창조되었는데, 말하자면 두려움, 분노, 증오와 같은 것들입니다. 아스트랄계는 감정층 안의 한 부분이며, 여러 시대에 걸쳐 사람들이 가졌던 지옥의 이미지와 유사한 곳입니다.

아이앰 현존(I AM Presence)

우리의 더 높은 상위자아, 또는 영적 자아, 진아(眞我). 의식하는 자아는 아이앰 현존의 확장이며, 우리의 가장 높은 잠재력은 그 현존과 완전한 하나됨을 성취하고, 물질계 안에서 진아인 현존을 표현하는 열린 문으로 봉사하는 일입니다. 우리의 영적인 정체성과 영적인 개성은, 아이앰 현존에 뿌리내리고 있으며, 따라서 지상에서 일어나는 그 어떤 일에 의해서도 결코 파괴되지 않습니다.

아카샤(Akasha)

물질계에서 가장 높은 진동수를 가진 에너지입니다. 물질계에서 일어난 모든 것을 기록하는 기록 장치 역할을 합니다. 능력이 계발된 사람들은 아카식 레코드를 읽을 수 있습니다. 미래에는 기술적 장치로 아카식 레코드를 읽을 수 있게 됩니다.

아틀란티스(Atlantis)

대서양 중앙의 대륙에 존재했던 문명. 약 10,000년 전 이 대륙은 거주민들에 의해 침몰했습니다. 아틀란티스 문명은 우리 시대보다 우월한 기술을 갖고 있었으나, 영적인 의식이 결핍되어 있었습니다, 거주민들은 에너지를 오용하여 전쟁과 지각 변동을 일으켰으며, 이것은 그 문명의 자멸로 이어졌습니다.

악(Evil), 마야의 베일(The Veil Of Maya)

불교 전통에서 마야의 베일이란 육화 중인 존재들이 실재를 있는 그대로 보지 못하게 가리고 있는 어떤 것입니다. 모든 것이 불성이며, 모든 생명의 하나됨이 바로 실재입니다. 이 베일은, 물질우주가 특정한 밀도를 가진 에너지로부터 만들어졌기 때문에 형성된 것입니다, 이 베일로 인해, 우리의 감각은 물질조차도 다 영적인 빛으로 만들어져 있다는 것을 인지하지 못하게 됩니다. 따라서 이러한 에너지 베일을 간단히, 악이라고 합니다.

연금술(Alchemy)

대중적으로는 비금속을 황금으로 변형시키는 과정을 의미합니다. 더 깊은 신비적 의미는, 인간의 기본 의식이 황금과 같은 더 높은 영적 의식, 즉 그리스도 의식으로 변화된다는 것입니다.

알파와 오메가(Alpha And Omega)
형상의 세계에서 가장 높은 수준인 중앙태양에 거하는 두 영적인 존재들을 의미합니다.

어둠의 세력들(Dark Forces)
분리와 이원성의 환영에 갇혀 있는 존재들로서, 아스트랄계에는 이러한 존재들이 많이 있습니다. 물질우주의 모든 것은 더 높은 영역에서 흘러오는 에너지에 의해 유지됩니다. 그러나 어떤 존재가 의도적으로 자기-의식을 가진 존재들을 해치기 시작한다면, 그 존재는 상위 영역에서 오는 에너지를 받지 못하도록 차단됩니다. 따라서 그는 물질계의 존재들로부터 에너지를 훔쳐야만 자기 존재를 유지할 수 있습니다. 이것은, 어둠의 세력들이 인간으로부터 에너지를 훔쳐야만 계속 존재할 수 있다는 의미입니다. 그들은, 인간들이 저열한 감정과 이기적인 행동을 통해 오용된 에너지를 방출하게 만들어서 이 에너지를 취합니다.

어둠의 세력들은 (인간들이 허락한다면) 인간의 마음을 지배할 수 있으며, 지구에서 보는 전쟁과 범죄의 대부분은 어둠의 세력들에 의해 발생합니다. 그들은 사람들을 선동하여 다른 사람에게 폭력을 가하도록 만들며, 고통으로 인해 에너지가 방출되면 어둠의 세력들은 이 에너지를 자신들을 유지하는 데 사용합니다.

어머니에 대한 증오(Hatred Of The Mother)
마-터 빛은 창조주에 대한 여성 극성을 형성합니다. 마터-빛은 우리가 원하는 정신 이미지를 투사하도록 허용하고, 우리 의식 안의 이미지들을 반영하는 물리적인 환경들을 충실하게 우리에게 반사해서 돌려줍니다.

사람들이 타락한 의식에 빠지면 스스로에 대한 책임을 지지 않으려고 합니다. 이는, 어머니가 그들에게 벌을 주려는 것이 아니라, 어머니에게 투사한 것을 반사해서 돌려줄 뿐이라는 사실을 인식하지 못하기 때문입니다. 그 대신 피해 의식을 가지게 되고, 어머니 요소가 그들을 벌주고 있거나 그들이 원하는 일을 하지 못하도록 막고 있다고 느낍니다. 따라서 그들은 어머니에 대한 증오를 품게 됩니다. 그러나 우리 모두가 신의 어머니 측면의 일부이기 때문에, 어머니에 대한 증오는 자기-혐오의 한 형태입니다.

어머니 신(God The Mother)
신성한 어머니를 의미하는 또 다른 용어입니다, 그러나 신의 여성적 측면, 즉 전체 형상 세계를 지칭할 수도 있습니다. 우리는 어머니 신의 일부입니다.

여정(Path)
마스터는 지상에서 삶의 궁극적인 목표가 그리스도의 의식을 실현하는 일이라고 가르치며, 그럼으로써 우리는 영구적으로 영적인 영역으로 올라가 상승 마스터가 될 수 있습니다. 우리는 원래 훨씬 낮은 의식 상태로 창조되었으므로, 궁극적인 수준으로 의식을 높여가는 점진적인 여정을 따라야 합니다. 마스터들은 지구상의 사람들에게 가능한 144단계의 의식수준이 존재한다고 말합니다. 우리는 144단계에 도달한 후에야 상승할 수 있습니다.

영혼(Soul)
상승 마스터들은 때로 이 단어를, 일반적인 의미로 즉 환생하는 우리 존재의 일부를 묘사하는 데 사용하기도 합니다.
그러나 마스터들은 여기에 대해 더 깊은 이해를 주고 있습니다. 즉, 본래 육화 속으로 하강한 것은 의식하는 자아입니다. 영혼은, 의식하는 자아가 이 세상에서 자신을 표현하기 위해 만든 이동 수단으로서, 흔히 이원성 의식의 영향을 많이 받습니다.
예수님의 십자가형은, 의식하는 자아가 자신의 창조물(영혼)에 의해 마비되어 있다는 사실을 상징합니다. 그러므로 영혼은 높이 올라가거나 완전해질 수 없습니다. 영혼은 제한된 신념들과 오용된 에너지로부터 만들어지기 때문입니다.
의식하는 자아가 제한된 신념들을 초월하고 그 에너지들이 다시 본래의 순수한 상태로 되돌아 가면, 영혼은 점차 죽어가게 됩니다. 의식하는 자아가 마침내 마지막 분리의 환영을 내려놓게 될 때, 의식하는 자아는 아이앰 현존의 확장으로서의 진정한 정체성을 선언할 수 있고, 상승할 수 있습니다.

에덴 동산(Garden Of Eden)

바이블에 나오는 에덴동산은, 그 깊은 이면에서는 지구에 육화할 준비를 하고 있는 존재들의 학교를 상징하고 있습니다. 바이블에 언급된 "신"은 상승 마스터 로드 마이트레야(Lord Maitreya)였으며, 그는 신비 학교의 책임을 맡고 있던 마스터였습니다.

학생들은 등급별 수업을 받으며, 오직 가장 상급 학생들만 이원성 의식으로 표현되는 수업을 들을 수 있도록 되어 있었습니다. 그러나 그 신비 학교에는 이전의 구체에서 이미 타락의 과정으로 들어선 많은 존재가 있었습니다. 이러한 존재들은 뱀으로 상징되며, 그들은 미처 준비가 안 된 학생들을 속여서 이원성의 입문들을 받도록 만들었습니다. 이 입문들은 "선악과"로 상징되며, 이를 통해 그들은 자신을 마치 신과 같이 여기면서, 그리스도 의식 없이도 선과 악이 무엇인지 정의할 수 있다고 생각하게 됩니다.

이것은, 타락한 존재들이 지상에 있는 대부분의 사람을 속여서 이원론적 거짓말을 믿도록 만들었다는 것을 상징합니다. 이것은 지구상의 모든 갈등과 투쟁을 일으키는 원인입니다. 유일한 해결책은 임계 수치의 사람들이 입문의 진정한 여정을 따라 그리스도 의식을 달성하는 것입니다. 상승 마스터들의 진정한 목적은 우리가 이 작업을 수행할 수 있도록 돕는 일입니다.

에테르체(Etheric Body)

우리의 정체감을 저장하고 있는 우리 오라/마음의 한 측면.

엘로힘(Elohim)

대단히 높은 의식 수준을 가지고 있고 물질의 창조에 대해 완전한 통달의 경지에 올라 있는, 상승한 존재들입니다. 일곱 광선 각각에 남성/여성 극성을 지닌 엘로힘이 존재합니다.

엘리멘탈들, 자연의 정령들(Elementals)

형상 세계는 창조주로부터 확장되어 나온 존재들의 위계 구조를 통해서 창조되었습니다. 예를 들어, 지구 행성은 엘로힘이라 불리는 영적인 세계의 일곱 존재들에 의해 창조되었습니다. 그들은 지구에 대한 청사진(blueprint)의 비전을 형성한 후, 물질계의 네 층으로 그 비전을 투사했습니다.

그리고 네 그룹의 엘리멘탈들이 그 청사진을 담은 비전을 물리적으로 구현해 냈습니다. 그들은 인간보다 낮은 정도의 자기-의식을 가진 존재이지만, 물질세계를 구축하는 것을 돕는 봉사를 통해 성장할 수 있습니다. 네 영역의 엘리멘탈들의 명칭은 다음과 같습니다:

- 에테르 영역: 불의 엘리멘탈 또는 살라맨더
- 멘탈 영역: 공기의 엘리멘탈 또는 실프
- 감정 영역: 물의 엘리멘탈 또는 언딘
- 물질 영역: 땅의 엘리멘탈 또는 노움

예수(Jesus)

상승 마스터 예수님은 물고기자리 시대를 담당한 지도자였습니다. 그는 행성적 그리스도라는 영적인 사무국과 권한(the office of planetary Christ)을 유지하고 있으며, 우리는 이를 통하지 않고서는 상승할 수 없습니다. 이것은, 사람들이 상승하기 위해서는 반드시 지상에 형성되어 있는 왜곡된 그리스도 이미지들을 초월하고 진정한 예수님과 평화를 이루어야 한다는 의미입니다.

오라(Aura)

인체를 둘러싸고 있는 에너지 장. 오라는 물질 영역의 각 수준에 대응하는 수준들을 가지고 있습니다. 우리는 육체 위로 감정체와 멘탈체 그리고 정체성체를 가지고 있습니다.

오용(Misqualification)

우리가 하는 모든 일과, 느끼거나 생각하는 것은 아이앰 현존으로부터 에너지를 받아서 어떤 진동수로 그것에 속성을 부여합니다. 사랑의 진동 아래로 내려가면 모두가 다 오용이 되고, 카르마를 만듭니다.

우주적 존재(Cosmic Being)

특정한 영적인 공직을 담당하는 영적인 존재로, 일반적으로 특정한 신적 특성에 대한 초점이 됩니다. 우주적 존재들은 상위 구체에서 상승한 존재들이므로 지상에는 육화한 적이 없습니다.

육체(physical body), 물질적 마음(Physical Mind)

분명히 이것은 육체를 의미합니다. 물질적 마음은, 신체의 기능을 조절하도록 설계된 두뇌와 신경계의 일부로, 심지어 육체의 욕구를 돌보도록 우리를 자극합니다. 우리에게 보호를 위한 본능적인 욕구, 음식, 섹스 등의 신체적 욕구들을 제공합니다.

육체가 필요로 하는 것을 돌보는 일에는 본질적으로 아무런 문제가 없지만, 물질적 마음은 이러한 요구들을 제한할 능력이 없습니다. 따라서 우리가 물질적 마음에 대한 지배권을 가지지 못한다면, 우리의 관심과 에너지는 육체의 필요를 충족하는데 다 소모되어 버려, 영적인 성장을 위해서는 남는 것이 아무것도 없을 것입니다.

원인체(Causal Body)

우리의 아이앰 현존(I AM Presence)을 둘러싸고 있는 에너지 체입니다. 여기에는 우리가 모든 육화를 통해 얻은 교훈과 성취 내용이 모두 저장되어 있습니다. 우리의 의식이 충분히 높아지면 우리는 신성한 계획을 이루기 위해 원인체에 저장된 성취 내용들을 활용할 수 있습니다.

이원성(Duality), 이원성 의식(Duality Consciousness)

의식하는 자아가 순수한 인식 능력을 가지고 볼 때면, 모든 생명이 하나이고 동일한 근원에서 왔다는 근원적인 실상을 인식할 수 있습니다. 이원성 의식은 이러한 하나됨을 보지 못하게 가립니다. 이원성 의식은 물질과 영이 분리되어 있고, 인간과 신이 분리되어 있으며, 사람들이 서로 분리되어 있는 것처럼 보이도록 만듭니다.

또한 이원성은 서로 상반되게 작용하는 부정적인 양극성을 포함하며, 한

쪽이 다른 한쪽을 소멸하려고 합니다. 따라서 이원성은 언제나 대립하는 양 측면을 수반하면서, 통상적으로 한 쪽은 선이고 다른 쪽은 악이라는 가치 판단을 부여합니다.

이원성은 항상 환영입니다, 왜냐하면 그 어느 것도 모든 생명의 하나됨을 파괴하거나 변화시킬 수 없기 때문입니다. 따라서 이원성은 단지 자각하는 존재들의 마음 안에서 환영으로만 존재할 수 있습니다. 이원성으로 눈이 멀어 있는 한 우리는 그리스도 의식을 성취할 수 없고, 따라서 상승할 수도 없습니다.

인간 에고(Human Ego)

의식하는 자아가 분리와 이원성의 환영 속으로 하강했을 때 인간 정신 안에서 형성된 요소입니다. 의식하는 자아는 순수의식이므로, 원래 분리된 존재로서 활동할 수 없습니다. 그럼에도 불구하고 의식하는 자아는 분리된 자아의 감각 안으로 들어갈 수 있으며, 그 자아의 인식 필터를 통해 세상을 인식할 때에는 자신이 정말 분리된 존재라고 믿을 수 있습니다. 이 왜곡된 인식을 실제로 여기도록 만드는 것이 바로 에고입니다.

인간 의식(Human Consciousness)

일반적인 방식에서, 인간에 대해 현재 정상적으로 간주되는 의식을 말합니다. 더 구체적으로는 에고와 세속적인 마음을 나타낼 수 있습니다.

입문(Initiation)

그리스도 의식을 향해서 의식을 높여가는 점진적인 과정을 의미합니다. 이것은 각 개인이 내면에서 안내를 받는 개별적인 과정이 될 수 있지만, 일반적으로는 외적인 가르침이나 구루, 또는 단체를 따르는 것을 포함하고 있습니다.

은거처(Retreats)

많은 상승 마스터들은 에테르층 또는 정체성층에 존재하는 영적인 은거처를 가지고 있습니다. 육체가 밤에 잠든 동안, 우리는 정묘체(finer bodies)로 그러한 은거처를 방문하게 해 달라고 요청을 할 수 있습니다.

은거처는 보통 지상의 물리적인 장소 위에 위치하고 있으나 에테르 층에 있기 때문에, 물리적인 수단으로는 감지될 수 없습니다. 각 은거처는 지구로 내보내는 특정한 영적 에너지에 초점을 맞추고 있습니다. 또한 준비가 된 사람들에게 특정한 가르침을 주는 집중점이 될 수 있습니다.

의식하는 자아(Conscious You)

의식하는 자아는 우리의 하위 존재의 핵심입니다. 의식하는 자아는 바로 아이앰 현존의 확장으로서, 영적인 세계에서 하강한 것입니다. 우리의 자유의지가 자리한 곳은 바로 의식하는 자아입니다.

그러나 우리는 자신의 인식에 근거해서 선택을 합니다. 만약 의식하는 자아가 순수한 인지능력을 갖고 있다면 아이앰 현존을 위한 열린 문으로 활동할 수 있습니다. 그러나 한 존재가 분리 의식으로 들어가 버리면, 그의 의식하는 자아는 자신을 외면의 자아나 역할과 동일시하게 되고, 그 분리된 자아의 필터를 통해서 모든 것을 인식합니다. 이로 인해 마치 자신이 실제로 분리된 존재인 것처럼 종종 선택을 하게 됩니다.

중요한 점은, 의식하는 자아가 언제나, 그리고 영원히 순수 의식으로 남는다는 사실입니다. 이것은, 의식하는 자아가 스스로 선택하는 어떤 역할로도 자신을 투사할 수 있지만, 그 역할로부터 다시 벗어날 수 있는 능력을 결코 잃어버리지 않는다는 의미입니다. 따라서 그리스도 의식에 도달하여 그 안에서 예수님처럼 "나와 내 아버지(아이앰 현존)는 하나입니다"라고 말할 수 있는 주체가 의식하는 자아입니다.

자유의지(Free Will)

마스터들은 특히 이원성 의식과 관련해서 자유의지를 이해하는 것이 대단히 중요하다고 가르칩니다. 자유의지는 물질 영역이 어떻게 작동하는지에 대해 안내하는 기본 법칙입니다. 예를 들어, 지구는 엘로힘에 의해서 오늘날 우리가 볼 수 있는 것보다 훨씬 높은 상태로 창조되었습니다. 원래는 자원의 부족도 없었고, 자연의 불균형도 없었으며, 질병도 없었습니다.

대부분 인간들이 자유의지를 사용해서 이원성 안으로 하강했기 때문에 이러한 제한적인 조건들이 생겨났습니다. 자연의 정령들, 즉 엘리멘탈들은 대부분의 사람의 의식 안에 있었던 것을 물질적 조건으로 구현해 낼 수밖에 없었습니다. 인간들은 지구에 지배권을 가지도록 창조되었고, 엘리멘탈들은 오직 인간들이 정체성, 멘탈, 감정적, 물질적 마음 안에 품고 있는 이미지들을 취할 수 있을 뿐입니다.

그러나 자유의지에서 중요한 점은, 우리가 언제든 이전에 했던 선택을 초월할 권리를 가지고 있다는 것입니다. 신과 상승 마스터들은 우리가 이전의 선택들을 초월하는 것을 결코 저지하지 않습니다. 우리가 과거의 선택에 속박되어 있다고 믿게 만드는 것은 단지 에고와 어둠의 세력들뿐입니다.

적-그리스도, 반-그리스도(Anti-Christ)

분리와 이원성의 의식. 이 의식은 우리가 마치 신과 분리되어 있고, 서로 분리되어 있고, 물질우주와 분리되어 있는 것처럼 인식을 왜곡하는 필터를 형성합니다. 이 의식 안에 잡혀 있는 정도가 심할수록, 분리의 환영은 더욱더 실재처럼 느껴지게 됩니다. 따라서 사람들은 정말 자신들이 분리된 존재인 것처럼 행동하는데, 이는 곧 그들이 타인에게 하는 행동이 자신들에게 영향을 주지 않을 것이라고 믿는다는 의미입니다. 바로 여기서 인간에 대한 잔혹성과 악이 생겨납니다. 인간들은 이러한 의식 안에 갇혀 있을 수 있으며, 따라서 비-물질적 존재들은 어둠의 세력을 형성할 수 있습니다.

정체성체(Identity Body)

우리의 정체감을 저장하고 있는 우리 오라/마음의 한 측면.

제자(Chela, Chelaship)

첼라는 제자를 의미하는 산스크리트어 단어로서, 종종 노예라고 번역되기도 합니다. 이것은 영적 스승 또는 구루가 학생들의 에고를 드러내기 위해 그들을 가상의 노예로 만드는 인도의 영적 전통을 가리킵니다. 상승 마스터들은 영적인 여정에서 에고를 드러내도록 설계된 수행법을 따르는 신실한 학생을 가리키는 데 이 단어를 사용합니다.

죄(Sin)

상승 마스터 용어에서 죄는 카르마와 동일한 의미이며, 상승하기 전에 균형을 잡아야만 하는 오용된 에너지를 의미합니다.

차크라(Chakra)

오라의 집중점. 일곱 영적인 광선 각각에 대응하는 일곱 개의 주요한 차크라들이 있습니다. 차크라들이 순수한 경우, 우리의 아이앰 현존으로부터 나오는 높은 진동수의 에너지가 차크라를 통해 흐르고, 이것은 우리에게 최대한의 창조적인 능력을 줍니다. 차크라가 오염된 경우 높은 에너지의 흐름은 감소되고, 그 대신 차크라는 우리의 오라로 들어오는 저급한 에너지를 받아들이는 통로가 될 수 있습니다. 심하게 오염된 차크라는 아스트랄계의 저급한 에너지에 개방될 수 있습니다.

창조주(Creator)

우리가 살고 있는 형상 세계를 창조한 존재. 다른 창조주들에 의해 창조된 다른 형상 세계들도 존재합니다. 창조주는 자신의 존재로부터 형상 세계를 창조해 냅니다. 이것은, 창조주가 자신이 창조한 세계에서 일어나는 모든 일을 체험한다는 의미입니다.

천사(Angel)

자의식을 지닌 존재이나, 물질계에 육화를 하도록 창조된 존재는 아닙니다. 천사들은 다양한 능력을 지니고 봉사하는데, 가장 일반적으로 알려진 것은 영적인 세계의 메시지를 인류에게 전달하는 메신저로 활동하는 것입니다. 또 한 가지 중요한 천사들의 역할은, 저급한 에너지 또는 어둠의 세력들로부터 우리를 보호해 주는 것입니다.

초한(Chohan)

각 일곱 영적 광선마다 지도자 또는 주된 교사로 봉사하고 있는 상승 마스터들이 존재합니다. 이 영적인 공직 또는 사무국(spiritual office)을 초한이라고 부릅니다.

카르마(Karma)

모든 것은 에너지이고, 따라서 우리가 무엇을 하든지, 심지어 생각하고 느끼는 것도 에너지를 사용해서 이루어집니다. 우리는 이 에너지를 아이 앰 현존으로부터 선물로 받습니다. 우리가 받는 에너지는 순수하지만, 우리 마음의 네 층에 담겨 있는 내용에 따라서 에너지의 질이 변화됩니다. 우리는 자신의 에너지 사용에 대한 책임이 있으며, 부적합해진 에너지는 우리의 오라와 아카식 레코드 양쪽에 카르마로서 저장됩니다. 우리가 상승하기 위해서는 모든 에너지를 원래의 진동수로 높임으로써 균형을 잡아야 합니다.

또한 마스터들은 카르마에 대해 더 깊은 이해를 제공하는데, 카르마는 우리 마음의 네 층에 보유하고 있는 이미지들입니다. 우리는 모든 것을 이 에너지들의 필터를 통해서 보고 있기 때문에, 끊임없이 에너지의 질을 변화시키고 있습니다. 그러나 우리에게는 자신이 가진 정신 이미지들을 관찰하면서 언제든지 제한된 이미지들을 초월할 수 있는 선택권이 있습니다, 그리고 진정 이러한 초월을 통해서 그리스도 신성으로 가게 되며, 자신의 신성한 정체성을 받아들이게 됩니다.

카르마의 균형을 잡는 데에는 두 가지 방법이 있습니다. 우리는 디크리와 기원문들을 통해서 영적인 에너지를 불러일으키고 에너지를 다시 조정하여, 우리의 현재 의식 수준을 벗어날 수 있습니다. 이것은 가능하지만, 느린 과정입니다. 왜냐하면 우리는 계속 더 많은 카르마를 만들어 가고 있기 때문입니다. 더 빠른 방법은 정신 이미지들을 초월하는 작업을 하는 것이고, 그럼으로써 우리는 새로운 카르마의 생성을 멈추게 됩니다. 우리가 여기에 이르면, 남아 있는 모든 카르마의 균형을 훨씬 더 빨리 잡을 수 있는데, 높은 의식 상태에서는 더 많은 에너지를 불러일으킬 수 있기 때문입니다.

카르마 위원회(Karmic Board)

지구상에 육화하는 모든 존재의 영적인 성장을 감독하는 상승 마스터들과 우주적 존재들의 그룹입니다. 카르마 위원회는 매우 복잡한 업무를 담당하고 있는데, 지구와 연관된 각 생명흐름의 완전한 아카식 레코드들에 접근하는 일 같은 것입니다. 이 정보에 기초하여, 카르마 위원회는 누구에게 육화를 허용할지, 생명흐름이 어디에 육화하는 것이 최상의 기회를 제공하여 진보를 이루게 하고 타인들의 진보를 도울 수 있는지 결정합니다. 여러분은 육화하기 전에 카르마 위원회 앞에 가서 다음 생애의 수명과 어떤 카르마를 균형 잡을 기회가 있는지에 대해 할당을 받습니다. 당신이 육화해서, 그 생에서 무엇을 배울 수 있는지, 어떻게 해야 하는지에 대해 안내를 받습니다.

다음은 현재 카르마 위원회 멤버의 이름입니다:
- 첫 번째 광선: 대 신성 안내자
- 두 번째 광선: 자유의 여신
- 세 번째 광선: 마스터 나다
- 네 번째 광선: 엘로힘 사이클로피아
- 다섯 번째 광선: 팔라스 아테나
- 여섯 번째 광선: 폴셔
- 일곱 번째 광선: 관음
- 여덟 번째 광선: 바즈라사트바(Vajrasattva)

타락(Fall)

가장 넓은 의미에 있어서, 자기-의식을 가진 존재가 분리 의식 속으로 내려오는 과정을 가리킵니다. 타락 이전에 우리는 자신을 고립된 존재가 아니라 자신보다 더 큰 어떤 존재에게 연결되어 있는 존재로 봅니다. 타락 이후에 우리는 자신이 신에 의해 버림받고 처벌 받은, 분리된 존재라고 확신하게 됩니다.

중요한 차이점은, 타락 이후부터는 우리가 자신의 성장에 대한 책임감을 가지기가 어렵다는 것입니다. 타락은 우리 자신의 선택에 의해 일어난 것이므로, 오직 자신의 선택에 의해서만 되돌릴 수 있습니다. 우리가 자신을 분리된 존재로 여길 때, 다른 사람에 미칠 영향을 고려하지 않고 자신이 원하는 무엇이든 할 수 있다고 생각하게 됩니다. 이로 인해 우리는 지속적으로 타인과의 투쟁에 빠져들게 되며, 더 나아가 타인과 물질우주와 심지어는 신과 맞서서 싸워야 한다고 생각하는 마음 상태로 이어질 수 있습니다.

이런 마음 상태는 딜레마에 봉착하는데, 자신의 상황이 스스로의 선택에 의해 창조된 것임을 인정하지 않는 한, 그 선택을 바꿀 수 없기 때문입니다. 그 대신 타인과 물질세계를 강압적으로 통제하고 심지어 신까지도 통제하여 자신의 상황을 변화시키고자 합니다. 자기 눈에 있는 들보는 무시하면서 타인의 눈에 있는 작은 티를 변화시키려고 모색하는 것입니다.

타락한 의식(Fallen Consciousness)

타락한 존재들의 의식. 넓은 의미에서 분리와 이원성의 환영을 의미합니다. 더 구체적으로는 타인들에 대해 우월감을 느끼는 의식으로, 특별한 특권을 갖고 싶어 하고, 타인들이 자신을 따르기를 원합니다.

타락한 의식의 주된 특징은, 목적이 수단을 정당화할 수 있다는 믿음입니다. 이 의식으로 인해 사람들은 서사적 투쟁에 말려들게 되며, 수단과 방법을 다해 그들이 악으로 정의한 상대를 전멸시키는 것이 자신들의 임무라고 믿게 됩니다. 이것의 기반이 되는 믿음은, 그들이 신과 같은 의치에 있고 무엇이 선이고 악인지를 정의할 수 있는 권리를 가지고 있다는 것입니다.

타락한 존재들(Fallen Beings) 또는 타락한 천사들(Fallen Angels)

넓은 의미에서, 이원성 의식에 의해 눈이 멀어 있는 모든 존재를 의미합니다. 그러나 흔히 마스터들은 좀 더 구체적으로, 이전 구체에서 타락했던 존재들의 그룹을 지칭할 때 이 용어를 사용합니다. 이들의 중요한 특징은, 그들이 타락 이전에 이미 상당한 수준의 성취에 이르러 있었다는 것입니다. 따라서 그들은 대개, 이 행성에서 삶을 시작한 존재들보다 더 월등한 능력을 가지고 있습니다.

역사를 통해 타락한 존재들은 종종 강력하지만 잔학한 지도자들이 되었는데, 분명한 예들은 히틀러, 스탈린, 마오쩌둥입니다. 그러나 많은 타락한 존재들은 눈에 띄는 권력의 남용 없이 중요한 위치를 차지하고 있으면서 사회에 지대한 영향을 미치고 있습니다. 그들의 주된 특성은, 대부분의 지구 사람들에 대해 우월감을 느끼면서 자신들이 옳다고 절대적으로 확신하는 것입니다. 또한 물리층으로 육화하지 않고, 아스트랄층이나 멘탈층에 머물고 있는 타락한 존재들도 있습니다.

하나됨(Oneness)

창조주가 형상을 창조하기 전에는, 오직 창조주만이 존재했습니다. 따라서 창조주는 자신과 분리되어 있는 어떤 것도 창조할 수 없으며, 반드시 자신의 존재로부터 모든 것을 창조할 수 밖에 없습니다. 이를 위해 창조주는 처음에 자신의 존재를 마-터 빛으로 구현했고, 그 이후에 자기-의식을 가진 존재들이 자유의지로 그 위에 투사하는 대로 형상을 띠게 됩니다. 따라서 모든 형상과 외양의 저변에는, 여전히 창조주의 하나됨이 있습니다. 신과의 분리는 항상 환영이며, 우리가 상승하기 전에 반드시 극복해야만 하는 마지막 환영입니다.

황금시대(Golden Age)

현재, 지구는 원래 엘로힘이 의도했던 것보다 더 낮은 상태로 존재합니다. 이런 상태는 대부분의 사람들이 이원성 의식에 의해 현혹됨으로 인해 생겨났으며, 필연적으로 다양한 갈등과 한계에 봉착하게 됩니다. 그러나 상승 마스터들, 특히 다가오는 2,000년 주기의 지도자인 성 저메인의 목표는, 임계 수치의 사람들이 개별적인 그리스도 신성에 이를 수 있도록 영감을 주는 것입니다. 충분한 수의 사람들의 의식이 높아지게 되면 오늘날보다 훨씬 높은 상태의 사회가 구현될 수 있으며, 이것을 일반적으로 황금시대라 부릅니다.

▶ 아이앰 출판사 연락처
- 이 책의 오류 및 아래 내용과 관련된 문의 사항은 메일로 해 주세요.
- biosoft@naver.com (리얼셀프)

▶ 전체 용어집

http://cafe.naver.com/christhood/2411

이 책에 나오지 않는 용어는 카페의 용어집을 참조하거나 카페에서 검색 및 질문을 할 수 있습니다.

▶ 온라인, 오프라인 모임 및 행사 안내
- 오프라인 공부 모임: 서울, 대전, 대구 지역에서 매달 1회 일요일 개최
- 온라인 기원문 낭송: 카페에서 매주 1~2회 저녁에 공동 기원문 낭송
- 성모 마리아 500 세계 기원: 매월 마지막 일요일 개최
 (오후3시~7시 또는 8시~12시. 전 세계적으로 동일한 시간에 진행)
- 상승 마스터 국제 컨퍼런스: 한국에서 매년 개최
 (한국, 유럽, 러시아, 미국 등에서 개최함)
- 더 상세한 내용은 네이버 카페 공지사항을 참조하시기 바랍니다.
 (http://cafe.naver.com/christhood)

▶ 번역/교정 봉사자 모집

킴 마이클즈가 출판한 많은 책을 한국어로 번역하고 교정을 봐줄 사람이 필요합니다. 전문적인 출판 지식이 없더라도 같이 일을 할 수 있습니다. 편집팀에서 다음과 같은 분야에서 봉사하실 분은 아이앰 출판사로 연락 바랍니다.

- 상승 마스터 가르침이 나온 영어 책을 한글로 번역하는 작업
- 번역된 내용에 대해서 영-한 대조를 하면서 교정하는 작업
- 번역된 한글 문장을 읽으면서 다듬는 작업 (교정/교열)

▶자아-통달 과정 모집 (일곱 광선의 여정)

　상승 마스터들은 2012년부터 매년 한 광선에 해당하는 자아-통달 시리즈의 책을 킴 마이클즈를 통해서 전해 주고 있습니다. 이 과정은 책만 구입하면 별도의 비용이 들지 않고 개인적으로 누구나 수행할 수 있습니다. 처음 수행하는 분은 비영리 단체인 '그리스도 의식을 추구하며' 카페에서 도움을 받을 수 있습니다.

• 단계별로 아래의 책을 구입 후 개인적으로 수행을 해도 됩니다.
• 초기에 카페의 오프라인 모임이나 '자아-통달' 메뉴에서 도움을 받을 수 있습니다.
• 책을 읽고 기원문을 낭송하는 방식으로 진행하면 됩니다.
• 수행 시간은 매일 약 20분~40분 내외입니다.

자아-통달 시리즈 책 (킴 마이클즈 저)
(2017 ~ 2019 한글판 서적 출시 예정)

한글 서적 명	시리즈 (출판일)
자아의 힘	1 (2018)
내면의 창조적인 권능 (1광선)	3 (2018)
지혜 광선의 신비 입문 (2광선)	4 (2018)
사랑 광선의 신비 입문 (3광선)	5 (2018)
순수 광선의 신비 입문 (4광선)	6 (출판)
비전 광선의 신비 입문 (5광선)	7 (2019)
평화 광선의 신비 입문 (6광선)	8 (2019)
자유 광선의 신비 입문 (7광선)	9 (2019)
생명의 강과 함께 흐르기 생명의 강과 함께 흐르기-실습교재	2 (2020)

• 상승 마스터 가르침을 처음 접하면, 몇 권의 책을 읽고, 기원문을 일정 기간 낭송하면서 자신에게 적합하면 시작하세요. 전체 과정은 약 2년 소요됩니다.

▶그리스도 신성의 마스터 키 과정 모집

　이 과정은 그리스도 신성의 마스터 키(Master Keys to Personal Christhood) 책으로 진행하며, 2008년도에 킴 마이클즈가 예수님께서 준 메시지를 책으로 출판했습니다.

　이 과정은 예수님과 스승-제자 관계가 되어 그리스도 의식으로 올라가는 과정입니다. 2,000년 전에 예수님께서 제자들에게 모든 것을 말해 주셨다는 얘기들 읽었으리라 봅니다. 이 시대에 다시 예수님께서 직접 그리스도가 되는 길을 갈 제자를 모집하고 있습니다.

　예수님께서도 육화 중에 이 과정을 동일하게 밟았다고 합니다. 특히 다른 메시지에 언급되듯이, 예수님께서 이 과정을 시작할 당시에 이미 높은 의식 수준을 달성해 있었지만, 처음부터 단계를 밟아서 올라갔다고 합니다. 마찬가지로, 여기 온 모든 분들도 자신의 의식 수준을 내세우지 말고 바닥부터 차근차근 올라가시기 바랍니다.

　모두 17개의 열쇠가 있으며 열쇠마다 기원문과 메시지의 일부를 읽는 과정을 33일간 실천하라고 제안하고 있습니다. 각 열쇠에 메시지가 있습니다. 메시지를 전체 읽고 나서 기원문을 하시면 됩니다. 그리고 33일간 기원문을 하기 전에 메시지 중의 일부를 읽고 생활하면서 숙고하는 과정으로 진행됩니다. 예수님께서 마음속으로 어떤 아이디어와 가르침을 주십니다.

- 책이 나오기 전까지 카페의 '그리스도 과정' 메뉴에서 진행합니다.
- 초기에는 오프라인 모임이나 상기 메뉴에서 도움을 받을 수 있습니다.
- 로자리 또는 기원문을 매일 약 40분 내외, 각 단계별 33일간 합니다.
- 총 17단계이며, 예수님의 가르침에 따라서 진행합니다.
- 책이 나오면 개인적으로 책의 안내에 따라서 진행하면 됩니다.

주의 사항: 상승 마스터 가르침을 처음 접하면, 몇 권의 책을 읽고, 기원문을 일정 기간 낭송하면서 자신에게 적합한지 살펴본 후에 이 과정을 시작하세요. 전체 과정은 약 1년 반 소요됩니다.